MINERVA
はじめて学ぶ教職
3

吉田武男
監修

西洋教育史

尾上雅信
編著

ミネルヴァ書房

監修者のことば

　本書を手に取られた多くのみなさんは，おそらく教師になることを考えて，教職課程をこれから履修しよう，あるいは履修している方ではないでしょうか。それ以外にも，教師になるか迷っている，あるいは教師の免許状だけを取っておく，さらには教養として本書を読む方も，おられるかもしれません。

　どのようなきっかけであれ，教育の営みについて，はじめて学問として学ぼうとする方に対して，本シリーズ「MINERVA はじめて学ぶ教職」は，教育学の初歩的で基礎的・基本的な内容を学びつつも，教育学の広くて深い内容の一端を感じ取ってもらおうとして編まれた，教職課程向けのテキスト選集です。

　したがって，本シリーズのすべての巻によって，教職に必要な教育に関する知識内容はもちろんのこと，それに関連する教育学の専門領域の内容もほとんど網羅されています。その意味では，少し大げさな物言いを許していただけるならば，本シリーズは，「教職の視点から教育学全体を体系的にわかりやすく整理した選集」であり，また，このシリーズの各巻は，「教職の視点からさまざまな教育学の専門分野を系統的・体系的にわかりやすく整理したテキスト」です。もちろん，各巻は，教育学の専門分野固有の特徴と編者・執筆者の意図によって，それぞれ個性的で特徴的なものになっています。しかし，各巻に共通する本シリーズの特徴は，文部科学省において検討された「教職課程コアカリキュラム」の内容を踏まえ，多面的・多角的な視点から教職に必要な知識について，従来のテキストより大きい版で見やすく，かつ「用語解説」「法令」「人物」「出典」などの豊富な側注によってわかりやすさを重視しながら解説されていることです。また教職を「はじめて学ぶ」方が，「見方・考え方」の資質・能力を養えるように，さらには知識をよりいっそう深め，そして資質・能力もよりいっそう高められるように，各章の最後に「Exercise」と「次への一冊」を設けています。なお，別巻は別の視点，すなわち教育行政官の視点から現代の教育を解説しています。

　この難しい時代にあって，もっと楽な他の職業も選択できたであろうに，それぞれ何らかのミッションを感じ，「自主的に学び続ける力」と「高度な専門的知識・技術」と「総合的な人間力」の備わった教師を志すみなさんにとって，本シリーズのテキストが教職および教育学の道標になることを，先輩の教育関係者のわれわれは心から願っています。

　2018年

吉　田　武　男

はじめに

　本書は教員養成のためのスタンダードなテキストを目指した「MINERVA はじめて学ぶ教職」の1冊で，西洋教育史を取り扱うものである。

　教育という営みは，おそらく人類の誕生とともにはじまっていたであろう。子育てや労働，遊びのなかでの自然な学びや教えなど，のちに「無意図的教育」などと分類される営みにはじまり，やがて人間の特徴とも言える集団的，意図的な営みへと変容していく。さらに文字の発明とともに，これまで口述によって伝達されてきたさまざまな伝承や習俗が記録されるようになる。記録のための道具である文字は，もはや生活のなかでの「無意図的教育」では教えることが著しく困難となり，ここに，文字を中心に教えるための専門の担当者と場が求められ，生み出される。すなわち広い意味での「教師」と「学校」の登場である。今はあたりまえの存在である「学校」，そこで働く「教師（教員）」，この成り立ちには長い歴史があり，その発展過程のなかで国や地域による違いや特色が生まれる。

　私たちの日本はこの方面においてもまた，古くから先進的な国々に学んできた。律令時代の「大學（寮）」や「國學」は中国から学びとったものであり，さらに明治時代には欧米諸国の学校制度や教員制度を学び，いずれも取捨選択しながら独自のシステムを作り出してきたのである。

　本書は，これまで日本が教育のうえでもモデルとしてきた欧米諸国を具体的な対象として取り上げ，それらの国々では「学校」という教育の専門的な場と，「教師」という職業がどのように誕生し発展してきたか，解説しようとするものである。

　欧米諸国といっても，はじめから現在のような国家や学校の仕組みが存在したわけではない。欧米諸国における学校と教師の歴史もまた一般の世界史や西洋史でおなじみの，西洋諸国の精神的文化的な源とも言える古代ギリシア，古代ローマの時代に，その起源を求めることができる。本書の第1章と第2章は，この時代の教育と教育思想の展開を扱う。第3章は，近代的な国家が形成され，西洋諸国が世界史に先進的な立場で登場するジャンプ台となったルネサンスと宗教改革の時代を扱う。ここまでがいわば全体のイントロダクションである。そして第4章以降，近代社会をリードしてきた欧米諸国の教育の歴史を取り上げ解説する。これらの各章を通読することで，欧米諸国の教育とくに学校と教師（教職）の成り立ちと変遷について，国ごとの特徴，共通点と違いをつかんでいただけるだろう。

　本書の特色は，次の4点にある。

① 本書の読者が主に大学・短大の教職課程履修者であることを想定し，歴史事実の羅列や瑣事にこだわることを避け，基礎的・基本的，通説的でわかりやすい内容を中心に平易な文章でつづる“テキスト”となるよう努めたこと。

② とりわけ第4章以下，時代的には近代以降にあたる内容構成と叙述は，近代欧米各国，具体的にはイギリス・フランス・ドイツ・ロシア（ソ連）・アメリカ合衆国の五か国を取り上げ，それぞれの国ごとに学校教育をリードした教育思想と，実際の制度の発展を織り交ぜて叙述するよう工夫し

たこと。

③ そのなかでもとくに初等教育にかかわる思想，具体的には教育のあるべき姿，原理原則，具体的な教育方法の改善案等と実際の学校制度，小学校すなわち義務教育のための学校の発展に焦点をあて，教員養成（教師のあり方，理想の教師論等も含む）の思想と制度も織り交ぜて叙述し，教職と教員養成の発展も国ごとに比較しながら学べるようにしたこと。

④ 第7章では，それまでみてきた歴史的発展の一つの到着点として，現代の欧米各国（5か国）の学校制度および教員養成制度の概略と特徴を取り上げ解説したこと。あわせて第8章では，本書全体の総括として，私たちの日本がこれら欧米の国々から何を学んできたか，さらにこれからの教師に何が求められるかという観点からまとめてみたこと。これらはとりわけ教師を目指す読者に，広い意味での教職教養を提供するとともに，教職へのさらなる興味関心を広げる手がかりを提供するものと考えた。

　本書の執筆者たちは，いずれも教員養成系の大学・学部で教職科目を担当している教員である。上述した特色をもつ本書から，私たち日本が欧米各国に学びながら発展させてきた学校教育，その中心的な担い手であり続ける教師，これらの仕掛けや職業がそもそもどこで，どのようにはじまり，どのような発展展開を遂げ，そしてどこへ向かおうとしているのか，しっかりと考えていくためのヒントや材料をつかみ取っていただくことを，執筆者一同，心から期待している。

　最後に，本書を刊行する機会を与えてくださった吉田武男先生（筑波大学人間系教授），常にアドヴァイスと激励をしてくださったミネルヴァ書房の河野菜穂さんに，執筆者一同，心から感謝申し上げる。

2018年9月

編著者　尾上雅信

目　次

監修者のことば

はじめに

第1章　古代の教育······1

1　古代ギリシアの教育······1

2　プラトンのアカデメイアと『国家』······3

3　古代ローマの教育······5

第2章　中世の教育······9

1　中世キリスト教と教育······9

2　カロリング朝以降の教育······11

3　教会から都市へ······13

4　中世大学の誕生と発展······14

第3章　ルネサンスと宗教改革の時代······21

1　ルネサンスの新学問と人間観······21

2　宗教改革とルターの教育論······24

3　ルネサンス以降とコメニウス······28

第4章　市民革命と産業革命の時代······33

1　イギリス市民革命と教育······33

2　フランス革命と教育······39

3　アメリカ独立革命と教育······48

4　ドイツ（プロイセン）の教育······53

5　イギリス産業革命と教育······60

第5章　近代国家と国民教育の時代······71

1　イギリス──教育におけるボランタリズムの原則と国家関与······71

2　フランス──国民教育制度の確立期······77

3　ドイツ──国民国家の誕生とペスタロッチ教育思想に基づく教員養成······87

4　アメリカ──公立学校設置運動の展開と師範学校における教員養成······93

5　帝政ロシア──初等国民学校網の拡大と教員養成······99

目　次

第6章　新教育運動の時代 ……………………………………………………… 109

1　イギリスの新教育運動 ………………………………………………… 109
2　ドイツの新新教育運動 ………………………………………………… 114
3　フランスの新教育運動 ………………………………………………… 120
4　アメリカの新教育運動 ………………………………………………… 126
5　ソ連邦の新教育運動 …………………………………………………… 132

第7章　現代の学校制度と教員養成 …………………………………………… 141

1　イギリス——多様化・選択と競争・質保証の教育改革 …………… 141
2　フランス——学校教育制度と教員養成 ……………………………… 146
3　ドイツ——学校制度と教育養成 ……………………………………… 155
4　アメリカ——アカウンタビリティ重視の教育改革と教師教育 …… 161
5　ロシア連邦——国民の教育人権に基づく学校制度と教員養成 …… 168

第8章　現代の教師と教員養成 ………………………………………………… 177

1　欧米諸国と日本 ………………………………………………………… 177
2　現代社会と教師 ………………………………………………………… 188

索　　引

第1章
古代の教育

〈この章のポイント〉

　本章では，ヨーロッパ文明の起源となる古代ギリシア・ローマ時代の教育について学ぶ。とくに古代アテネで活躍した，史上初めての職業教師（教職）集団として青少年の啓蒙（教育）に従事したソフィスト，そして人類の教師ともいわれるソクラテスとその活動に焦点をあてる。それを踏まえて，ソクラテスの弟子であるプラトンの思想から，政治と教育との関係について解説する。古代ローマについては，当時の教育制度を紹介・解説しつつ，キケロやクインティリアヌスの教育論にふれ，現代の公教育について考えるヒントを提供する。

1　古代ギリシアの教育

☐1　ポリス（都市国家）の成立

　エーゲ海一帯では紀元前3000〜1600年にかけてトロイア文明やクレタ文明が栄えたのち，紀元前1600〜1200年頃，青銅器時代の文化とみなされるミケナイ文明が開花した。この文化はギリシア人によって担われており，王権と官僚制による社会体制をしいていた。その後，北方からの侵入者によって滅ぼされ，各地にポリスと呼ばれる共同体が成立するようになる。なかでも古代ギリシアにおいて，代表的なポリスがスパルタとアテネである。

　スパルタは，ドーリア人がペロポネソス半島に建設したポリスである。アカイア人やイオニア人の脅威に備える，強力な軍事主義的な政治体制をその特徴としていた。それは教育制度にも色濃く反映されており，病弱な男児は遺棄され，7歳をすぎると親元を離れ，軍人になるべく厳しい教育を20歳か21歳になるまで受けなければならなかった。パイドノモスという行政官による直接の管理下に置かれ，軍事的集団教育がなされた。例えば，体力の向上をはかることを目的とした狩猟活動，剣術や槍投げといった武器の操作に関する訓練が行われていたという。今の私たちが厳しい教育を「スパルタ教育」と形容したりするのはそのためである。

　スパルタとは対照的に，アテネは民主的な政治体制を特徴としていた。デロス同盟によって，紀元前5世紀なかばにおけるギリシア世界の経済的・文化的

覇権を手にしたアテネは，教育を国家による強制ではなく，市民の自主性に委ねる気風を培っていた。それに従い，貴族的な文化が一般市民へと拡大するにつれて，家庭教師や集団的な教育も求められるようになる。生まれたばかりの子どもは，母親や乳母によって養育されながら躾けられ，7歳にもなるとパイダゴゴスと呼ばれる家庭での世話係である奴隷身分の人間に付き添われながら，初歩的な読み書き算を教える私的な教育施設，あるいは音楽教師・体操教師のもとへと通いはじめるようになる。そこでは，音楽や詩の教育，競走・円盤投げ・槍投げ・レスリング・ボクシングなどのスポーツ教育を受けていた。

2　ソフィストの台頭とソクラテス

　アテネの民主的な成熟によって，ギリシアでは政治における成功が評価されはじめる。政治の場においてプレゼンスを発揮するためには，言語能力を磨き，幅広い識見によってその内実を支えられなければならず，そのための教育プログラムが求められるようになった。

　その要求に応じるように，紀元前5世紀頃よりソフィストと呼ばれる専門家集団が台頭するようになる。ソフィストとは，ギリシア語で「知者」あるいは「知恵ある者」の意味であり，議会などにおいて演説を行い，相手を説得する弁論術の技術を授けることを生業としていた。アブデラのプロタゴラス，レオンティノイのゴルギアス，エリスのヒッピアス，ケオスのプロディコスなどが有名である。

　哲学者プラトンの描くところのソフィストは，政治的な成功を目指すための教育を行うあまり，相対主義的な見方を駆使する弁論術を広めるばかりであったという。例えば，プロタゴラスは「人間は万物の尺度である」と主張する。うららかなアテネの一日が，スウェーデンからの旅行者にとっては暖かく，エジプトからの旅行者にとっては寒く感じられる。いずれも真実を語ってはいるが，どちらが正しいのかはその都度の観点によって決まるのだと述べており，たしかに相対主義的な特徴がみられる。

　そのようななか，ソフィストとは対照的な活動を開始し，アテネに議論を呼んだ人物がソクラテスである。彼は，弁論術を授けるソフィストが，相対主義を広めるばかりで真理についての知をもたらしていないと批判した。ソクラテスはソフィストとは異なり，無償で青少年への啓蒙活動を行っていた。

3　ソクラテスの教育思想

　ソクラテスの啓蒙活動はデルフォイの神託に端を発している。「ソクラテスよりも知恵のある者はいない」という神託の真偽をたしかめるべく，ソクラテスは自分より知恵があると思われる人物との真善美をめぐる対話を試みた。だ

▷1　ソクラテス(Sōkratēs, B.C.470/469～ B.C.399) 古代ギリシアの哲学者。著作を一切残さなかったため，プラトンやアリストパネスらの著作を通じてのみ，その思想について知ることができる。

が，政治家も詩人も手工業者も自らの知を誇りながらも，それが実は不完全であることに無自覚であった。ソクラテスは，そのことから自分は何も知らないことを知っているが，他の人々は自分が知らないことすら知らないのだと考えた。つまり「無知の知」であるがゆえに「知恵のある」という神託を得たのだと考えるようになる。

ソクラテスは問答を通じて，相手の知を吟味し，より普遍的で妥当な知を目指したが，それは知の探究活動であったと同時にすぐれて教育的な活動でもあった。無知の知を前提としたソクラテスの質問を通じて，対話相手は自分が知っているという思い込みから脱し，さらに互いに対話を重ね，真なる知の獲得へと導かれる。この過程は，青年の口をして真なる知を語らせることへと誘っており，あたかも産婆が出産を手伝うが如きものであったことから産婆術と呼ばれた。

ソフィストの教育とは異なり無償で営まれたソクラテスの問答は，多くの青年の支持を集めた反面，名のある人々の反感を買っていた。国家の認める神々を認めず，他の内なる神を導入し，青年を拐かした^(かどわ)という理由で，国家から死刑判決を下されることになる。ソクラテスは「悪法もまた法なり」と，毒杯を仰ぎその生涯を閉じる。脱獄を勧めるクリトンに対しても，最後の最後まで魂の不滅を説き，対話を続けようとしていた。

彼の問答は，政治的成功や野心を叶える手段としての教育では決してなく，各人が自らを吟味し，無知の状態から脱しようとすることを手放しで支援するものとしての教育活動であった。まさにその意味で，ソクラテスは人類の教師と形容される存在であったといえるだろう。

2　プラトンのアカデメイアと『国家』

1　アカデメイア

プラトン^(▷2)は名門の子弟として勉学に励みつつ，ソクラテスの薫陶を受けながら若き日々を過ごしていた。だが，ソクラテスの裁判と死刑を目の当たりにして，民主的な政治体制への疑問を抱くようになる。その後，諸国を遍歴してアテネに戻ったプラトンは執筆活動を開始し，ソクラテスの登場する作品を公表するようになる。そして，アテネ北西郊外にアカデメイアという学園を紀元前386年頃に開設し，生涯，執筆活動と教育活動に尽力した。その名称は現在でも「アカデミー」という言葉として名残をとどめている。

アカデメイアでの研究・教育活動については残念ながらはっきりしない部分が多い。わかっているところでは，数学研究が盛んであったとされている。講義形式の教授は行われず一問一答方式の議論に，プラトンが助言者として携わ

▷2　プラトン（Platon, B.C.427～B.C.347）
ヨーロッパの思想全体に大きな影響を及ぼした古代ギリシアの哲学者。真善美をめぐるソクラテスの問いかけに対して，彼はイデア論によって応じる。

ることが多かったようだ。また共同での飲食が定期的に行われ、そこでは葡萄酒を飲みながら、食べものや音楽、座談などを楽しんでいたとされている。

2 プラトンの教育＝政治論

民主主義への不信からはじまったプラトンの政治論は『国家』として結実している。プラトンは国家の成員を3つの階級、すなわち支配階級・軍人階級・生産階級に分け、それぞれに適した人間がその本分を守って国家を形成するべきだと考えた。支配階級には理性を多く備えており英知の徳を発揮することのできる人間、軍人階級には多くの意志をもち勇気の徳を発揮することのできる人間、そして生産階級には多くの欲望を抱きながらも節制の徳を発揮することのできる人間が割り当てられる。

そして、それぞれの階級に適した人間は国家による教育によって育成・選別される。7歳頃から17歳、18歳までは音楽と体操による基礎的教育がなされ、17歳、18歳から20歳までは体育を中心とした軍事訓練がなされる。ここで生産階級が選別される。20歳から30歳までは、算術、幾何、天文などを学ぶ。ここで軍人階級が選別される。30歳から35歳までは弁証法を学び、さらに50歳になるまでは公務についての経験を積み、それから哲人君主として政治を行うようになる。

プラトンの『国家』は身分制度を前提としており、しかも全体主義のイメージを喚起させるため、もちろん現実的な議論ではない。だが、公教育によってその能力を伸ばした各々の人間が適性にしたがって国家を支え、理性を備えた哲人が頂点に立つことによって国家の方針を定めるというプラトンの国家＝教育ビジョンは、ソクラテスに死をもたらした民主的な政治形態の陥穽および理想的な公教育のありようについて、私たちに問いを突きつけ続けている。

3 イソクラテスとアリストテレス

ほかにも、プラトンと同時期に活躍したイソクラテス[3]は、アテネに弁論・修辞学を教える学校を創設している。ソフィストからも学んだイソクラテスは、弁論術を単なる政治的な野心を実現するための処世術とはみなさなかった。弁論術を教育することによってギリシア人的な教養の獲得を目指すものだった。

プラトンの弟子であるアリストテレス[4]は、アカデメイアで学びながら20年を過ごし、マケドニアに招かれてアレクサンドロス3世の家庭教師を務めた。アテネに戻ると、彼はリュケイオンという学園を創設する。アカデメイアとは異なり講義形式の教授が行われ、書物の蓄積と整理や、実証的研究を重んじていたとされている。

▷3 イソクラテス
(Isokratēs, B.C.436〜B.C.338)
プラトンと同時代の修辞学者。彼の開いた修辞学校には多くの門下生が集い、多数の弟子を育てた。

▷4 アリストテレス
(Aristotelēs, B.C.384〜B.C.322)
古代ギリシアの哲学者。万学の祖とも称される。彼の思想の基盤には実証主義の態度があり、師のプラトンとは好対照である。中世の神学へも強い影響を与えた。

3　古代ローマの教育

1　共和政期

　古代ローマは政治的・軍事的な力をもち，またラテン語によるヨーロッパ共通の文化圏を形成するなど，その影響は現在のヨーロッパ諸国にも色濃く残っている。この節では，共和政時代と帝政時代の教育を取り上げる。

　ローマの建国は紀元前753年であるとされている。紀元前509年の王政打倒からアウグストゥスによる帝政の樹立までの期間が共和政の時代とされている。当時のローマでは家庭教育が重要視されていた。古代ギリシアとは異なり，子どもを育てるのは奴隷の仕事ではなく母親の仕事であった。この傾向は上流家庭にもみられる。そして子どもが7歳になると，今度は母親ではなく父親による教育が行われるようになる。父親こそが真の教育者であり目指すべき目標であるという「父祖の道」という教育理念に貫かれている。剣術・槍投げ・剣術・馬術・ボクシングといった体育のみならず，農業や読み書き算といったことまですべて父親の教養が授けられていた。

　そして，古代ローマは紀元前2世紀頃の軍事的成功の結果，全人的な教養人の育成を目指していた古代ギリシアの教育を摂取しはじめる。上流階級にギリシア語やギリシア思想が浸透し，弁論家や法律家あるいは政治家として成功するためにギリシア的教養が必要になっていった。ギリシア的教養の摂取のためにラテン語によるギリシア語の読解が必要となり，ラテン語を教える学校が登場することになる。国語であるラテン語に習熟すべく，外国語としてのギリシア語を利用しようとしたからである。ラテン語学校は初等，中等，高等の三段階からなっており，初等段階では初歩的な読み書き算を教えていた。中等段階ではラテン語の詩による教育が行われ，ホメロスの詩などが用いられていた。高等段階では，ラテン語による修辞学や弁論術が教えられていた。

2　キケロの教育論

　弁論家キケロ[5]は，ギリシア文化の影響を強く受けつつも，ラテン語による弁論術の水準を高めることでローマ独自の思想や文化を築こうとした。彼の『弁論家について』には，弁論家を育てる教育プログラムだけではなく，そのあるべき姿についても論じられている。

　他人を説得することが弁論の目的であり，そのためには聴衆に好意を抱かせること，教化すること，心を動かすことが3つの原理としてあげられている。生まれもった才能や技術のトレーニングの重要性もさることながら，優れた弁

▷5　マルクス・トゥッリウス・キケロ（Marcus Tullius Cicero, B.C.106 ～ B.C.43）
ローマ共和政時代の弁論家。彼の著作はラテン文学の規範とされている。

論家になるには「人間的教養」や「学識」が欠かせないとキケロは主張する。弁論術のレトリックを悪用しないための道徳的品性や，人間・社会に対する知識，ほかにも，「自由人にふさわしい諸学芸」（アルテス・リベラレス）を学ぶことが弁論家には求められた。これは中世において，文法・修辞学・弁証法の三学と，算術・幾何学・音楽・天文学の四科からなる「自由学芸」として確立され，現代では「一般教養」（リベラル・アーツ）として展開することになる。

３ 帝政期

　紀元前44年にユリウス・カエサルが暗殺された後，オクタヴィアヌスがアウグストゥスの称号を得たときから帝政期がはじまったとされている。

　帝政期ローマは，教育に対して国家による干渉と庇護を加える政策をとるようになる。カエサルやアウグストゥスの時代にはギリシア人教師だけを対象としていた優遇措置は，ヴェスパシアヌス帝治下においては免税措置が加わるようになっている。のちに中等および高等教育の教師すべてに「市民としての義務」の免除という特権が与えられたという。マルクス・アウレリウス帝の時代には，教師の給与は国庫によって負担されるようにもなった。

４ クインティリアヌスの教育論

▷6　マルクス・ファビウス・クインティリアヌス（Marcus Fabius Quintilianusu, 35？〜96？）ローマ帝政期時代の弁論家および教育者。彼の教育論は，ルネサンス期の人文主義者に深い共感をもって読まれ，ペトラルカやアグリコラ，エラスムスらに強い影響を与えた。

　ネロ帝の時代にスペインからローマに訪れたというクインティリアヌスは，時々の権力者から評価され，ラテン語の弁論術教師として成功した，最も著名な人物だった。彼は「完全な弁論家」という目標を達成することではじめて「よい人間」になることができると述べる。キケロの強い影響を受けたクインティリアヌスは『弁論家の教育』において，幼少期の基礎的な段階から法廷での弁論が可能になる段階までの教育について広範に言及しており，キケロよりも具体的な提言を行っている。例えば，幼少期の教育に関与する人間として，乳母，同年代の遊び仲間，パイダゴゴスがあげられており，彼らが正直で，信頼に値し，そして正しいアクセントで話す人物でなければならないという。そうした教育を土台にして学校教育へと委ねるべきであると主張しており，現代にも通じる教育論を提示していた。

Exercise

① 古代ギリシア・ローマの教育と，現代日本におけるそれとの違いを比較・整理し，その違いをもたらした背景についてまとめてみよう。

② 「無知の知」の意味，教育的な意義について考えてみよう。

③ ソフィストたちとソクラテス，それぞれの教育のイメージの違いについて

考えてみよう。

📖次への一冊

廣川洋一『プラトンの学園アカデメイア』講談社，1999年。
　　アカデメイアの全貌については謎が多いが，それでもあらゆる資料を駆使して，その実態を描き出そうとしている1冊。著者の学問観も大学での学びを考えるうえで参考になる。
納富信留『ソフィストとは誰か？』筑摩書房，2015年。
　　プラトンの著作群において悪者として描かれがちなソフィストについて，豊富な資料と鋭い筆致によって迫る好著。文庫版であり読みやすいのもよい。
マルー，H.，横尾壮英・飯尾都人・岩村清太訳『古代教育文化史』岩波書店，1985年。
　　決して容易に読み通せる質・量であるとは言えないが，著者独自の資料解釈に基づく膨大な議論は──それへの賛否を含めて──読む者に知的刺激をもたらしてくれる。

引用・参考文献

キケロー，小川正廣・谷栄一郎・山沢孝至訳『キケロー弁論集』岩波書店，2005年。
藤井千春編著『西洋教育思想──時代背景から読み解く』ミネルヴァ書房，2016年。
廣川洋一『プラトンの学園アカデメイア』講談社，1999年。
今井康雄編『教育思想史』有斐閣，2009年。
眞壁宏幹編『西洋教育思想史』慶應義塾大学出版会，2016年。
マルー，H.，横尾壮英・飯尾都人・岩村清太訳『古代教育文化史』岩波書店，1985年。
村井実『ソクラテスの思想と教育・「善さ」の構造』（村井実著作集第3巻）小学館，
　　1988年。
長尾十三二『西洋教育史』東京大学出版会，1991年。
納富信留『ソフィストとは誰か？』筑摩書房，2015年。
プルタルコス，村川堅太郎編『プルタルコス英雄伝 上・中・下』筑摩書房，1996年。
田中美知太郎『ソクラテス』岩波書店，1957年。
内山勝利編『哲学の歴史──哲学誕生【古代I】』（第1巻），中央公論新社，2008年。

第2章
中世の教育

〈この章のポイント〉

　本章では，ヨーロッパ中世の教育について学ぶ。この時代は，世俗的にもキリスト教が中心となった時代である。中世初期キリスト教にみられる人間観を解説するとともに，キリスト教関係の学校（修道院学校や司教区学校など）の教育も取り上げる。1200年頃になると，やがて「中世大学」が誕生するが，なかでも主にボローニャとパリの大学を取り上げ，その起源・成立状況・学問と教育などを，具体的な教師と教育活動という観点から紹介・解説する。

1　中世キリスト教と教育

［1］　キリスト教の誕生とその人間観

　西ローマ帝国の滅亡から東ローマ帝国の滅亡までの約1000年間は中世と呼ばれており，キリスト教の強い影響を受けながら，独自の教育が営まれるようになった時代である。

　キリスト教が誕生したのは紀元1世紀であり，ローマ帝国の支配下にあったユダヤ人共同体においてである。ユダヤ教の一派であったものが，イエス・キリストを通じた契約による救済を説いたことから，ローマ帝政の迫害に耐える民衆の支持を基盤に，一部の上層階級にも浸透していった。

　その聖典とされる聖書には新約と旧約がある。旧約聖書は神とイスラエルの民とのあいだに交わされた契約であり，ヘブライ語で書かれている。イスラエル人の歴史と救済の未来が記されており，その未来に備えて守るべき立法が示されている。新約聖書は，イエス・キリストを通じた神と人間との新しい契約についてギリシア語で記されたものである。紀元1世紀から2世紀頃にかけてキリスト教徒たちによって書かれたとされており，全部で27の書からなっている。イエス・キリストに関する福音，使徒と呼ばれるキリストの福音を伝える使命を担った者の様子が描かれた使徒言行録，書簡，そして予言の黙示録である。

　313年にコンスタンティヌス帝（在位306～337）によって公認され，さらには皇帝テオドシウス1世（在位379～395）によって，392年にローマ帝国の国教に定

▷1　ガイウス・フラウィウス・ウァレリウス・コンスタンティヌス（Gaius Flavius Valerius Constantinus, 272～337）
ミラノ勅令を発布してキリスト教を公認した。

められたことで，キリスト教はヨーロッパ社会全体を席巻するようになる。それは西洋の教育思想に計り知れない影響を与え，現代にまで続くことになった。

キリスト教の拡大はそのまま「異」教徒を排斥しキリスト教への同化を求めることを意味する。したがって，「異」教徒の教えを論駁し，キリスト教の正しさを議論で示さなければならなかった。すでに2世紀の初頭から，問答学校や問答教師学校が開設されていた。問答学校では，カテキズム[*2]と講義によってキリスト教の初歩が教えられ，問答教師学校では，問答学校の教師や教会の指導者育成を目指す教育が行われた。ギリシア哲学を学問的基礎づけに用いていたこの教育実践は教父哲学として結実することになる。

教父として有名なのは，テルトゥリアヌス，キプリアヌス，アンブロシウス，アウグスティヌス[*3]らである。アウグスティヌスの著した『告白』には，半生を振り返りながら自分自身の弱さや醜さに対する深い懊悩がせきららに綴られている。その冒頭で彼は次のように述べる。

> 「主よ，あなたは偉大であって，大いにほめられるべきである」。「あなたの力は偉大であって，あなたの知恵は測られない」。しかも人間は，あなたの取るに足らぬ被造物でありながら，あなたをたたえようと欲する（聖アウグスティヌス，1976，上巻5ページ）。

旧約聖書の「創世記」には，全知全能かつ最善である神から造られた人間もまた善であったにもかかわらず，エデンの園において神に背いてしまったがために，原罪を背負ってしまうという記述がある。「神の似姿（imago Dei）」としての人間は，神を求めながらも至ることができない。ここにアウグスティヌスの教育観を垣間見ることができる。教師もまた不完全な人間であるため，人間を完全なる存在へと教育することはできない。教育にできるのはただ神を求めることへと人間を促すことだけであった。

［2］ 修道院

5世紀後半，度重なる他民族の侵入によって西ローマ帝国が崩壊する。アウグスティヌスが430年に死を迎えてまもなくのことであった。

529年，ヌルシアのベネディクトゥス[*4]は，ナポリとローマのあいだに位置するモンテ・カッシーノに修道院を創設する。「祈れ，そして働け」という言葉が示しているとおり，修道士が祈りと自給自足の労働を中心とした共同生活を営む場であった。また「怠惰は魂の敵である」ともいわれ，厳格な生活スタイルの遵守を求められてもいた。ベネディクトゥスの著した『戒律』は全73章からなり，日課や作法やその手続きについて具体的な規則を定めている。例え

▷2　カテキズム
公教要理や教義問答（書）ともいわれる，キリスト教信仰教育のための書物。ギリシア語の「katēchein（口頭で教える）」の意に由来し，問答形式で書かれた教材。

▷3　アウレリウス・アウグスティヌス（Aurelius Augustinus, 354〜430）
古代ローマ帝国の属州北アフリカ・ヌミディアの町タガステに生まれる。若い頃はマニ教を信奉していたが，新プラトン主義との接触により，キリスト教へと回心する。一説には，母モニカとの死別が原因だとするものもある。

▷4　ヌルシアのベネディクトゥス（Benedictus de Nursia, 480頃〜547頃）
中世のキリスト教の修道院長。西方教会における修道制度の創設者とされている。

ば，食事中は朗読を欠かしてはならないとされ，朗読者以外の発言は禁止されている。沈黙を守り，飲食に必要なものは事前に手渡ししておくなどするようにという規則があった。彼の『戒律』に代表される修道院文化は，各地の修道院の原型となり，ヨーロッパ全体へと広がっていくことになる。

修道院では，学芸全般にかかわる書物の収集，筆写，保存を行いながら後継者の育成を行っていた。当初，修道院での禁欲的で隔世的な生活を目指す年少の子どものみを対象に教育を施していたが，聖職者志望の若者の要望を拒みきれなくなり，彼らも教育対象とするようになる。こうして修道院付設の学校が誕生するわけだが，それが本格的な教育機関として注目されるには，いわゆるカロリング・ルネサンスを待たなければならなかった。

2　カロリング朝以降の教育

1　カール大帝の文教政策──カロリング・ルネサンス

西ローマ帝国の崩壊後，ゲルマン人による小国家が次々と建設されることになった。それらの小国家を統一してメロヴィング朝（481～751）の始祖となったのがクローヴィス（在位481～511）である。クローヴィスはローマ皇帝と提携しつつ広大なフランク王国の建設に成功したものの，彼の死後は政治的動揺と分裂を繰り返し，メロヴィング朝は衰退する。代わってカロリング朝が台頭し，8世紀末にカール大帝[5]（在位768～814）の下で文化的にも政治的にも統一的な西ヨーロッパ世界が誕生することになる。

カール大帝は，現代の言葉でいえば文教政策に力を入れた人物である。彼は学問を尊び，アーヘンにある宮廷にヨーロッパ各地から優れた学者を招聘し学芸に専念させていた。彼自身も妻子とともに，また王族貴族だけではなく中流や下流階層の子弟とともに学者から学んだといわれている。キリスト教に基づく理想国家の実現を目指し，聖職者の教養水準とりわけラテン語の能力を高めることに力を入れた。ヨークの司教区教会学校で教師として活躍していたアルクイヌス[6]は，カールの宮廷学校で8年間教鞭をふるい，カロリング朝の文芸復興に貢献した。この8～9世紀カロリング朝にみられた，宗教的再生あるいは古代の知性の再評価の運動は，カロリング・ルネサンスと呼ばれている。

カール大帝が学問を尊重したのは，聖職者たちに聖書とキリスト教の理解を深めさせ，教会をさらに発展させることにより，フランク王国の礎を築くことを目指したからであった。そこで彼は教育という手段に訴える。具体的には，聖職者にローマ式聖歌の学習を義務づけるなど典礼の様式の統一を試みようとした。また，宮廷学校で育成した優秀な人材を派遣して，各地の民衆を「異」

▷5　カール大帝（Karl I, 742～814）
カロリング朝を開いたピピン3世（小ピピン）の子であり，フランク王国の国王。なお，カール大帝はドイツ語のいい方であり，英語ではチャールズ大帝，フランス語ではシャルルマーニュ，イタリア語ではカルロマーニョとなる。

▷6　アルクイヌス（Alcuinus, 730頃～804）
イングランドのヨークで教育を受けた，ノーサンブリア王国生まれの助祭。英語ではアルクィン（Alcuin）となる。796年以降は宮廷を離れ，トゥールのサンマルタン修道院で過ごした。

教徒の教えから「解放」させようともした。ほかにも，これまで口伝に頼っていた行政的手続きを文章化させるなどして，王の指示を徹底化させようとしている。そして，従来の修道院学校や司教区教会学校の水準を向上させることにも傾注した。

　司教区とは，司教が管理する一定の区域のことをさしており，そこをまとめている教会を司教区教会という。そこに付設された学校のことを司教区教会学校というが，カロリング・ルネサンス以前の修道院学校とともに，それらに所属する聖職者たちの一般的な教養レベルは低いものだった。そこでカール大帝は，修道院長や司教に学識を備えるようにと勅令を与え，新しい修道院学校，司教区教会学校を設置するように求めた。

　修道院学校は，現代の中等教育機関にあたる。聖職者を育成するべくラテン語の教育が行われ，そして「自由学芸」と呼ばれる事柄が教えられていた。自由学芸とは，文法・修辞学・弁証法の三学と，算術・幾何学・音楽・天文学の四科をさす。司教区でも修道院学校とほぼ同様の教育が行われていた。

2 　騎士の教育

　騎士とは，甲冑を装備して馬に乗り，主に槍・剣・盾で戦うことを生業とする職業である。古代ギリシア・ローマ時代から存在はしたが，中世になってから，侵略者からの教会の保護や，「異端」を征討するための武力として組織化されていく。8〜9世紀頃には法的身分を獲得し，十字軍遠征の時期には最盛期を迎え，独自の騎士文化を形成するに至るが，封建制度の解体にともなって没落していく。

　中世において軍事的にも精神的にも花形である騎士の資格を得るためには，厳しい教育を受けなければならなかった。家柄が問われることは当然であり，三段階にわたる教育が待ち構えていた。まず，7歳になると親元を離れ，主君の宮廷あるいは領主の館に入り，小姓として仕えるようになる。宮廷での作法，読み書き，舞踊，将棋，作詩などを学んだ。そして14, 15歳になると従者となる。甲冑の手入れや馬の世話，狩猟をつうじての鍛錬，槍術や剣術や乗馬といった戦いの技術などを学ぶ。貴婦人との会話が許されるようになるのもこの頃である。そして21歳になり，厳粛な儀式をへてようやく騎士になるのである。

　また騎士身分の女子は，宮廷や女子修道院においてふさわしい礼儀作法や学芸を教えられた。家事一般や語学や唱歌などを学び，貞淑の徳の獲得が目指されていた。

3　教会から都市へ

1　都市の教育

　度重なる十字軍の遠征によって，ヨーロッパはより広大で統一的なまとまりをもつようになっていった。東西貿易によって地中海沿岸をはじめとする各都市の商業は活性化し，教会を中心とした教育は，都市へとその舞台を移すことになる。聖職者，貴族，騎士だけではなく，商人，手工業者，農民などの民衆へとその対象を拡大し，13世紀には市民の子弟にラテン語を教育する都市学校まで誕生する。

　また，11世紀後半から13世紀前半までは「大開墾時代」とも呼ばれ，冶金術の発達によって金属製の斧や鎌が普及しはじめ，森林や原野の開墾が進んだ。農地拡大にともなう農業生産力の向上に支えられ，都市が発達することになった。

　手工業者（職人）になるためには，11世紀以降本格化したギルド（同職組合）の用意する徒弟教育を受けなければならなかった。まず，親方と修業契約を結び，修業料を支払ってから入門する。親方の家に住み込み，雑務を手伝いつつその技術を習得するのである。親方1人に対して，徒弟は1～2名，10歳頃から7年ほどの修業期間をへて職人になるのが一般的であった。職人になってからは各地を遍歴してその実力を高め，作り上げた作品が検定に合格するとようやくギルドへの加入が許される。

2　スコラ哲学

　十字軍の遠征は従来の教父哲学にも新しい風をもたらしていた。西ヨーロッパの学者たちはイスラーム世界の図書館を渉猟し，古代ギリシア・ローマの思想にふれ，それを摂取するようになる。なかでもイスラーム経由で伝播してきたアリストテレス哲学の影響力は決定的であり，キリスト教の教義との矛盾が思索を鼓舞することとなった。そして，それがスコラ哲学として結実していくことになる。スコラ（schola）とは教会や修道会附属の学校という意味であり，その場で醸成されたスコラ哲学とは，キリスト教の教義を哲学的に論証することを目的とする学である。その代表的な人物としては，アンセルムス，トマス・アクィナス，ボナヴェントゥラ，ガンのヘンリクス，ドゥンス・スコトゥス，オッカム，エックハルトなどがおり，トマス・アクィナスによってスコラ哲学は大成したとされている。

　スコラ哲学は，ヨーロッパの知的言説において支配的であったが，ルネサン

▷7　カンタベリーのアンセルムス（Anselmus Cantuariensis, 1033～1109）
北イタリアの貴族の長男として生まれた。スコラ哲学の父と呼ばれている。

▷8　トマス・アクィナス（Thomas Aquinas, 1225頃～74）
イタリア生まれ。ドミニコ会修道士からパリ大学教授となる。アリストテレス哲学をキリスト教に調和させ，哲学よりも神学が優先されるとして「哲学は神学のはしため」という言葉を残している。『神学大全』を著す。

▷9　ボナヴェントゥラ（Bonaventura, 1217頃～74）
ローマの北方にある町バニョレアで，教授（マギステル）の資格をもつ医者の家に生まれる。同時代を生きたトマス・アクィナスとともに中世の双璧と讃えられている。

▷10　ガンのヘンリクス（Henricus de Gandavo, 1240頃～93）
トマス，ボナヴェントゥラと並ぶ，中世を代表する神学者。

▷11　ヨハネス・ドゥンス・スコトゥス（Johannes Duns Scotus, 1265/66～1308）
トマス後のスコラ学の正統な継承者。

▷12　オッカム（William of Ockham; Guillelmus de Ockham, 1285頃～1347/49）
ドゥンス・スコトゥスへの批判において知られる神学者。

▷13　マイスター・エックハルト（Meister Eckhart, 1260頃～1328）
ドイツのチューリンゲン地方エアフルトの近くで生まれた。トマスの思想を独自のかたちで継承するも，死後に異端とされる。

ス期以降の人文主義や合理的・科学的な学問が主流になるに従い，その影響力を次第に弱めていくことになる。

4　中世大学の誕生と発展

1　中世大学の誕生

今日まで続くヨーロッパの学校制度の起源，歴史的な発展は，「下構」型ともいうべき特徴をもっている。私たちの進学してきたルートと逆に，歴史的には「上」から「下」に向かって学校が構築されてきたのである。その出発点となったのが，中世の大学であった。

十字軍の遠征や東西貿易は西ヨーロッパに大きな知的覚醒をもたらした。スコラ哲学の形成にみられたようにイスラーム経由で伝播してきた古代の学問も，めざましい勢いで普及していっただけでなく，実際生活のうえでも，都市の商業の活性化や教会組織の整備には法的な規範が必要となり，古代ローマの遺産であるローマ法の研究が盛んとなったのである。こうした教育への要求が高まるにつれ，修道会学校や司教区教会学校の教育と学習が活発になるとともに，都市で私塾を開く学者たちも現れた。このような私塾には，すでに当時の学問上の国際的共通言語であったラテン語を学び，さらに一層高度な学問を学ぼうとする者たちが押し寄せたのであり，これが中世大学の起源となるのである。こうした中世大学で最も古いものの一つに，北イタリア・ボローニャの大学があげられる。

今は観光都市としても有名なボローニャは，当時地中海貿易で栄えた新興都市であったが，商取引につきもののトラブルや係争の頻発を背景に，イルネリウスなど，ローマ法の解釈や註釈を行う学者たちが集まる都市として有名になる。これらの学者たちを慕って多くの学ぶ者たちが蝟集したのであるが，彼らは安心して学ぶためにも生活上の安全保障を目的に団体をつくり，ボローニャの誰よりも権威ある者から自分たちの特権を認めてもらおうと動き出した。1158年，ときの神聖ローマ帝国皇帝フリードリッヒ１世がこの求めに応じて与えたのが「ハビタ」と呼ばれる勅許状であり，こうして特権を得た者たちがウニフェルシタスやコレギウムと呼ばれる組合を結成し，これがボローニャの大学の起源となったのである。ここではいわば「学生」たちが主導してウニフェルシタスを形成したといえる。

ボローニャと並んで古い大学の起源となったのが，パリの街の私塾群であった。ここにはノートル・ダム司教区教会学校や修道院学校があり，他にも神学を研究し教える教師たちが私塾を開設していた。アベラール（アベラルドゥス）

▷14　**イルネリウス**（Irnerius, 1050頃～1130頃）
イタリアの法学者。1090年頃からボローニャ大学でローマ法を教授し，同大学の基礎を築いた。

▷15　**アベラール**（ペトラス・アベラルドゥス）（Abaelardus, Petrus, 1079～1142）
フランスの哲学・神学者。ギョーム・ド・シャンポー等に学び，パリに私塾を開いて神学と哲学を講じ，全ヨーロッパから学生を集めた。女弟子のエロイーズとの恋愛も有名。

などが有名であり，やはりここに多くの学ぶ者たちが蝟集したのである。こうした学ぶ者たちも団体を組織していたようであるが，ここパリでは主に私塾の教師たちによって教師という職業の同職組合（ギルド）が形成される。この組合を中心に1200年前後にフランス国王やローマ法王から特権の認可を受け，これがパリの大学の起源となるのである。こうして出来上がったパリの大学は，イギリスのオックスフォードなど，その後の西ヨーロッパ諸地域の大学のモデルとなっていくのである。

　一種の同職組合（ギルド）として形成されたウニフェルシタスは，他の同職組合（ギルド）と同様の徒弟教育を展開することとなった。もともとウニフェルシタスという言葉そのものは「組合」や「団体」という意味であった。このウニフェルシタスでは学ぶ者つまり「学生」はいわば徒弟つまり見習いであり，修業つまり勉学に励み，試験（検定）に合格することで，この組合への正式な加入が認められるようになる。この資格が学問の「親方」すなわち教師（教授）の資格であり，この資格，いうならば教員免許状としての「学位」を授与することのできるウニフェルシタスがとくに「ストディウム・ゲネラーレ」と呼ばれるようになり，ボローニャやパリのように実質的に大学へと発展したのである。

　ストディウム・ゲネラーレ，つまり大学に入学するには，各地の修道会学校や司教区教会学校でラテン語を学んでおく必要があった。当時の高級な学問であった法学（ローマ法注解など），神学（聖書の解釈など）や医学（古代ギリシアのヒッポクラテスの古典解釈など）を学ぶためには，学問世界の共通言語であったラテン語を聞き，話し，読み，書く能力が求められたからである。入学年齢は14〜16歳で，4〜7年間は自由学芸を学び，21歳を超えてマギステル（「親方」の意味）の学位を得ると教師の仲間入りができた。学生数は最盛期のパリ，ボローニャで6000〜7000人くらいと推定されている。

　大学での教育は，講義・演習・討議などの方式で行われた。印刷術が未発達で図書は貴重品かつ入手困難であったため，筆写せざるを得なかったが，そのための方途の一つが教師による講義でもあった。貴重な図書を教師が読み上げ，学生たちがそれを筆写するのである。またこの当時のヨーロッパでは紙そのものも貴重であったため，今日的なペーパーテストではなく，討議による試験（検定）が一般的であった。アリストテレスの著作に出てくる命題などをテーマに，学生同士で討論し，それを教師が裁定したのである。

　13世紀頃になり多種多様な学生たちが数多く集まるようになると，こうした大学のなかには学寮を開設するものが現れはじめる。パリの大学では聖職者ソルボンの創設した貧しい学生のための学寮が有名である。これは「コレージュ・ド・ソルボンヌ」と呼ばれ，後のパリ大学文学部と理学部の前身になっ

▷16　ヒッポクラテス
（Hippokrates, B. C. 460頃〜B. C. 375頃）
ギリシアの医学者。古来から「医学の父」とはいわれるが，事績はあまりはっきりしない。「ヒッポクラテスの書」といわれるのは，医学，予後学，食餌療法，外科学，薬学，健康と疾患に関する記述を含む大部の著作である。これは紀元前3世紀頃のアレクサンドリアの学者が約1世紀にわたる諸家の説を雑然と集めたものといわれる。

▷17　ロバート・ドゥ・ソルボン（Robert de Sorbon, 1201〜74）
フランスの聖職者。ルイ九世の宮廷司祭を務める。

た。こうした学寮は当初は経済的に貧しい学生たちの居住の場として開設され
たのであるが，こうした学寮が普及しはじめると，そこに多くの学生たちが起
居するようになり，やがてそこが単なる居住のみならず学業（修業）の場とも
なり，こうして大学は固有の建物を有する組織となっていくのである。

2 中世都市の発達と学校

　13世紀から14, 15世紀にかけて，農業生産力の向上や商業の発達で活性化し
た都市のなかには特権を確保して自由（自治）都市として独立性を確保するも
のが登場する。これらの都市では，先に見たような聖職者や騎士のための教育
とは異なった，市民にふさわしい教育を行う学校も創設された。市民による民
間のもの，都市による公設のものなどがあったが，いずれもラテン語文法の教
育が中心であったため「ラテン語学校」などと呼ばれるようになった。こうし
た新たな学校を巡っては教会勢力と都市との間でさまざまな葛藤や軋轢を生み
出したが，教会側のもとに置かれて従来の修道院学校や司教区教会学校と大差
ないものとなった学校も多かったようである。こうした都市の学校の教育は鞭
を唯一の教具とする極めて非人道的なものであったといわれる。生徒たちは陰
気で不衛生な教室において罵詈，鞭打ち，号泣のただなかで野蛮極まる教育を
受けたとされる。このような都市の学校，換言すれば公設公営の学校のなかで
注目されるのは，フランスのボルドー市が1533年に設立したコレージュ・ド・
ギュイエンヌであろう。このコレージュは6〜7歳で入学する10年制の学校
で，モンテーニュが学んだことでも知られている。これらの学校は，つぎに述
べる中等教育機関の先駆けであったとみることもできよう。

▷18　ミシェル・エイケ
ム・ドゥ・モンテーニュ
（Michel Eyquem de Mon-
taigne, 1533〜92）
フランスのモラリスト。哲
学者。法律を学び裁判所判
事などを務めるが，公職に
飽き，自らの城館の塔の書
斎で気まぐれな随想録を執
筆した。

3 中等教育機関の誕生と発達

　先に見た中世の大学は，時代とともに量的に発展するのみならず組織・制度
的にも整えられていく。内部組織も整い，パリやボローニャのような大学では
神学・法学・医学という高級学問を教授する専門部と，ラテン語などの共通の
基礎的教養を教授する教養部とに分かれていった。後者は専門的で高級な学問
の教育を受けるための準備機関としての役割を果たすものであった。おそらく
学生や教師のウニフェルシタスが結成された初期には，そうした準備教育も受
けてこなかった者は自然淘汰されていたのであろうが，学寮などが整うにつ
れ，ラテン語未修得の者も増加し，それに対応するために設けられたのであろ
う。こうして大学で本来の専門的また高級な学問を学ぶための準備をするコー
スが登場するのであるが，それは大学の内部で，いわば下に向かって伸びるか
たちで登場することとなった。パリの大学でみれば，先にあげた貧しい学生た
ちのために設けられたコレージュ・ド・ソルボンヌなどがこれであり，後には

大学附属コレージュとも呼ばれたのであった。これらのなかにはラテン語学習
以前の，さらに予備的な読み・書き・計算を教える階梯を備えたものも登場し
たのであった。こうした中世大学に起源をもつ準備教育機関にならい，15，16
世紀には宗教団体や民間の個人や団体が設置する学校が登場する。これらもま
たラテン語学習を中心に据えながらもより幼い子どもたちの予備的な教育も担
当する学校であった。その代表的なものが，イエズス会のコレージュであっ
た。

　パリ大学で神学を学んだイグナチウス・ロヨラが宗教改革およびプロテスタ
ント勢力に対抗するために1540年に創立した反宗教改革運動組織であったイエ
ズス会は，カトリック勢力の盛り返し手段の一環として教育の分野に積極的に
乗り出す。とくにフランスでは大学附属コレージュに模した学校を各地に創設
することで，青少年の教育を通して宗教的な勢力回復を図ろうとしたのであ
る。こうして子どもたちの教育に乗り出したイエズス会のコレージュは1615年
には西ヨーロッパ全体で372校を数え，1710年には612校も設立されるに至っ
た。その学校組織と教育をみると，大学附属コレージュなど大学の教養部課程
とあまり変わらない。基本的には，基礎的な文法を教える課程（学級）４年，
主として古典を学ぶ課程（学級）１年，古典に学んだレトリック表現を活かす
修辞学を修める課程（学級）１年の３段階６課程（学級）に区分され，さらに
予備的な教育を行う課程（学級）も附設されていた。これらの学校が大学の高
級な学問に向けての準備となる教育を行ったことから「中等教育学校」と訳さ
れたり呼ばれたりもするように，このころに単独の中等教育機関が誕生したと
いってよいであろう。

　しかしながら，伝統的な大学附属コレージュや教養部課程と教育内容・組織
のうえで大きな違いもないのに，イエズス会コレージュはなぜこれほど普及し
たのか。言い換えれば，なぜこれらの学校は多くの親（保護者）たちに支持さ
れ受け入れられていったのであろうか。その理由は，独特の教育方法の創意工
夫と実施にあったとされる。

　その一つに，競争と褒賞の活用があった。生徒を小グループあるいは二人一
組の競争仲間に分けて，互いに成績を競わせたり，優秀な成績をおさめたグ
ループ・組・個人を表彰するやり方である。いわば外発的動機づけによる学習
効果をねらったもので，今日なら批判もされそうだが，当時にあっては画期的
な教育方法の工夫であった。また，今日の校則にあたる学校規則を定めて生徒
たちの規律厳正な教育（今なら生徒指導）を実施しようとした点も注目される。
これらが多くの親たちに支持され，子どもたちを送り込むようになった理由と
なったと思われるのである。

　またイエズス会が教員養成にも力を注ぎ優秀な教師を自らの学校に供給した

ことも，成功要因にあげられよう。コレージュの教師は，コレージュ最上級の修辞学課程の上に位置づく哲学クラスから選抜された優秀な者だけが学ぶ，さらに上の神学クラスを終えた者のなかから任命されたのであり，いうならば母校出身のエリート中のエリートが選ばれたことになる。これもまた生徒の教育に多大な影響を与えたことであろう。

　以上のような特色ある教育を行ったイエズス会のコレージュはとくに17世紀のフランスでは，伝統的な大学附属のコレージュを圧倒したのであった。

　一方，イギリスにあっても16世紀には同様に，今日にいう中等教育を担当する新しい学校が登場する。

　もともとイギリスのオックスフォードやケンブリッジという大学は，パリ大学で学んだ者たちが帰国したり移住して開設した学園であったが，やがてパリのコレージュに相当するカレッジを備えるようになった。やはり貧しい学生のための寄宿舎であったが，このカレッジがさらに予備的・準備的なラテン語学習を専らとする学校を設けたことが，イギリスの中等教育学校のはじまりといえる。古くはケンブリッジ大学のカレッジであるイートン・カレッジがラテン語学習のために1440年に設けた学校，いわゆるイートン文法学校をあげることができる。しかし，その後の中等教育学校の発展に大きな影響を与えたのは，セント・ポール教会の司祭コレット[19]が1509年に設立したセント・ポールズ学校であった。これは資産家の子どもたちを対象にしたもので，ラテン語とギリシア語の習得に重点を置いた教育を中心とした学校であったが，その管理運営を完全に民間団体に委ねたところに特徴があった。この学校が，当時前後して設立された同様の学校に大きな影響を与えたのである。そのなかにはマンチェスターの学校（1515年），マーチャント・テーラーズの学校（1561年）などがある。これらの学校は，ラテン語習得のための教育を中心にしたことから，文字通り「文法学校」と呼ばれたのであった。このようにイギリスで中等教育を担当するものとして登場した学校は，民間人または民間団体が設立し管理運営も民間団体に委ねて発展普及したのでる。

　フランスやドイツで発展普及したイエズス会のコレージュ，イギリスの文法学校，これらの学校はいずれもその学校内部において予備的な教育を「第一段階（primary）の教育」とし，本体部分にあたるラテン語学習の課程を「第二段階（secondary）の教育」と呼んで区分したことから，「中等教育学校」と訳されたり呼ばれたりもするように，こうした学校の登場が，ヨーロッパにおける中等教育機関の誕生であったといってよいであろう。これらの学校が，中世に誕生した大学の内部コースに起源をもった点に注目すれば，ヨーロッパの中等教育学校は大学から下に向かって生み出されたと捉えることができる。しかもその教育は入門的・予備的な第一段階（初等）教育も包み込んでいたこともま

▷19　ジョン・コレット（John Colet 1466〜1519）イギリスの神学者・教育家。オックスフォードに学び大陸に旅に出て，多くの学者たちと親交を深めた。後に聖職者となる。人文主義的研究を尊重し，かつ教会の改革をも訴えた。

た，歴史的な特徴といえる。これらの学校でラテン語学習に重点が置かれたの
は，制度的・仕組みのうえでは，大学での高等な学問学習に向けての準備のた
めであったが，時代的・思潮的にはルネサンス・宗教改革期の人文主義の影響
を強く受けはじめていたためであった。

Exercise

① 約1000年続く中世を，キリスト教が広まりはじめる頃，カール大帝のカロ
　リング・ルネサンス期，そしての11世紀以降と大別したうえで，それぞれの
　時期の教育の特徴についてまとめてみよう。
② 中世に誕生した大学から，現在の大学が継承してきたものには，何がある
　だろうか，考えてみよう。
③ 大学と中等学校の歴史を通して，改めて「学校」に行くということの意味
　を考えてみよう。

📖次への一冊

五十嵐修『地上の夢キリスト教帝国──カール大帝の〈ヨーロッパ〉』講談社，2001年。
　　カール大帝の歩みを中心に，当時のヨーロッパ世界を描き出している。平易な文章
　　によって，研究に裏打ちされた高度な学識が述べられており，読み物としても面白
　　い。
聖アウグスティヌス，服部英次郎訳『告白』（上・下）岩波書店，1976年。
　　アウグスティヌスの思想と人となりを知るのに最適の1冊。叙述に垣間見える人間
　　的な悩みとそこから抜け出す場面は，小説を読んでいるかのような感動を与えてく
　　れる。
リシェ，P.，岩村清太訳『ヨーロッパ成立期の学校教育と教養』知泉書館，2002年。
　　専門書でありかつ分量も多いが，丹念な研究から生み出された考察は，熟読に値す
　　る。
ザッカーニ，G.，児玉善仁訳『中世イタリアの大学生活』平凡社，1990年。
　　ボローニャに蝟集した学生たち，教師たちの日常生活から学びの様子，複雑な組織
　　づくりを描き出した翻訳書である。
横尾壮英『ヨーロッパ大学都市への旅』リクルート，1985年。
　　古いものだがボローニャ，パリ，オックスフォードなどの大学都市を写真や図版と
　　ともに旅しようという興味深いものである。

引用・参考文献

聖アウグスティヌス，服部英次郎訳『告白』（上・下）岩波書店，1976年。

藤井千春編著『西洋教育思想——時代背景から読み解く』ミネルヴァ書房，2016年。

五十嵐修『地上の夢キリスト教帝国』講談社，2001年。

池端次郎編『西洋教育史』福村出版，1994年。

児玉善仁『イタリアの中世大学』名古屋大学出版会，2007年。

長尾十三二『西洋教育史』東京大学出版会，1991年。

中川純男編『哲学の歴史——神との対話【中世】』（第3巻），中央公論新社，2008年。

リシェ，P.，岩村清太訳『中世における教育・文化』東洋館出版社，1988年。

リシェ，P.，岩村清太訳『ヨーロッパ成立期の学校教育と教養』知泉書館，2002年。

皇至道『西洋教育通史』玉川大学出版会，1975年。

内山勝利編『哲学の歴史——哲学誕生【古代Ⅰ】』（第1巻），中央公論新社，2008年。

梅根悟『世界教育史』新評論，1967年。

梅根悟監修『世界教育史大系9 フランス教育史Ⅰ』講談社，1975年。

横尾壮英『ヨーロッパ大学都市への旅』リクルート，1985年。

ザッカーニ，G.，児玉善仁訳『中世イタリアの大学生活』平凡社，1990年。

第3章
ルネサンスと宗教改革の時代

〈この章のポイント〉

　本章では，ヨーロッパ近代の幕開けとなったルネサンスと宗教改革の時代の教育を取り上げる。ルネサンス期では，伝統的，中世的なキリスト教の人間観から，人文主義的人間観への移行がはじまり，新しい教育思想および実践が展開する。まずはこれについて解説する。近代のもう一つのモーメントとなった宗教改革では，ルターの活動を紹介するとともに，その説教活動のなかに義務教育についての思想的な起源をたどって紹介・解説を行う。また17世紀には，近代的諸学問の萌芽があったことを指摘し，そのなかで新しい教授学を生み出したコメニウスの教育論を紹介する。

1　ルネサンスの新学問と人間観

［1］　神から人間へ

　ルネサンスとは，14世紀から16世紀にかけて起きた文化運動をさす。「再生」「復活」を意味する言葉であり，具体的には古代ギリシア・ローマの文化を復興しようとする運動を意味している。14世紀以降，地中海貿易で栄えた北イタリアのトスカーナ地方にある諸都市，とりわけフィレンツェを中心として生まれた。その運動は，イタリアに留まることなくヨーロッパ全体へと広まっていくことになる。

　ルネサンス期を生きた人物として，例えば，『君主論』を著した思想家マキャベリ（Niccolò Machiavelli, 1469～1527），『神曲』を著したフィレンツェ出身の詩人ダンテ（Dante Alighieri, 1265～1321），フィレンツェ（サンタ・マリア・デル・フィオーレ）大聖堂にドームをかけた建築家のブルネレスキ（Fillippo Brunelleschi, 1377～1446），また，万能の天才と称されるミケランジェロ（Michelangelo di Lodovico Buonarroti Simoni, 1475～1564）やダ・ヴィンチ（Leonardo da Vinci, 1452～1519），ラファエロ（Raffaello Santi, 1483～1520）などがいる。ルネサンス期がいかに豊穣であったのかがみてとれるだろう。

　中世では，神の完全性を前提としていたため，原罪を背負った不完全な人間の欲望は否定されていた。禁欲的・隔世的な修道院での生活のとおりである。しかし，都市での経済的発展や，次々ともたらされた地理上の発見や豊かな物

資は，人間の世俗でのあり方へと関心を向けさせた。それにともない，人々の関心は彼岸の神ではなく現世での有り様に向かうようになり，人間の欲望も肯定的に考えられるようになっていった。

そこで注目されたのが古代ギリシア・ローマ人の思索であった。古代人の生き方，すなわち人文主義（humanitas）について深い造詣をもつ知識人が登場し，彼らは人文主義者と呼ばれるようになる[◁1]。彼らはギリシア語やラテン語で書かれた古典を読み解きながら，人間や神についての思索を深めていた。そこではキケロやクインティリアヌスなどの著作をラテン語で読むことが重要であるとされるようになった。

イタリアを発祥の地とするルネサンスはヨーロッパ全域へと広がっていき，数々の著名な人文主義者を生み出していく[◁2]。ここではペトラルカとエラスムスの2人に注目し，ルネサンスの人文主義が展開した教育論[◁3]について確認しておきたい。

2 ペトラルカとエラスムスの人文主義的教育論

フィレンツェ近郊のアレッツォに生まれたペトラルカ（Francesco Petrarca, 1304～1374）は，ダンテやボッカチョと並び称されるイタリア文学の三巨頭の一人である。イタリア語で著された叙情詩『カンツォニーレ』は西洋の恋愛詩に大きな影響を与えた。幼少の頃，キケロを中心とする古典にふれたことをきっかけとしてペトラルカは，古典の収集ならびにラテン語の執筆に，生涯情熱を注ぎ続けた。古代の文化的遺産の継承にかけたその情熱は，そのままルネサンス運動の源流となっていく。

ペトラルカは古典のもつ教育効果について言葉を残している。それは「よく生き，幸福に生きること」という倫理的な人間形成論に貫かれていた。彼によれば，人文主義によって彩られた教育論は，人間らしい生き方のできる人間になることを最上の目的にしている。そのままでは「獣性」に縛られ，「ただ卑しい醜悪な動物であるばかりか……有害で気まぐれな，不誠実で無節操な，凶暴で残忍な動物」である人間は，「人間的な人間」へとならなければならない（伊藤，2008，72ページ）。そしてそれは，古典にふれ，よき自己であろうと自己鍛錬することによって達成される。ペトラルカにとっての古典とは，知的な教養をもたらすばかりではなく，倫理的・実践的な教養をももたらす，偉大なテキストでもあった。

現代の私たちもまた，読書による教育効果や古典の重要性をなかば常識としているところがあるが，その伝統はすでにペトラルカの人文主義的教育論に確認できるのである。

オランダのロッテルダムで聖職者である父と医師の娘との間に生まれたデジ

▷1 人文主義者と訳した「フマニタス」だが，フランス語では「ユマニスト（humaniste）」，英語では「ヒューマニスト（humanist）」，イタリア語では「ウマニスタ（umanista）」である。

▷2 イギリスのトマス・モア，スペインのファン・ルイス・ビーベス，フランスのギヨーム・ビュデ，ドイツのフィリップ・メランヒトンなどの人物があげられる。

▷3 ペトラルカやエラスムスだけではなく，ルネサンス期にはさまざまな教育論・教育実践が展開している。イタリアのヴェルジェリオ『青少年の美徳と自由な学芸について』，フィレンツェのブルーニ『学習と文学について』，バッティスタ・グアリーノ『教授と学習の順序』などである。ヴィットリーノ・ダ・フェルトレ（Vittorino da Feltre, 1378～1446）は「喜びの家」という学校を開き，キリスト教的道徳と古典的教養の統一を目指す実践を展開した。

デリウス・エラスムス（Desiderius Erasmus, 1469〜1536）は，人文主義者のキリスト教徒である。『痴愚神礼讃』という風刺作品や『対話集』，新約聖書のギリシア語本文を活字にした『校訂新約聖書』などを著し，宗教改革者のルターとの論争を展開した聖職者として知られている。その友人に『ユートピア』で有名なトマス・モア（Thomas More, 1478〜1535）がいる。

　そんな彼もまたペトラルカと同様，人間にとって教育がどれほど重要であるのかを説いている。エラスムスが教育論を説いたのには理由がある。都市部を中心とした経済発展を背景として，貴族階級や上流市民階級のあいだに教育熱が高まっており，子どもをどのように教育すべきかについての情報が求められていたからであった。エラスムスによれば，人間には獣と異なり理性の力を授けられており，足りない部分は教育によって補うことができる。「弱く，裸で，無防備に造られている」人間は，教授されることによって「全ての他の被造物のなかで唯一の存在」（エラスムス，1994，16ページ）になれるという。

　彼の教育論は，ふんだんに古代ギリシア・ローマの古典が引用された『子どもたちに良習と文学とを惜しみなく教えることを出生から直ちに行う，ということについての主張』に述べられている。人間は教育されるべき存在であり，幼少の頃からの教育によって悪習や悪徳を遠ざけることが可能になる。それはまずもって，よき夫と妻によってもたらされるのであり，当時の体罰中心の学校教師が子どもにとってどれほど有害であるかを強調している。教師にふさわしい人物とは，有徳であり学識も深く，文学的教養や上品さを備えていなければならないという。また子どもは幼少の頃から大人を模倣する傾向を有しているために，何の苦もなく学習してしまうと主張し，幼少の頃から文学やラテン語の教育を行うことを推奨した。子どもにとって理解しやすく興味を引きやすい教材を用いるべきだとし，文学作品の寓話の物語を図絵にして提示することを提案している。

　ほかにもエラスムスは『子どもの礼儀作法についての覚書』で，身体，衣服，教会のなかでの作法，食事，会話，遊び，寝室について，どのような礼儀作法を教育するべきかを説いている。例えば，子どもの身体について，実に事細かな作法を提示している。眼は，他人を威嚇するのではなく穏やかで慎み深いものにし，眉間にしわをよせたり釣り上げたりせず，柔らかい表情にするべきだという。

　エラスムスによれば，幼少期より適切な教育が施されることによって「敢えて言うならば，その人は神のごとき人物」（エラスムス，1994，25ページ）にもなれるという。「敢えて」という前置を踏まえるにしても，キリスト教徒である彼が，「神の似姿」である人間に教育可能性を見出そうとするこの言葉は，当時の人文主義的な人間観とキリスト教的なそれとが，矛盾しつつも融合して

いる様子を示しているといえるだろう。

　ルネサンスという一大運動は，キリスト教の原罪をベースにした人間観を大きく揺さぶり，やがて宗教改革へとつながっていくことになる。

2　宗教改革とルターの教育論

⎡1⎤　宗教改革とルター

　イタリアにはじまるルネサンスが個人主義的な人文主義の思想を生み出し，芸術や文芸の方面で開花したのに対し，北欧で展開された同様の動きは，社会的な色彩を帯び社会とそれを支える宗教のあり方の変革を求める方向に進んだ。これが宗教改革として展開することになるのである。

　ルネサンスの人文主義者たちも中世の宗教的な権威からの人間の解放を求め，当時のローマ・カトリック教会を批判攻撃していたが，彼らの主張や運動がどちらかと言えば無神論的であったのに対し，宗教改革を指導したルター（Martin Luther, 1483〜1546）やカルヴァンはあくまでも宗教的であり，宗教のあり方，教会組織のあり方を模索し宗教と教会の復興を求めたのであった。とりわけルターの活躍したドイツ地方は政治的にもいくつもの小国に分裂した状態で，ローマ教皇庁の最も重要な財源とされて教会組織を通じてさまざまな搾取が行われ，ローマ・カトリック教会は「ローマの牝牛」とまでいわれ，人々の反感を買っていた。ルターはこうした状況を背景に，教会組織のあり方，さらに宗教・信仰のあり方に疑問を呈したのである。

　聖書の教えに従い，ローマ・カトリック教会の改革を目指す動きは，ボヘミアのヤン・フスの訴えなど，すでに14世紀から生じていた。それは，ヴィッテンベルク大学教授であったルターによって一挙に激しさを加えることとなったのである。

　ルターがとくに疑問を抱いたのが，贖宥状であった。贖宥状とは，これを買うことによって信仰上の違反が許され天国へ行くことができるとされるお札であった。これをドイツ地方で大規模に販売し人々に購入を義務づけたのが，当時のローマ・カトリック教会の頂点に立つ教皇レオ10世であった。ローマのサン・ピエトロ大聖堂再建が直接の目的であったといわれるが，ローマ教会が莫大な利益を上げるための手段に他ならなかった。ルターが修道士としてこうした現世的な行為による魂の救済に疑問をもち，本当の救いは信仰のみによって実現されるという確信をまとめて公表したのが，有名な「95カ条の論題」であり，1517年10月31日ドイツ東部の町ヴィッテンベルクで公表されたと伝えられている。宗教改革開始の狼煙があげられたのである。

▷4　ジャン・カルヴァン（Jean Calvin, 1509〜64）フランスの宗教改革者。パリ大学で神学を学ぶ。福音主義を唱え迫害されてスイスに亡命し，ジュネーヴで神政政治の実現を目指して果敢な改革を断行した。

▷5　ヤン・フス（Jan Hus, 1370頃〜1415）チェコの宗教改革家。ボヘミアに生まれ，プラハ大学教授となるも教会の刷新を唱え異端として聖職剥奪。逮捕され焚刑に処せられた。チェコ語の統一に努めたことでも知られている。

▷6　贖宥状これを購入することで信仰上の違反行為が許されるとされたお札。免罪符とも訳されてきたが，カトリックの教えに従えば，罰が免じられるのであって罪が免じられるわけではないことに注意が必要である。

教皇はいかなる罪も赦すことはできないし，教皇の「贖宥」によって人はあらゆる罪から解放されることはない，信仰者の全生涯は悔い改めに他ならないと説いたルターは，教皇から破門状を送られ，さらには世俗の最高権威ともいえる神聖ローマ帝国皇帝からも非難されてしまうが，それにもかかわらず自説の撤回を拒否し，さまざまな説教を公表し聖書のドイツ語訳を進めるなど改革運動を断行する。こうしたルターを支持する領邦君主や市民も多く，やがて彼らはプロテスタントと呼ばれるようになり，ローマ・カトリックと対立するもう一つのキリスト教宗派が誕生したのである。この宗教改革が生み出した新たな考え方が，人間の意識は教育によって変革し得るというものであり，ルターや，さらには彼を支持した領邦君主たちは，自らの信じる宗派や自らの領土を守るために教育によって領民たちの心に砦を築こうと模索し，そこからはまた，就学義務の思想も生まれてくるに至る。このことは，ルターの教育にかかわるさまざまな説教から見ることができるのである。

２ ルターの教育論

ルターは宗教改革運動の一環として教育の問題について，彼を支持した領邦君主や都市の有力者，さらに民衆に向かってさまざまな説教を行った。その動機の一つが，当時の識字率の低さであった。福音主義といわれ，聖書に基づく信仰のみを強調したルターであるが，当時の人々は，その最も重要な拠り所となる聖書そのものを読むことが著しく困難だったのである。そもそも文字を読むことが困難であったうえに，聖書はラテン語で書かれ印刷されていたためである。ラテン語で書かれた聖書のドイツ語訳に邁進したルターであったが，それでも現実に人々は母国語の文字さえ読むことが困難であったとされる。近年の宗教改革研究では，ルターが活動をはじめた16世紀初頭に読み書きのできる人はドイツ地方全人口の５％以下であったとしている（永田，2004，42ページ）。ここから，彼の教育に関する説教では，学校の開設に力点が置かれることとなったのである。

彼の説いた教育改革については，およそ次の３つの説教（勧告）に集約されている。公表の年代順に並べれば，(1)『キリスト教会の改善について，ドイツ国民のキリスト教貴族に与える書』(1520年)，(2)『ドイツ全市の参事会員にあてて，キリスト教的学校を設立し，維持すべきこと』(1524年)，(3)『人々は子どもたちを学校にやるべきであるという説教』(1530年) の３つである。

第一の書は，そのタイトルとおり，ドイツの領邦君主や貴族たちに宗教改革を呼びかけるものである。ローマ教皇庁によるドイツ地方の搾取が貧困と停滞の原因であると糾弾し，教皇庁などが占有した土地の返還，修道院財産の没収とそれを財源にした改革を提言した歴史的な文書といえる。このなかで，ル

ターは具体的な教育改革を提案したのである。

　それは，大学改革の提言とそれより下級の学校改革の提言と，２つに分けられる。ドイツでは15世紀の後半から16世紀初頭にかけて新しい大学がいくつも領邦君主や大司教などによって設立された[47]。これらの大学にも，ルネサンス人文主義の影響が現れていたのであるが，伝統的なスコラ学，とくにアリストテレスの学問があいかわらず優位を占めていた。ルターはこれを批判し，新たに聖書研究の導入を提案する。すなわち，大学の教育（授業）からアリストテレスの著作を追放し，それにかえて聖書研究を，また教会法や皇帝にかかわる法令も追放，それにかえて領邦の慣習と法令の研究を導入せよと提言したのである。

　この大学教育改革案にかかわって，ルターは下級の学校の教育についても改革を提案する。大学への聖書研究導入に対応して，下級の学校でも聖書，とくに福音書こそを最も大切な教科としようというのである。このことについてルターは次のように述べていた。

　　まず上級及び下級の学校では聖書をもって最上の，かつ最も普通の課業とし，少年には福音書をもってこれにあてよ。それから神はすべての都市が，女子の学校を設け，そこで毎日少女たちに１時間づつ，ドイツ語で，又はラテン語で，福音書を読んできかせるようにすることを欲したもう。……すべてのキリスト者が，九歳乃至十歳で，すでにすべての聖なる福音を知りつくすことは，まことに好ましいことではなかろうか（梅根，1968，121ページ）。

　ここにみられるように，ルターにとって下級の学校はただ福音書の教えを読み聞かせ，それを覚え信じさせるための施設に他ならなかったのである。しかしながら，福音書の全体を理解できる適齢の時期を「九歳乃至十歳」としている点などは注目に値しよう。

　第二の書が公表されたのは，まさにドイツ農民戦争の時期にあたる。この戦乱は，ルターの改革に刺激され，従来から不満を募らせてきた農民たちが一挙に蜂起した農民一揆であった。ルターは当初は農民側を支持したのであるが，あまりの急進化に対して一揆の鎮圧を主張するようになる。こうした騒乱のなかで，大学をはじめさまざまな学校はほとんど例外なく甚大な被害を受け衰退してしまった。この書は，こうした事態を背景に発せられたのである。

　この書でルターは，都市の統治者，具体的には市会議員にあたる参事会員と市の当局に学校教育の振興を説き，キリスト教的な両親が子どもをキリスト教的に育てることを援助するよう説く。そのためには学校が必要となるが，その設置と維持を，神から全市民の生活を委託されその責任を負わされている参事

▷7　新しい大学
この時期に設立された新しい大学として，グライフスヴァルト（1456年），フライブルク（1460年），バーゼル（1460年），インゴルシュタット（1472年），ツリエル（1472年），マインツ（1477年），チュービンゲン（1477年），ヴィッテンベルク（1502年），フランクフルト・アム・オーデル（1506年）の９つがあげられる。

会員たちの責任としたのである。こうして設置される学校では，聖書を原典によって読むためにラテン語，ギリシア語，ヘブライ語を中心に，かつての修道院学校で教えられてきた「自由学芸」の教授が説かれていた。とはいえ，その教育の対象としてすべての子どもたちが想定されていたわけではない。一般庶民（民衆）の子どもたちは「一日のうち1〜2時間だけ」の就学を勧めていたにすぎないのである。ルターは次のように述べていた。

　　私の考えは，少年を毎日1時間か2時間，そうした学校に就学させ，そのほかの時間は今まで通り，家で働かせ，手職を覚えさせるようにしようというのである。女子も毎日1時間は学校に来させ，そのほかは家でそれぞれの仕事をするようにすればよい（梅根，1968，128ページ）。

　これにつづけて，将来教師，説教師，その他聖職者になることのできるような子どもたちに対しては，もっと長時間の教育を受けさせることを構想していたことにも注意したい。この書では，こうして一般民衆の教育とエリートのための教育という二本立ての構想をしていたのであるが，それでも，地方公共団体（都市当局，具体的には市の参事会員）に学校の設置と維持の義務を負わせることを提案している点は，忘れてはならないであろう。
　第三の書，すなわち『人々は子どもたちを学校にやるべきであるという説教』では，主に聖職者（具体的には牧師や説教師，学校教師など）の養成の観点から，子どもの就学が両親に義務として課せらるることが主張される。すなわち，宗教改革を進め成就させるためにもこれらの人材の養成が必要であるが，そのためには子どもを就学させ，教育しなければならない，このような職につくような教育を受ければ子どもたちも就職が保証され経済的にも恵まれることになると，両親に子どもの就学の義務を説いているのである。
　この場合，就学の義務は神に対する責任として説かれているのであり，同時に都市の統治者（市当局）もまた神に対する責任として子どもたちを就学させるよう強制する義務を負うとされていることに注意したい。子どもにとって文字どおり「強制教育（compulsory education）」が説かれているのである。しかも，こうして就学が「強制」されるのは有能な子どもたちだけであった。「監視せよ，政府が，有能な子供を見つけたら，それを学校に入れるように監視せよ」（梅根，1968，133ページ）というのである。
　これら3つの説教書のほか，ルターは子ども用のテキストとして『小教義問答書』と呼ばれた冊子を作成している。これはまさにドイツ農民戦争を経て荒廃した村落に置かれた無知・無教養の民衆とその子どもたちのために作られたといえる。このテキストはルター派キリスト教の教えを問と答の形式で著した

▷8 **小教義問答書**
ルターの作成した『小教義問答書』には次のような問答が書かれ，子どもたちに教えるようになっていた。「汝は汝の父と母を尊ねばならぬ。〈答〉われわれは神を畏れ，愛さねばならぬ。そしてわれわれの両親と主人とを軽んじたり，怒らせたりしてはならぬ。彼等を敬い，彼等に仕え，服従し，愛し，敬わねばならぬ」（梅根，1968，137ページ）。

▷9 **ヨハネス・ブーゲンハーゲン**（Johannes Bugenhagen, 1485〜1558）
ドイツの宗教改革家。人文主義の影響を受けスコラ神学から転向，さらにルターの影響を受け，宗教改革運動に参加する。ブランシュヴァイク，ハンブルクなどの都市の教会組織の改革整備にあたり，後にデンマークのコペンハーゲン大学の改革にも力を尽くした。

▷10 **フィリップ・メランヒトン**（Philipp Melanchton, 1497〜1560）
ドイツの宗教改革者。ヴィッテンベルク大学でルターを知り，その思想に共鳴する。1528年にはザクセン選帝侯国のラテン語学校の規定を起草，いわゆるザクセン学校規定としてその後のドイツ各地の学校設立に大きな影響を与えた。

ものであるが，「政府はすべて神から命ぜられたものであり，政府に反抗するものは神の命に反抗するものだから，政府に反抗する者は神の裁きを受けるであろう」という，いわゆる王権神授説に基づく封建的な道徳を教え込むためのテキストであった。

　以上の３つの説教書にみられるルターの教育論は，一般民衆の教育とエリート選抜・養成の教育を峻別するものであったといえる。しかし，当時の都市（参事会員）という公共団体に学校の設置義務を負わせたり，両親に子どもの就学の義務を負わせるなど，近代的な義務教育思想の萌芽といえる考え方も登場している。そうした構想もまた自らの宗派（プロテスタント）を守り普及を図ることを目指そうとした，極めて宗教的な動機によるものではあったが，その根底には，教育によって人間の意識を変革し得るという観念があったことに注目したい。とりわけ先の『小教義問答書』による教育の構想などは，教育とくに学校における統一的・共通的な教育のもつ社会的な統制の力を意識していたということができるのである。

　ルターの説教，勧告や構想はその後彼の同僚でもあったブーゲンハーゲンやメランヒトンによってドイツ諸連邦で実施に移され，やがてゴータ公国，そしてプロイセンで本格的に実現することとなるのである。

3　ルネサンス以降とコメニウス

1　17世紀——ルネサンス以降

　ルネサンスと宗教改革の運動は，いずれも真空状態に突如として誕生したのではない。それらは当時の技術革新によってもたらされてもいた。すなわち三大発明といわれる火薬・羅針盤・印刷術の発明である。鉄砲に利用された火薬は，従来の戦闘形態を刷新し，その結果として騎士階級の没落を早めた。羅針盤は，新しい航路やヨーロッパ人にとっての新大陸の発見へとつながり，新大陸からもたらされる銀や毛織物は，都市を中心とした商業体制への移行をもたらした。そして，1456年のグーテンベルク（Johannes Gutenberg, 1398〜1468）による印刷術の発明は，聖書のみならずその注釈書も含めた書き言葉を，一般大衆にとって手の届くものへと変えていった。エラスムスやルターの著作がヨーロッパ全域へと広がったのも，この印刷術があったからこそである。

　そして17世紀は新しい教育論が誕生する時代でもある。ルネサンスの人文主義と長らく続いてきた宗教革命の経験は，キリスト教から距離をとり，世界や人間そのものへの合理的・科学的な探求へと向かわせた。例えば，「我思う故に我あり」という言葉で有名な哲学者であるデカルト（René Descartes, 1596〜

1650) は疑いうるものをすべて疑い，真理の探究のための絶対確実な原理を見出そうとした。ほかにも，ガリレイ（Galileo Galilei, 1564〜1642）が，スコラ学を退け，望遠鏡による天体観測によって地動説を主張したり，また落下法則を発見したりしている。ベーコン（Francis Bacon, 1561〜1626）は，帰納法による探究の重要性を主張した。

　本節では，キリスト教的な人間観・世界観をもちながらも，合理的な教育論を提示した思想家・コメニウスを取り上げ，現代にまで通じる学校観の特徴にふれる。

2　コメニウスの教育論

　コメニウス（Johann Amos Comenius, 1592〜1670）は，フス派の流れをくむプロテスタント教団であるモラヴィア同胞教団で育ち，その指導者になった。30年戦争の時代を生きたため，家族や蔵書を失い，ヨーロッパ各地を転々としている。彼の教育論は，そのような悲惨な状況のなかでも光を見出そうとする強い意志に裏打ちされており，それは新しい教授方法をもたらしていた。ここでは彼の教授論を中心に取り上げたい。

　コメニウスは『大教授学』において「あらゆる人に，あらゆる事柄を教授する普遍的な技法」を追求し「普遍的な学校」を建設することを宣言している。学校は「知識・徳行・敬神」を目標とし，教育によって人間社会を「神の園」へと近づけようとする場所である。では，この学校で教えられる「あらゆる事柄」とは何か。コメニウスは『世界図絵』という世界初の絵入り教科書を執筆している。それは問答学校などで行われていたカテキズム（教義問答書）に代表される，言葉による暗唱中心の教育方法によってではなく，図像とそれに対応する単語や文章によって，「あらゆる事柄」すなわち「世界」を直感的に理解させようとするものであった。

　コメニウスの教授論は，ほかにも多くの革新的内容を含んでいる。彼は一斉教授を「普遍的な技法」の一つとして考えていた。この技法を用いるならば，100人の子どもに教えることすら可能だという。100人を10人単位の学級に振り分け，それぞれに班長を任命し，各学級の班長を統率する組長，そしてそれらの頂点に教師が立つように学校を組織化することを考えている。こうすれば印刷の輪転機が同じ文章をいくらでも刷ることができるように，子どもたちに多くの知識を刷り込むことができるという。「教刷術」とも呼ばれる，現代の私たちにとって悪印象を抱きやすいこの技法は，しかしながら大人数を相手にする教室での授業実践がありふれたものになっている現代において，今も変わらない学校教育の特質を浮き彫りにしているといえるだろう。

　また，コメニウスは学年制を採用している。年齢による時期区分を設け，そ

▷11　コメニウスの思想的スケールは教育学の枠組みのみでは扱いきれないため（相馬，2017），ここでは教育学者としてのコメニウスにふれるにとどめる。

れに配慮した難易度の教授を行うことを原則としていた。これもまた現代の私たちからは当然だが，当時のヨーロッパにあって非常に革新的な観点であった。

　そして，コメニウスは子どもの動機づけや規律についても言及している。学校は，子どもを体罰で怯えさせるのではなく，彼らの興味や関心をかきたてる場所でなければならないという。さまざまな実験器具や，偉人の肖像画，考古学的資料，運動場，庭園などを用意し，子どもとの対話や謎解きあるいは子ども同士を競争させることによって動機づけするべきだという。いわゆる「内発的動機づけ」の原理がすでに指摘されているといえよう。

　このようにコメニウスの教育論は，現代の学校に通じる原点をいくつも有しており，その延長線上に私たちがいることを確認させてくれるのである。

Exercise

① 　読書には教育的効果があるといわれているが，ルネサンスの人文主義的教育論の観点から，読書の意義について整理してみよう。
② 　ルターの義務教育の考え方が，現代の義務教育と決定的に異なっているのはどこであるか，考えてみよう。
③ 　これまでの学校での授業風景を思い出し，コメニウスの教育論が先取りしている点を整理してみよう。

📖次への一冊

相馬伸一『ヨハネス・コメニウス──汎知学の光』講談社，2017年。
　　教育学者として描かれがちなコメニウス像をいったん保留し，同時代に位置づけながらも現代的な視点から，膨大な資料と緻密な読解作業によってその実像に迫る良著。
ガリレイ，G.，伊藤和行訳『星界の報告』講談社，2017年。
　　ガリレイがどのようにして観察に基づいて真理を導いたのか。それを読みながら体感できるコンパクトな一冊。
梅根悟『西洋教育思想史』第1巻，誠文堂新光社，1968年。
　　西洋教育史の基本文献でもある。とくに第1巻ではイタリア・ヒューマニズム（人文主義者たち）の教育思想，さらに宗教改革期のルターの教育論を原典や二次文献から読みやすく叙述している。
永田諒一『宗教改革の真実』講談社現代新書，2004年。
　　宗教改革とくにルターの生きた時代を，いわゆる社会史的な視点と方法でわかりやすく解説している。近年の研究成果をフルに活用し，教科書的な知識を覆す新たな

知見も盛り込まれている。

引用・参考文献

コメニウス, J. A., 井ノ口淳三訳『世界図絵』平凡社, 1995年。

コメニュウス, 鈴木秀勇訳『大教授学』（全2巻）, 明治図書出版, 1962年。

カバリー, E. P., 川崎源訳『カバリー教育史』大和書房, 1985年。

エラスムス, D., 中城進訳『エラスムス教育論』二瓶社, 1994年。

藤井千春編著『西洋教育思想──時代背景から読み解く』ミネルヴァ書房, 2016年。

池端次郎編『西洋教育史』福村出版, 1994年。

伊藤博明編『哲学の歴史──ルネサンス【15−16世紀】』第4巻, 中央公論新社, 2008年。

岩崎次男・志村鏡一郎・池田貞雄編『西洋教育思想史』明治図書出版, 1987年。

金子晴勇『ルターとその時代』玉川大学出版部, 1985年。

北詰裕子『コメニウスの世界観と教育思想──17世紀における事物・言葉・書物』勁草書房, 2015年。

眞壁宏幹編『西洋教育思想史』慶應義塾大学出版会, 2016年。

長尾十三二『西洋教育史』東京大学出版会, 1991年。

永田諒一『宗教改革の真実』講談社現代新書, 2004年。

中川純男編『哲学の歴史──神との対話【中世】』第3巻, 中央公論新社, 2008年。

パトチカ, J., 相馬伸一監訳, 宮坂和男・矢田部順二訳『ヤン・パトチカのコメニウス研究──世界を教育の相のもとに』九州大学出版会, 2014年。

相馬伸一『ヨハネス・コメニウス──汎知学の光』講談社, 2017年。

梅根悟『西洋教育思想史』第1巻, 誠文堂新光社, 1968年。

梅根悟『世界教育史』新評論, 1976年（第2版）。

山田栄・冨田竹三郎・工藤泰正編著『増補 新西洋教育史』協同出版, 1974年。

山﨑英則編著『西洋の教育の歴史』ミネルヴァ書房, 2010年。

第4章
市民革命と産業革命の時代

〈この章のポイント〉

　本章では，市民革命期と産業革命期の欧米各国（イギリス・フランス・ドイツそしてアメリカ）の学校教育の発展について学ぶ。市民革命期ではイギリス市民革命とアメリカ独立革命とフランス革命を取り上げ，新しい国家・社会形成のため国民教育が構想され，教員とその養成が課題として登場，実践にも移されたこと，またその後のドイツ（プロイセン）を中心とした新しい教育と教育実践を導く思想の登場を取り上げ，産業革命期（イギリス）には，実際の初等教育（小学校）の発達とそれを改革・改善しようとする教育思想（と実践も）が登場したことを取り上げ，紹介・解説する。

1　イギリス市民革命と教育

1　名誉革命とジョン・ロックの教育思想

　イギリスでは，国教会の成立後，国王を中心とする国家統合が進められ，共通の言語や文化でまとまった一定の領土をもつ主権国家の形成がはじまった。国王が課税のための官僚制や戦争のための軍隊を統制し，王権の強化が図られ，絶対王政が確立していく。産業の面では，国内産業の育成と同時に輸出を助成し，海外へ積極的な進出を目指した重商主義をとっていた。

　1640年以降，国王と議会とが対立し，国王が議会を無視した政治を行い内乱状態となった。1649年，クロムウェルの指導する議会派が共和制を樹立したイギリス革命が起こった。クロムウェルの死後に王政復古が果たされるが，信仰問題でふたたび国王と議会とが対立した。1688年，国王が亡命し，オランダから新しいプロテスタントの国王が迎えられた。これが名誉革命である。議会の決議を受けて，国民の生命，財産の保護などを定めた権利の章典が発布された。議会が王権の制限を行い，議会主権に基づく立憲君主制が確立した。さらに18世紀の前半には，総選挙で有権者の信を問い，多数派の党首が内閣を組織し，内閣が議会に責任を負う責任内閣制が成立した。近代国家としての基礎が築かれ，政治的安定がもたらされた。

　イギリスでは，「長い18世紀」のはじまりにあたる名誉革命の頃に啓蒙思想が登場した。啓蒙思想とは，知性を用いて自らの頭で考え，旧来の偏見，権

▷1　国教会
英国国教会（Church of England）。ヘンリ8世が1534年に国王至上法（首長法）でカトリックから離脱し，イギリス国内の教会の首長であると宣言した。これにより成立したイギリスの国家教会である。

▷2　重商主義
国家が経済に介入し，商業や貿易を保護し，国家経済と財政を豊かにするためにとった経済政策のこと。保護関税を中心とした規制を市民革命後も継続した。

▷3　イギリス革命
1640〜60年。1640年のチャールズ1世と議会との対立からはじまった。1649年には共和制となったが，クロムウェルの死後1660年にチャールズ2世を国王として迎え，王政復古が果たされた。ピューリタン革命とも呼ばれる。

▷4　名誉革命
1688〜89年。議会が1688年にオランダ総督のウィレム3世とジェームズ2世の長女メアリを招いた。89年，2人はウィリアム3世とメ

アリ2世として王位についた。大きな武力衝突のないまま革命が達成された。

▷5 長い18世紀
名誉革命前の1680年代から1830年前後までの時期を指して長い18世紀という。

▷6 ジョン・ロック
(John Locke, 1632〜1704)
1652年からオックスフォード大学クライストチャーチで学びはじめ，60年からは講師となる。67年，後の初代シャフツベリ伯に仕えはじめる。83年に伯が国王と対立して失脚したためオランダに亡命した。名誉革命後の89年に帰国し，亡命中に執筆したとされる著作を発表した。主著は『人間知性論』（1689年）と『統治二論』（1689年）である。前者では，生得観念説を否定し，経験論を体系化した。後者では，王権神授説を否定し，社会契約論を唱えた。同書は，アメリカ独立革命の思想的基盤となった。

▷7 『教育に関する考察』（1693）
1693年に匿名で出版される。その後，ロック自身が修正し，版を重ねた。ロックの死後に出版された1705年の第5版まである。『教育論』は，オランダ亡命中の1683年から89年に友人エドワード・クラークに子弟の教育に関するアドバイスを書いて送った手紙をもとに執筆された。

威，伝統，社会的通念を踏み越えること，理性の光に照らして世界を見直すことを重視した思想である。17世紀末の啓蒙思想は，カトリックと結びついて伸長しつつあった絶対主義，専制主義に対抗するものであった。啓蒙期の知識人は知と理性を信じ，それを主体的に用いるという点で教育を重視した。彼らは，政治や宗教だけでなく教育に関する考察を行っている。本項では，イギリスにおける啓蒙初期の代表的思想家であるロック[46]を取り上げ，彼の教育論を考察する。

ロックは，人間は本来自由で平等であり，他人から生命，健康，自由，または財産を侵害されない権利である自然権を神によって与えられていると考えた。この自然権を保護するために，人々が集まって「契約」を結び，国王，軍隊，警察，裁判所といった政府組織を設立し，人々がお互いに生命，健康，自由，財産を保護する共同体をつくりだした。国王が民衆の自然権を侵した場合，人々は契約を解消する権利があると捉え，専制による絶対主義に対抗する政治社会の構築を目指した。ロックは，そうした政治社会における教育の役割を考察した。

ロックは，1693年に『教育に関する考察』[47]（以下，『教育論』と略記）を著し，ジェントルマンの教育について論じた。そこで，身体の健康，習慣形成，しつけ，知育を取り上げた。

最初に，身体と精神の育成について，「健全な精神が宿れかし健全な身体に，とは短いことばながら，この世に生きる人間の幸福な状態をあますところなく言い表しています。健全な精神と健康な身体のふたつをもっている人は，それ以上望むものはほとんどないでしょう」（ロック，2011，4ページ）と述べ，身体の健康において体力と活力を保持するための配慮を具体的に示した。

次に，健全な精神をつくりあげるための習慣の形成について論じている。ロックは，「自らの性向に逆らって，自分の欲望を拒否することができ，たとえ欲望が他の方向に向いていても，理性が最善の方向として示すものに素直に従うこと」（同前，33ページ）のできる正しい精神をつくりあげることを重視していた。こうした精神の育成は，幼児期からの正しい生活習慣の形成によってなされる。保護者が幼児期から子どもにふさわしくない要求には応じず，ふさわしいものだけを与えることに慣れさせておけば，それは容易に習慣となる。生活のなかで健康や美徳に有害な目の前の快楽を拒絶し，理性の命じるところに従うことに慣れ親しむことが，正しい精神の形成につながる。

子どもに実行させたいことがあれば，可能なかぎり機会をつくり，繰り返し練習させしっかり身につけさせる。絶えず実行させることによって，それは習慣となる。習慣は一度確立すると，自然に作用する。ロックはこうした経験主義の立場をとった。

ロックは，徳性，思慮分別・知恵，しつけの良さ・礼儀作法，学識の４つを教育によって育成すべきジェントルマンに必要な資質と捉えていた。なかでも徳性は，「他人から尊敬され，愛され，自らも満足でき，これで良いと思うために」必要なものであり，最も重視された（同前，183ページ）。他方，学識は最後に位置づけられ，知育はさほど重視されなかった。教育によって徳と知恵を身につけることが大切であり，「自分の傾向を征服すること，自分の欲望を理性に従わせること」を教え，「これらの原理を理解することができ，さらにこれらをたえず実行して習慣にしてしまえば，教育の最も困難な課題は達成された」と考えた（同前，274～275ページ）。徳性を欠き学識があることはかえって「愚劣な悪い人間にしてしまうのに役立つだけ」である（同前，205ページ）。なによりも徳の形成が大切にされた。

ロックは，従来とは異なる教育方法についても論じている。ロックは読み書きの初歩の学習において，「子どもが話しはじめるようになれば，そのときが読み方を習いはじめるのに好都合な時期」であり（同前，206ページ），そのときに学習を遊戯や娯楽と思わせること，責務や課題としないことを説いている。人間は自由を愛するものであるため，課題として強制されるだけでそれを嫌いになる。学習を強制せず，教師が例えばサイコロなどの遊び道具を使って遊戯という楽しみと組み合わせて学習に誘い，学習を遊びだと思わせれば，子どもは騙されながら楽しんで学ぶ。子どもにとってはただ遊んでいるだけで自然と読み書きができるようになる。一方教師は，子どもが進んで学ぶように学習を強制することなく遊戯に変えたり，学習に楽しみや刺激，喜びを加えることで誘導したりする。ここに，教師による教育的働きかけの可能性が開かれたと捉えることができる。

ロックは，当時広く支持されていた，人間は生まれたときすでに神の観念や徳性を備えているという考え方を否定した。子どもを「ただ白紙のようなもの」，「思い通りに鋳型にはめたり形を整えたりする蜜蠟のようなもの」と考えていた（同前，295ページ）。子どもの心は文字がまったく書かれていない白紙であり，経験によって白紙に神の観念や徳性が書き込まれると主張した。そのため，「十人のうち九人までは，善人であれ悪人であれ，また有能な人であると否とを問わず，受けた教育によって今の状態になる」という人間観をもち，「教育こそ，人間に大きな違いをもたらす」ものと捉えていた（同前，5ページ）。

ロックは，市民革命によって伝統的な価値観とは異なる価値観が創出され，新たな社会政治体制の構築とその安定化が図られた時期に，『教育論』において，徳があり勤勉な実務家としてのジェントルマンの教育を論じたのである。

一方ロックは，貧民の教育についても論じている。救貧法改正を検討した委

▷8 労働学校案
1697年に交易植民委員会においてロックが救貧法改革の一つとして提案したものである。交易植民委員会は、国内産業の育成や植民地経営といった交易や産業の振興と貧民対策を目的として設置された。ロックは、96年から1700年まで同委員会委員を務めている。

▷9 クロード＝アドリアン・エルヴェシウス
(Claude-Adrien Helvetius, 1715～71)
フランスの哲学者，啓蒙思想家。ロックの影響は，彼の著作『精神論』(1758年)と『人間論』(1772年)にみられる。

▷10 ルソー
本章第2節を参照のこと。

▷11 エティエンヌ・ボノー・ドゥ・コンディヤック (Etienne-Bonnot de Condillac, 1714～80)
フランスの哲学者。主著『感覚論』(1754年)。

▷12 救貧税
貧民の救済のために教区ごとに徴収された税金。1601年救貧法(エリザベス救貧法)により，救貧税を財源に貧民を救貧院に収容し，生活を援助したり，労働させたりした。

▷13 キリスト教知識普及協会 (Society for Promotion of Christian Knowledge, 1698～)
英国国教会の聖職者であるトマス・ブレイ (Thomas Bray) を北アメリカのメリーランド植民地に派遣するうえで，彼が行っていた活動を派遣後も継続できるよう組織された団体。設立時の目的は，キリスト教の信仰を教育を通して幅広く伝えることにあった。キリスト教知識普及協会による慈善学校の支援は，1730年頃を境に次第に衰退した。

員会のメンバーとして「労働学校[8]」という政策を提案した。14歳以下の救貧を受けるすべての子どもを対象とし，労働学校を設けて，労役に従事させることを求めた。子どもたちは労働学校で秩序と規律によって管理され，勤勉さを育成される。日曜日に礼拝に参加して，宗教心を身につけるよう求められた。また労働学校の利点として，母親が子どもの世話から解放されるためより自由に就労できる点も強調された。ただしこの労働学校案が政策として受け入れられ，実践されることはなかった。

ロックが論じたジェントルマンの教育と貧民の教育は，ずいぶん異なる。それは教育内容や方法だけではない。ジェントルマンには家庭教育がふさわしく，その教育は私事的なものと捉えられていた。一方，貧民には保護者に子どもを教育する権利があるとは捉えられておらず，国家が介入して貧民の子どもを教育すべきと考えられた。これらはロックの教育思想の二重性を示すものと指摘される。ただし，両者とも有徳で勤勉な人間の育成を目指した点は変わらない。地位や職において求められる役割は異なるが，いずれも，重商主義国家における公共の利益に有用な人間の育成であったといえよう。

ロックの教育論は，その後フランスの啓蒙思想家に影響を与えた。子どもの心を白紙と捉えた精神白紙説はエルヴェシウス[9]の教育論に用いられた。エルヴェシウスの教育論を批判したルソー[10]にもロックの影響がみられた。またコンディヤック[11]は，経験を感覚主義の立場で受容した。ロックの教育論は，フランス啓蒙期教育思想の基盤を提供した。

2 慈善学校

この時期に広がった貧民の子どもを対象とした学校に慈善学校がある。ロックが労働学校を提案したように，17世紀後半以降，貧困の防止と救貧税[12]の負担軽減は政治的課題であった。無知で粗野な貧民を勤勉に働く自立した有用な人間に変えることは，社会の安定において重要であり，広く社会問題として捉えられた。こうした課題を解決する方策の一つに，貧民の子どもを堕落した保護者から引き離し宗教教育を施す慈善学校があった。

慈善学校は，1698年に組織されたキリスト教知識普及協会[13] (以下，SPCK) の支援を受けて各地に創設された。SPCK は英国国教会の団体であり，国教徒が学校を設立し，社会不安の原因である貧民の子どもたちを対象に読み方と英国国教会の教理に基づく宗教教育を施すことを目的としていた。SPCK は，慈善学校の設立を奨励し，学校創設の方途を示した。また，支援する各地の慈善学校を調査したり，寄せられた情報を年次報告書に掲載したりして広報した。教師の斡旋や，テキストに用いることができる聖書，一般祈禱書，教義問答書[14]の出版も担った。ただし，直接的な学校設立や財政支援は行わなかった。

慈善学校の生徒は，おおむね6歳から12歳であった。教育内容は，宗教教育がその中心であった。子ども用に編纂された簡略版の聖書や教義問答書がテキストとして用いられ，教義問答の学習に多くの時間があてられた。生徒は教義問答を繰り返し，その内容を暗唱した。慈善学校の最も重要な日課は，朝夕2回の教義問答の暗唱であったといわれる。書き方や計算の教授は教師用の指導書には示されていたが，書くことは彼らの地位には必要のないものと考えられたこともあり，それを教えることに消極的であった。慈善学校では，キリスト教の教義とともに，現在の地位と境遇にふさわしく，将来に有用な徳性である謙譲と従順と義務の涵養が目指された。

慈善学校の授業料は無償であった。生徒は朝の7時あるいは8時に登校し，昼に1時間の休みをはさんで4時か5時まで学んだ。彼らは長時間学校に拘束された。学校に着てくる服も支給された。教区ごとに分けられたその服装は，恩恵を受ける貧民の子どもを示すものであった。生徒は，日曜日には教会へ行き，礼拝に参加した。休みはほとんどなかった。彼らは，学校を出たあと徒弟や奉公人になった。

慈善学校の特徴は，その運営方法にある。[◁15]慈善学校は，主として，教区の牧師と住民たちがその設立を提案し，賛同者を募って創設された。学校設立に賛同した会員たちが毎年拠出する出資金をもとに運営された。出資者である会員のなかから理事や財務担当が選ばれ，学校の運営に関与した。彼らは，会員が参加する定期総会で財務や運営状況を報告する責任を負った。会員は，寄付額に応じて入学させる生徒を推薦することができた。慈善学校の財源は，会員からの毎年の寄付だけでなく，学校によって異なったが，基本財産，遺贈，説教時の小口寄付，地方当局の補助金，生徒による紡績や裁縫，農作業での労働で得られた資金であった。とはいえ，会員による毎年の寄付はどの学校にも共通する財源であり，慈善学校を支援したのは，会員となり寄付を行った都市を中心に成長しつつあった中産市民であった。慈善学校は，彼らのボランタリーな活動によって担われた。慈善学校の拡大は，教育が必要だとはみなされてこなかった貧民の子どもの教育に社会の関心が向けられるようになったことを示している。この後，本章第5節でみる日曜学校へとつながっていく。ただし慈善学校は，教会を中心とした慈善活動であり，全体でみればわずかな子どもを対象としたものであった。

3　科学と教育

17世紀は，科学革命[◁16]の世紀といわれる。この時期イギリスでは，ニュートンが万有引力の法則を確立し，近代物理学の基礎が築かれた。また，実験や観察から得られた自然に関する知識を共有し交流を図ることを目的としたロンドン

同協会は，海外への布教活動へと活動の重心を移していった。

▷14　**教義問答書**
カテキズム。キリスト教の教義を教えるための教科書である。基本的な教えを要約した書物である。第2章第1節も参照。

▷15　**慈善学校の運営**
これまでの高額の遺贈や寄付によって得られた基金を財源とした基金立学校とは異なり，慈善学校は賛同者が毎年支払う少額の寄付（会費とも訳される）(subscription) をもとに設立，運営された。こうした運営方法は，当時の「連帯的慈善」の流れに沿うものであった（中野，2006）。とはいえ，財源は多様であった。キリスト教知識普及協会が支援しない慈善学校もあった。

▷16　**科学革命**
17世紀，ガリレイ，ケプラー，ニュートンらによって科学諸分野に知識体系の基礎と方法論が確立した。その後の技術革新を導いた。実験や観察が重視され，経験による証明という方法が用いられた。こうした手法は近代哲学への道を開いた。

▷17 ロンドン王立協会
(The Royal Society of London for Improving Natural Knowledge)
自然に関する知識を向上させるためのロンドン王立協会。1660年に設立された科学アカデミー。1662年に勅許状を得て王立となった。ロンドン王立協会は，当時，数学，物理学，生物学等に関する調査研究を行い，近代科学の確立に貢献した。

▷18 ルナ協会 (The Lunar Society)
科学に関心をもつ知識人たちのサークルである。1765年頃にルナ・サークルとして活動をはじめた。1775年にルナ協会と改称。

▷19 マシュー・ボールトン (Matthew Boulton, 1728～1809)
ボールトン・アンド・ワットを立ち上げ，蒸気機関を製作した。金属加工でも知られ，貨幣の製造にも携わった。

▷20 ジョセフ・プリーストリ (Joseph Priestley, 1733～1804)
化学者，自然科学者。1761年から67年までウォリントン・アカデミーで古典と文学を教えた。

▷21 エラズマス・ダーウィン (Erasmus Darwin, 1731～1802)
医師，自然科学者。チャールズ・ダーウィンの祖父。

▷22 ジョサイア・ウェッジウッド (Josiah Wedgwood, 1730～95)
化学者，産業資本家。陶磁器メーカーのウェッジウッド社の創設者。

▷23 ウォリントン・アカデミー (Warrington Academy, 1757～86)
18世紀後半に創設された代表的な非国教徒アカデミー。18世紀の都市エリートが育成された。

王立協会[17]が設立された。自然を探求することへの関心が高まり，科学的実験や研究が行われ，自然科学が発達した。

こうした自然科学への関心の増大によって，科学について議論する場が生まれた。ロンドンをはじめとする都市では，コーヒー・ハウスで自由な議論が展開されたり，科学クラブが組織されたりした。著名な科学者による公開講座や自然科学の実験も各地で行われた。さらに1780年代から1840年代にかけては，「第二の科学革命」が起こった。科学が神学から分離し，科学の「専門職業化」や「科学の制度化」が進んだ。専門的な職業科学者が誕生し，科学団体が組織された。

科学的知識の探求は，オックスフォードやケンブリッジといった大学においてではなく，商工業都市で組織された団体等によって進められた。代表的な団体の一つが，バーミンガムのルナ協会[18]である。ルナ協会では，満月の夜に科学に関心をもつ知識人たちが集まって議論を展開したり，実験を行ったり，社会的問題や政治的問題について議論したりした。メンバーは，自然科学者，産業資本家，医師，牧師など多様であった。中心人物は，産業資本家のボールトン[19]である。彼は蒸気機関を発明したワットを支援し開発に協力した人物であり，科学者たちと人脈をもっていた。ルナ協会のメンバーには，ワットをはじめ，酸素を発見した自然科学者でありユニテリアンの牧師で教育者でもあったプリーストリ[20]，医師で生命の進化に関心をもつ自然科学者のダーウィン[21]，化学者であり陶磁器製造業者のウェッジウッド[22]らがいた。彼らは，科学を探求するだけでなく，科学的知識を応用することにも熱心に取り組んだ。こうしたルナ協会のような商工業都市で発展した団体等での知識人の知的ネットワーク並びに科学的知識の探求と応用は，産業革命を生み出す基盤となった。また，科学的知識の応用は，公衆衛生などの都市の問題にも向けられた。

科学は，学校でも取り入れられた。グラマー・スクールや大学での教育は，依然として伝統的な古典を中心とした教養教育であったが，自宗派の聖職者養成を目的とした非国教徒アカデミーや聖職者養成を目的としないプライベート・アカデミーにおいて科学教育が導入された。それらの学校では，自然哲学や化学，地理学や天文学などが教えられた。優れた科学教育を実践した学校として広く知られているのが，1757年に開校したウォリントン・アカデミー[23]である。前述のジョセフ・プリーストリが教師を務め，都市のエリートに古典に限定されない科学的知識を含む新しい教育を提供した。科学教育は，大学やグラマー・スクールといった伝統的な学校の外部に位置する学校において採用された。

2　フランス革命と教育

1　フランス革命とラ・シャロッテ

　イギリスでもそうであったが，市民革命の下では新しい社会のあり方が模索されるとともに，教育もまた重要な課題として新たな原則が打ち出されはじめる。全体として，社会の指導者養成のための中・高等教育が重視されるものの，民衆の教育も重視されはじめ，国家・社会による民衆の教育，すなわち公教育の理念が登場するのである。

　フランスでは18世紀末に至って政治革命による絶対王政の破壊からナポレオン独裁帝政，再びブルボン王家の復活という目まぐるしい変革が展開された。教育についても革命前夜に，ラ・シャロッテがイエズス会などの伝統的な教会勢力による教育から，国家のみに依存する新しい国民教育のあり方を提案していた。そして1789年7月にはじまるフランス革命では，革命議会による新しい世俗的な公教育制度確立を目指した論議が展開され，ナポレオン帝政では大学制度の改革も断行されるのである。その端緒となった政治革命，その新しい国家・社会のあり方を理想的に示し，こうした革命を思想的に導いた思想家がルソー（Jean-Jacques Rousseau, 1712～78）であった。

2　革命を導いた思想家ルソー

① ルソーと『エミール』

　ルソーは，1712年にスイスのジュネーヴで生まれ，革命前夜の，「啓蒙思想」の時代といわれたフランスを舞台に活躍した思想家である。かならずしも幸福とはいえない少年時代をジュネーヴで過ごし，フランスに移ってからは音楽家を目指したり，今でいうフリーターのような生活をしつつも，「啓蒙」の思想家ディドロやダランベールなどと交わり，やがて『学問芸術論』（1750年）や『人間不平等起源論』（1755年）で当時の文明批判を展開することで，広く認められた。1762年，今日も教科書に登場する『社会契約論』を公表し，自由で平等な新しい社会のあり方を提示，これがフランス革命を思想的に導くこととなったのである。

　ルソーは『社会契約論』とほぼ同時に，教育上の主著となる小説『エミール』を公表する。前者で理想的な社会のあり方，その構成原理を原則的に示したのに対し，後者『エミール』は，その社会を構成すべき人間の教育を論じたのである。『社会契約論』の冒頭で「人間は自由なものとして生まれたが，しかもいたるところで鉄鎖につながれている」と述べ，『エミール』の冒頭でも

▷24　ルイ・ルネ・ドゥ・カラドゥーク・ドゥ・ラ・シャロッテ（La Chalotais, Louis-René de Caradeuc de, 1701～85）
フランス革命直前に高等法院の検事総長を務める。フランスを中心に中等教育学校など教育界で活動していたイエズス会の活動をフランス国家の立場から批判し，その活動を禁止した。教育の権限を国家に委ねる『国民教育論』を執筆公表した。

▷25　ドニ・ディドロ（Denis Diderot, 1713～84）
フランスの思想家・哲学者で文学者。1746年以来『百科全書』の責任編集者として啓蒙の時代を代表する画期的な編纂事業の完成に努めた。啓蒙の哲学者として理性の立場からの社会批判を展開。ロシアのエカテリーナ2世とも交流し，『ロシア大学論』など教育に関する著作も残している。

▷26　ジャン・ル・ロン・ダランベール（Jean Le Rond D'Alembert, 1717～83）
フランスの数学者，物理学者で哲学者。物理学では物体の運動に関するダランベールの原理を立てる。一方，ディドロとともに『百科全書』の編纂にあたり，主に力学と数学の項目を執筆した。

「万物をつくる者の手をはなれるときすべてはよいものであるが，人間の手に
うつるとすべてが悪くなる」（ルソー，1962, 27ページ）と述べるように，ルソー
にとって現実の社会は矛盾に満ち腐敗しきったものであった。それをつくり替
えるのは人間だが，その人間も現実の社会では自然が与えてくれた自由を奪わ
れてしまっている。本来あるべき自然の状態に回復するためには，生まれたば
かりの子どもの状態から変えていくことが必要となるが，それは現実の社会や
教育のシステムのなかでは不可能である。ここから，理想の教育のあり方を語
ろうとする『エミール』が小説（フィクション）の形式をとり，しかも都会を
離れた人もまばらな舞台設定で抽象的なかたちをとらざるを得なかったといえ
る。『エミール』は5つの編から構成されている。以下，その特色を，主に第
1編と第2編を中心にして3つのトピックに分けて確認しておこう。

② 子どもの発見

　小説『エミール』は，主人公の男の子エミールが生まれたばかりの頃から，
およそ22歳の結婚適齢期に理想の女性ソフィーと結婚するまでの期間，ルソー
自身が家庭教師としてつきっきりでエミールの教育に携わるというものであ
る。小説全体はエミールの成長にあわせて5つのパートに分けられているが，
これは単純に機械的に分けられたものではなかった。明確に示すことは困難だ
が，第1期である第1編は誕生からおよそ1年半の期間，それに続く第2期が
最も長くおよそ11年の期間，第3期は3年くらい，第4期が5〜6年くらいと
いう期間で区切られている。各期間つまりは各編（パート）でルソーは，その
時期の子どもの心身の特徴について他の時期とはっきり区別して述べており，
さらには，その特徴に応じた育て方や教育の方法を述べているのである。

　このように，ルソーは人間の成長・発達を段階的に捉えようとしていること
がわかる。とくに第4期に入るおよそ15歳くらいの時期をルソーは「第二の誕
生」と呼んで，最も大きな区切りとしている。これ以前の子どもが感性的な存
在であるのに対し，これ以降，理性的で道徳的な存在へと変容するというので
ある。こうしてルソーは，人間の成長・発達を，単純な直線的な変化ではなく
質的変容・飛躍をともなう，いわば段階として捉えること，そして教育はその
「段階」に応じて計画・実施されるべきであることを主張しているのである。

　そのうえで第1期と第2期の子どもについて，この成長の時期をルソーは
「子ども時代」と呼び，教育に携わる者はこの時期の子どもの特徴について深
く観察して知ることが必要であることを強調している。このことをルソーは次
のように述べていた。

　　人は子どもというものを知らない。子どもについてまちがった観念をもっ
　　ているので，議論を進めれば進めるほど迷路にはいりこむ。このうえなく賢

明な人々でさえ，大人が知らなければならないことに熱中して，子どもには
なにが学べるかを考えない。かれらは子どものうちに大人をもとめ，大人に
なるまえに子どもがどういうものであるかを考えない（同前，22〜23ページ）。

③　消極教育

　ルソーはおよそ15歳以前の子ども（第1期〜第3期）の特徴として，それが
「感性的存在」であることを指摘した。そしてこの発達の段階に応じた教育のあ
り方としているのが，消極教育である。ルソーは簡単に「初期の教育はだから
純粋に消極的でなければならない」また，「それは美徳や真理を教えることでは
なく，心を不徳から，精神を誤謬からまもってやることにある」（同前，171ペー
ジ）と述べている。これは子どもをまったく放置してしまうことではない。道
徳的な事柄も，ことばによって教訓として教え込むのではなく，「経験だけから
教訓をうけるべきだ」というのである。窓を壊したら，その行為を叱ったり教
訓を垂れたりするのではなく，そのままの状態にしておくことで寒さを体験さ
せよというのだ。こうした「事物からの必然」を，大人は準備し整えなければ
ならない。これはただ教訓を垂れることより，はるかに大変な仕事なのであ
る。

　第2期には，文字の読み書きの教育についても述べられる。エミールは12歳
までに読み書きができるようになるが，それはやはり教え込むのではない。そ
れどころか，この時期には「書物をとりあげてしまう」。教師（この場合はル
ソー自身）が，文字を知っていることが必要となるような環境や場面を設定し
子どもを誘い入れることで学習への動機づけをするのである。ルソーは多くの
例をあげている。例えば，ご馳走やお祭りなどへの招待状を用意する。エミー
ルは字が読めないから誰かに読んでもらわなければならない。けれどもなかな
か読んでもらえない。そうこうするうちに招待の日時は過ぎ去ってしまう。自
分が文字を読めればこんなことにはならなかったのにと感じさせることで，文
字学習への動機づけをするという事例があげられている。このようにルソーの
「消極教育」とは，何も教えず放置することではなく，子どもが自発的で体験
的に学ぶことができるように仕向けることであり，そのために生活環境や状況
を整え準備することが大人（教師）に求められるという考え方といえよう。ル
ソーは，「人はあらゆる手段をもちいるが，ただ一つだけはもちいない。しか
もこれだけが成功に導くものなのだ。それはよく規制された自由だ」（同前，
167ページ）と述べているのである。

④　自然の教育

　ルソーは，大人になって必要となるものはすべて教育によって与えられると
するが，これを3種類に分けている。「この教育は，自然か人間か事物によっ

てあたえられる。わたしたちの能力と器官の内部的発展は自然の教育である。この発展をいかに利用すべきかを教えるのは人間の教育である。わたしたちを刺激する事物についてわたしたち自身の経験が獲得するのは事物の教育である」（同前，29ページ）と。ここでいわれる「自然の教育」とは，人間の，つまり子どもの心身の内的な発達そのもののことである。ルソーは，この「自然の教育」はわれわれの力ではどうすることもできない，つまり早めたり遅くしたりすることはできないという。それは「自然の歩み」そのものである。「事物の教育」も，ある程度しか自由にならない。われわれつまり大人が自由に企てたり実際に行うことのできるのは，「人間の教育」だけである。このことから，この三者とくに人間の教育は自然の教育に一致させなければならないとルソーは主張する。この主張はすなわち，教育，とくに人間（原語では「大人」と同義）の教育は，人間の内的な発達に対応して計画実施されなければならないということである。いわば，教育は発達の段階に応じた内容と方法とで計画工夫されるべきという主張で，「合自然の教育」の原則を示したものといえる。先の「発達段階」の発想・構想が，後の心理学・発達心理学の重要な課題となったのと同様，この原則と内実の模索が，この後の近代教育学の重要な課題となるのである。

⑤　体験を通しての教育

　先の第2期（第2編）の「消極教育」においても確認されたが，ルソーは体験を通しての教育（学び）を重視する。これは現在の中学生くらいにあたる第3期（12，13歳から15歳くらい）の教育において一層顕著となる。ルソーによればこの時期の子どもは欲求よりも自らの力のほうが勝る時期，いわば余力・エネルギー溢れる短い時期とされる。そのためこの時期には好奇心が活発に動き出す，それも「役に立つこと」を求めはじめるのが特徴という。そこでこの時期の教育は，第2期以上に，子どもの知的好奇心を惹起させて自発的に学ばせることがポイントとなる。このことについてもルソーはいくつかの例をあげている。例えば，天文学を学ばせるのに散歩を活用することである。

　ルソーが提案してエミールは散歩に出かけ，朝日や夕日を何度も見る。ルソーはただ，太陽はどこから昇り，どちらに沈むかを問うだけ。ある日エミールたちは森へ散歩に出かけて道に迷う。そのときルソーが太陽の方向と影の位置を聞くだけで，エミールは森を抜けだす方向を見つけることができた。この体験を通して天文学の有用性に気づいたエミールは，天文学の学習に励むというのである（同前，410～415ページ）。

　このエピソードは，子どもが自ら学ぶこと，それも体験を通して学びを蓄積していくことの重要性を主張したものであろう。この場合もまた，この時期の子どもの好奇心の発動を上手に誘導すること，言い換えれば子どもの知的活動

を誘発できるような状況・環境の設定が，子どもを導く者の重要な務めとなるのである。

『エミール』第1編から第3編に描かれた子どもの教育のあり方は，その成長・発達の段階に対応して変わっていくのであるが，総じてみれば，その基本は子どもの主体的・自主的な学びを大切にし，その動機づけと導きのため大変手の込んだ状況・環境づくりを教師（この場合はルソー自身）が行うことにあったといえよう。すなわち，子どもの学びの導きとしての教育であり，後の子ども中心主義の教育思想・運動の根本となる教育思想であった。

3 公教育思想の登場

① 革命と教育改革

ルソーの『社会契約論』に触発され1789年にはじまったフランス革命は，典型的な市民革命といわれる。この革命によってフランスの絶対王政は一挙に崩れ，自由と平等な権利を有する「市民」によって形成される「市民社会」の成立の幕を開けたのである。新しい社会の形成はまた，そのための，そしてその社会を形づくりそこに生きる新しい人間の形成の問題，すなわち教育への関心を高めることとなった。

革命の過程で，ホッブス[27]，ロックやルソーらの自然権思想に基づき，人間の権利（自然権），人間の自由と平等が確認され，そのなかで教育はそれ自体，とくにそれを受けることが人間の権利の一つとして確認されるようになる。

まずは，フランス革命の流れのなかでみてみよう。

1789年7月のバスチーユ監獄襲撃にはじまった革命のなかで早くも有名な「人権宣言」が出される。それは，「第1条　人は，自由かつ権利において平等なものとして出生し，かつ生存する。社会的差別は，共同の利益の上にのみ設けることができる」と，人間の自由と平等を謳う。これを可決採択した立憲議会は，1791年9月，その作成に鋭意努力したフランス最初の憲法を可決制定した。この憲法には，「すべての市民にとって共通で，かつすべての人びとにとって欠くことのできない教育の部分に関しては無償の公教育制度が創設され，組織されるであろう。また教育施設は，段階的に，王国の行政区画と関連して配置されるであろう」としたのである。ここに述べられた「公教育制度」を具体的に計画立案組織するための法案が議論されたのが，立憲議会に続く立法議会と国民公会であった。以下，「公教育制度」組織の原理・原則，教育に関する権利という観点から，主要な，そして後世に多大な影響を与えた代表的な法案を2つ紹介しよう。

② コンドルセの法案

憲法を制定して解散した立憲議会を引き継ぎ，憲法の理念を実現するための

▷27　トマス・ホッブス（Thomas Hobbes, 1588 ～ 1679）
イギリスの哲学者。市民革命期，クロムウェルの革命でフランスに亡命，パリで執筆活動に入る。有名な『リヴァイアサン』などで，人間は快を求め不快を回避し，最高の善は自己保存にあることを唱えた。国家は，そうした利己的な動物である人間の「万人に対する万人の戦い」における各自の自己保存を相互に制限するところに成り立つとした。

▷28 マリ・ジャン・アン
トワーヌ・ニコラ・ドゥ・カ
リタ・コンドルセ（Marie
Jean Antoine Nicolas de
Caritat Condrcet, 1743〜94）
フランスの数学者で哲学
者。フランス革命では穏健
中間派のジロンド派の議員
となり，憲法の定めた公教
育の組織を形づくる法案の
検討，および提出と報告を
行った。『公教育に関する
五つの覚書』や『人間精神
進歩の歴史素描』などの著
作がある。教育法案を提出
した直後の政変で捕えら
れ，獄中で死んだ。

具体的な法案を審議したのが，立法議会である。立法議会は教育について特別
の委員会を組織，その法案を作成させた。委員長を務め，法案を提出したの
が，数学者としても有名なコンドルセである。この法案にみられる特色は，お
よそ以下のようにまとめられる。

（1）法案では，人間の「学ぶ権利」「教える権利」が明確に示され，その自
由な行使が強調された。すべての人が受けるべき教育を準備することを「公権
力」すなわち国家社会の義務としたのである。ただし，準備された教育を受け
るか受けないかは自由とされたように，就学の義務という発想はなかった。

（2）国家社会が整備準備する教育は，すべての人に平等に開かれるべきであ
るとし，その教育を受ける場である学校は，男女共学で完全無償の仕組みと制
度が構想された。ただし，繰り返すが，学びたい者がこれらの制度を利用す
る・しないは自由であるとされた点には注意したい。就学の義務という発想は
ないのである。

（3）その学校で教える教育内容については，万人が正しいと認める内容に限
定すべきとしている。したがって具体的には自然科学などの学問的な内容が中
心であり，宗教・道徳のような意見の分かれる内容は教えないことが構想され
ていた。いわば，学校の教育は知識の教育（知育）に限定すべきという考え方
である。

（4）こうした教育の内容やそれを教える方法・手段については，公権力（国
家）が関与すべきでなく，政治や経済からも独立した専門の委員会が決定すべ
きであるとした。つまり，教育（学校）の施設設備などの環境整備は国家が責
任を負うが，そこでの教育内容・方法については関与してはならないというの
である。

こうした特色をもったコンドルセの法案であったが，革命をめぐる対外戦争
の激化，さらには再び起こった民衆蜂起による社会情勢の変化のなかで，十分
に審議されなかった。けれども，学ぶ権利と教える権利という教育にかかわる
権利，国家社会が教育の施設設備環境を整える責任を負うという考え方，さら
には教育の政治的・宗教的な中立性，教育内容決定への国家の関与のあり方な
ど，後世に多大な影響を与えたのであった。

▷29 マキシミリアン・フラ
ンソワ・マリ・イシドール・
ロベスピエール（Maximilien
François Marie Isidore
Robespierre, 1758〜94）
フランスの政治家。弁護士
となりフランス革命に参
加，ルソーの強い影響を受
けて小生産者の共和国を目
指した。国民公会の時期に
は小市民や無産者層の支持
を得て国内反革命勢力を一
掃する恐怖政治を確立し
た。やがて反対勢力による
クーデターで議会を追われ
処刑された。

この法案提出と時を同じくして惹起した社会情勢の変動は，立法議会の解散
と新たな，より民衆側の勢力に支持された国民公会の成立をもたらした。この
新しい議会でも実に多くの教育に関する法案が提出され審議されたのであった
が，やはり代表的ともいえるものを一つ取り上げてみよう。

③ ルペルティエの国民教育案

ここで紹介するのは，有名なロベスピエールも加わった委員会で作成され，
ロベスピエールが報告した法案である。その原案となった遺稿の作者の名を

とって，ルペルティエの法案ともいわれる「国民教育案」である。その特徴は，およそ以下のようになる。

(1) 教育は国家が準備するが，それを受ける子どもの権利を認め，それを受けさせることを親の義務としたこと。法案は次のように規定していた。「第3条　国民教育はすべての人に対する共和国の負債であるため，すべての子どもはこの教育を受ける権利を有する。親は，その子どもに国民教育の利益を享受させる義務を免れることができない」と。教育を受ける子どもの権利と教育を受けさせる親の義務が明確化されている。その教育は国家が準備するのである。

(2) 国家が準備する教育は「国民学寮」という施設で行われることが構想された。すべての子どもは5歳になるとここに強制的に収容され，みな平等に同一の衣服と食事，そして教育を受けることとされたのである。その教育の内容・方法も国家が決めることとされた。

(3) 教育の内容・方法は規律正しさ，勤労心，愛国心の育成を目指す道徳教育と手作業や体育を重視したものが構想されていた。知育に対して徳育が重視されたといえる。

この法案は(2)の「学寮」への強制的な入寮を随意とする修正ののち可決され施行されたものの，わずか2か月で廃棄されてしまったのである。

これは，コンドルセ案と同じく教育に関する権利（ただし「教育を受ける権利」）を承認し，教育の施設整備を国家の責任（義務）としたものの，徳育を中心とする教育内容は国家が決定し，それを平等に受けさせることが親の義務とされたことなど，決定的な相違点がみられる。前者が，教育における徹底した自由を重んじ，その実現を基本としたのに対し，後者は教育における平等を徹底的に求めたものということができるであろう。

とはいえ，これらの法案とその審議全体を通してみれば，教育とくにその場としての学校（制度）は公共の事業として国家社会が準備整備する責任を負うという「公教育」の思想，教育を受ける子どもの権利の思想，これらを生み出したことは，フランス革命が後世に残した偉大な遺産であったということができる。

4　師範学校設置と教員養成の試み

内外ともに混乱を極めた国民公会の時期，現実の小学校設置・普及を阻んでいた最大の障害は，実際に教育を担当できる教師の不足であった。国民公会内に設置された教育のための委員会もこのことを理解し，1794年には「教育革新法案」と呼ばれた改革案を提出している。これは，各県から4名の学生を指名し，パリに集めて2か月間教授法の教育を実施し，教育修了とともに学生は各県に戻り小学校を開設するというものであった。この法案は提出されたもの

の，諸般の事情で審議が遅れ，およそ半年後，新たに「師範学校法案」として提出され審議のうえ可決されたのであった。

こうした経緯の結果，実際に師範学校が開設されたのは，翌1795年1月20日のことであった。しかし内外の，とくに国民公会内部の混乱のなかで，開設からわずか半年足らずの5月には閉鎖されてしまい，これをモデルに各県に師範学校を設置する計画はとん挫してしまったのである。実際にはまったく成果をあげることはなかったとはいえ，フランスにおける最初の公的な教員養成事業が展開されたことは，注目に値しよう。

時を同じくして，国民公会では地方語とフランス語の教育についても議論されていた。当時のフランスでは，地方によってブルターニュ語，ドイツ語，バスク語などが日常的に使用されていたのである。「一にして不可分な共和国」の確立を目指したフランス革命の指導者たちにとって，これもまた重要な課題と認識され，教育によって地方語を駆逐しフランス語による言語統一の手立てが模索されたのである。

こうした課題を受けて提出されたのが，フランス語師範学校法案であった。これは，小学校教育をすべてフランス語で実施することを目指したもので，各県にフランス語教師養成のための師範学校を設置し，そこで小学校教師を集めて3か月間フランス語教育を実施するという内容であった。これもまた，とくに国民公会内部の混乱により実施されることなく終わってしまったのであるが，やはり教員養成の努力の一環であるとともに，フランス革命が目指し，今日まで継続するフランス的な「共和国」の理念を教育によって実現しようとする努力の現れであったといえよう。

5 ナポレオン帝政下の教育

約10年間にわたる激動の革命は，ナポレオンの独裁政治によって終焉を迎えることとなった。

ナポレオンは，フランス革命のさまざまな試みを継承しながらも，自身が皇帝となる頃から革命の基本精神から離れつつ独自の教育政策を展開する。

皇帝となる直前の1802年には，公教育一般法を制定した。これは，学校種を小学校・中学校・専門学校の3種に分けるものであったが，中学校とくにエリート養成を目指す国立の学校（リセと呼ばれた）と専門学校の拡充整備を目指すものであった。一般国民・民衆の教育の場である小学校は市町村によって設置される公立学校とされたものの，授業料は有料とされ，教育内容も読み・書き・計算に限定されたのであり，初等教育を極めて軽く扱うものであった。

皇帝となったナポレオンは1806年と1808年には「帝国大学」に関する法令を定め，いわゆる「ナポレオン学制」と呼ばれる教育の体制をつくり上げた。こ

▷30　ナポレオン・ボナパルト（Napoléon Bonaparte, 1769～1821）
フランス皇帝。コルシカ島に生まれパリ士官学校に学びフランス陸軍に入隊しフランス革命を目撃する。王党派の反乱鎮圧などで台頭，反革命の対外戦争で活躍した後，クーデターで執政政府を樹立。1804年には自らフランス皇帝に就任。『ナポレオン法典』といわれる法体系を残した。ロシア遠征を機に没落する。

れは今日までつづく教育行政システムの基本を定めたものといえる。ここでいわれる「帝国大学」とは学校のことではなく，フランス全土にわたる公教育組織全体に与えられた名称のことである。

「ナポレオン学制」による教育行政組織は，中央に今日の文部（科学）省に相当する「帝国大学」を置き，通常の行政単位である県をいくつか束ねてグループとした各地方には地方の管理組織である「アカデミー」を置くものとされた。中央の「帝国大学」と「アカデミー」には視学官が置かれ，彼らが「帝国大学」や「アカデミー」の命令に基づいて各学校を巡回し教育を監督するというシステムである。こうして後々までフランスの教育を特徴づける，教育における中央集権的なシステムが構築されたのであった。

各学校の種類は，大学に相当する「学部」，先のリセ，それに同じく中等学校だが公立のコレージュ，私立の中等学校であるアンスティチュシオンとパンシオン，それに小学校の6種とされた。これらのうち，大学に相当する「学部」に直接接続する国立の中等学校であるリセの整備充実が図られる一方で，小学校についてはやはり読み・書き・計算だけを教える場とされ，軽視されたのである。

このように軽視された小学校の教師の養成教育については，公立の中等学校であるコレージュに若干の師範学級（学校ではない）が設けられて，教員養成と教師の再教育の場とされる措置がとられた程度で，革命期の師範学校（案）とはかけ離れた政策であった。

こうしたナポレオン独裁期，さらにその没落後の王政復古の時代には，国家のエリート養成のため大学・中等教育の諸学校の整備拡充が図られ充実していった一方で，小学校とその教育，その教員養成はまったく軽視されてしまったのである。この時代，かろうじて小学校教育とその教師の養成の試みとして，革命期には弾圧され，この時期に復活したキリスト教関係団体，とくにラ・サール³¹が設立したキリスト教学校同胞会（キリスト教学校修士会）が，無月謝の小学校を設置し民衆にカトリックの教義に基づいた初等教育を施していたこと，また独自の師範学校を設けて，その教員養成にも努めていたことが注目される。

以上を概括すれば，フランス革命前後から王政復古にかけてのフランスでは，実際の，とくに小学校教育，民衆の教育の面では実質的な前進はみられなかったものの，画期的な教育思想や人権の宣言，後世に強い影響を与える教育計画や法案が登場したことが特色であったと言える。民衆の，小学校とその教育が実質的に前進するのは，国民国家の時代を待たなければならなかった。

▷31 ジャン・バプティスト・ドゥ・ラ・サール（Jean Baptiste de La Salle, 1651～1718）
フランスのカトリック聖職者で慈善教育家。1684年にキリスト教学校同胞かい（修士会）を設立し，民衆とくに貧民のために無償の初等教育を施す事業を開始した。絶対王政下，有名なルイ14世の保護のもとに発展した。

3 アメリカ独立革命と教育

1 フランクリンによるアカデミーの創設

① 植民地における公教育の礎石の形成

アメリカでは，17世紀以降，イギリスからの移住が増加し，東海岸にマサチューセッツ，ニューハンプシャー，コネティカット，ロードアイランド，ニューヨーク，ニュージャージー，ペンシルヴェニア，デラウェア，メリーランド，ヴァージニア，ノースカロライナ，サウスカロライナ，ジョージアの13の植民地が成立した。植民地には，植民地議会が設置され一定の自治を認められており，そのなかには教育の統制権も含まれていた。しかし，イギリス国教会が支配したヴァージニアを中心とした南部地域では，イギリスの影響を受けて，教育は専ら私事とみなされ，富裕階級の子どもたちには家庭教師が雇い入れられた後，ハーバード大学など数少ない国内の大学やイギリスの大学に進学した。一方で，大多数の庶民階層の子どもは放任されるか，親方のもとで徒弟として職業訓練や救貧的な宗教教育を施されるだけであった。

そうしたなか，清教徒が支配したニューイングランド地方のマサチューセッツ植民地では，1642年制定の法律で，子弟もしくは徒弟に，初等教育として職業技術を習得させるとともに，宗教の原理や基本的な法律を読解させることを内容とする教育義務を保護者もしくは親方に課したのだった。さらに1647年制定の法律では，50家族以上のタウンに読み書きを教える教師の任命を，100家族以上のタウンにラテン語文法学校[32]の設置を義務づけた。タウン・スクールの設置・維持やその財政支出の方法，教師の選任などについてはタウン・ミーティング（住民総会）の話し合いで決定され，その決定に基づいてセレクトマンと呼ばれる住民代表行政委員やタウンに設置された特別委員会が学校の管理を担っていた。

もっとも，教師には牧師が任命されることが多く，当時の学校は教会の強い影響下にあり，宗派的であることに変わりはなかった。また，ラテン語文法学校は大学進学準備を目的とし，授業料が必要であったため，富裕階級のみが進学し，ヨーロッパのような複線型の学校体系が維持されていた。とはいえ，教育義務を保護者に課し，教育に公共性を認めた一連の法制は，その後の公教育制度成立に向けた重要な礎石となったのである。

18世紀になると，アメリカのフロンティアは西部や中部に向かって拡大していった。ニューイングランド地方では，商工業が発展するとともに，移民も急増し，それにともなって宗教も多様化した。新しい地域への植民が急速に進

▷32 ラテン語文法学校
大学教育で必要なラテン語などの古典語の教授を中心に，宗教教育などを行った中等教育機関。

第4章　市民革命と産業革命の時代

み，農民は広大なタウンでますます散住するようになり，こうした状況に対応するため，巡回学校[33]が普及した。18世紀になると，タウン内はいくつかの固定された学区（school district）に分割された。学区には，学区学校（district school）が設置された。こうして学区はタウンに代わって，学校経費の負担方法，教師の選任とその給与の決定，学校開校期間の決定などを独自に行うようになった。学区学校は一般に小規模で，教師の資質・能力は低く，教育条件も劣悪であった。

② 商工業の発展とアカデミーの創設

タウンの中心に設置されたラテン語文法学校は，先述したように，大学進学準備を目的としており，教育内容も古典語や古典，そして宗教的な内容に偏っていた。そして，入学者も富裕階級の子どもに限られていた。

中部植民地（ニューヨーク，ニュージャージー，ペンシルヴァニア，デラウェア）では，商工業の発展にともないいちはやく職業教育の必要性が高まっていた。こうしたなか，フランクリン（Benjamin Franklin, 1706～90）は1751年にフィラデルフィアにおいて実用的な知識の教授に重点を置いた新たな中等教育機関としてアカデミーを開校したのだった。

フランクリンは，1749年「ペンシルヴァニアの青年教育に関する計画（Proposal Relating to the Education of Youth in Pennsylvania）」を公表した。そのなかで，彼は，アカデミーにおいては「子どもにとって最も役に立ち，最も身だしなみのためになるものを教えるべき」として，従来のラテン語文法学校と大きく異なり，近代語（英語）と実用的な知識に重点を置いた。開校を予告する1750年12月8日付のペンシルヴァニア・ガゼット紙には，教授科目として，ラテン語，ギリシア語，英語，フランス語，ドイツ語ならびに歴史，地理，年代学，論理学，修辞学また書き方，算術，商業算術，幾何，代数，測量術，計量法，航海術，天文学，遠近画法，その他数学的諸学科および物理学，機械原理等々があげられている。設立されたアカデミーには，ラテン語学科，英語科，数学科の3つの課程が設置された。

アメリカの産業革命にともなって，フランクリンのアカデミーがモデルとなり，マサチューセッツやニューヨークで急速に普及し，1830年には全米で950校のアカデミーが存在し，1850年には6035校まで増え，その後1世紀の間，代表的な中等教育機関の地位を確立するに至った。

2 アメリカ独立革命とジェファソンによる国民教育案の構想

1775年4月19日には，13植民地とイギリス本国とのあいだでアメリカの独立をめぐる戦争が勃発した。1776年，13植民地の代表が会して全会一致でアメリカ独立宣言を採択し，1783年のパリ条約をもって戦争は終結した。イギリスは

▷33　巡回学校
タウン内をいくつかの地域に分け，それぞれの区域内で短期間ずつ順々に開校する学校形態。

49

アメリカ合衆国の独立を正式に承認した。

独立宣言は，その前文で「全ての人間は平等に造られている」と唱え，自然権に基づき国民の「生命，自由，幸福の追求」の権利を認めた。この民主主義の理念に基づく新国家建設を前に，当時の指導者は，すべてのアメリカ人が啓蒙，教育されることが国家の存続に不可欠であると考えた。[34]

とくに，独立宣言を起草し，第三代大統領を務め，アメリカ合衆国の政治的基盤の形成に多大な貢献をし「アメリカ民主主義の父」と称されたジェファソン（Thomas Jefferson, 1743～1826）は，新国家アメリカが，政治の基盤を最終的に国民に置きつつ，健全な国家として発展していくには，国民に一定の知識や教養が備わっていることが大前提であり，そのためには，公費で運営された初等学校を普及させ，経済的に恵まれないが才能豊かな青少年にも教育機会を開いていくことが必要と考え，具体的な計画を示したのであった。

ジェファソンは，ヴァージニア州知事在任中の1779年に州議会に提出した「知識の一般的普及法案（A Bill for the More General Diffusion of Knowledge）」，1785年の「ヴァージニア州覚え書き（Notes on The State of Virginia）」，1814年の「ピーター・カーあての書簡（Letter to Peter Carr）」，1817年の「公共教育制度設立に関する法案（A Bill for Establishing A System of Public Education）」，1818年の「ヴァージニア大学の用地確保のために任命された委員会の報告書（Report of The Commissioners Appointed to Fix The Site of The University of Virginia）」といった法案や書簡などを通して，州立大学を頂点とした国民教育制度案を提案していった。

ジェファソンの国民教育制度案によると，州内の各カウンティの住民が，そのカウンティ内の学校について全般的責任をもつことを原則としている。具体的には，カウンティを5マイル平方ないしは6マイル平方の小学校区に分割し，区ごとに公費で小学校を設立するとした。住民の子どもは全員少なくとも3年間は無償の教育を受けることができ，それ以上の教育は保護者が望む場合，個人負担で教育を受ける資格が与えられるとした。小学校では，読書算（3 R's）を教えること，とくに読み方の教材は，主に歴史教材に基づくべきとした。歴史を通じて過去を知り，未来を予知できると考えたからである。教師の給与は，区の住民に課された税金で負担することになっていた。学校は視学官（visitor）の監督下にあり，視学官は貧困家庭出身で成績優秀な男児（boys）を文法学校に送り込むことを任務としていた。

中等教育機関である文法学校は，いくつかのカウンティをまとめた地方地域（regional district）ごとに設置するとされ，州内に20校程度建設する必要があると見積もられた。文法学校の教育課程は，ラテン語，ギリシア語，英語，地理および高等数学などで構成されており，典型的な大学進学準備教育であった。

▷34 1795年には，アメリカ哲学会による新たな国民的教育制度についての懸賞論文に応募して賞金を分け合ったサミュエル・ノックスとサミュエル・スミスも公立・無償の初等学校を基底とする公教育制度を提唱した。彼らは学校の公的統制，公的支援，実用的なカリキュラム，就学義務なども主張していた。

しかし従来の文法学校と異なる点は，宗教教授が除外された点であった。文法学校は，視学局（a public board of visitors）の指導の下に置かれた。視学局は教師を任命し，学校を訪問し，学生を調べることとされた。学校の維持費用については，土地の獲得と学校の建物は視学局が公費で準備することになっていたが，それ以外の費用は個人の授業料で賄わなければならなかった。先述したように，小学校の優秀な男児は選抜され，公費で文法学校に進学させられることになっていた。これらの"給費生（public foundationers）"は毎年考査されて，最優秀の者のみが公費を継続されるべきとあった。そして，最終的に各学校の最も優秀な20名の学生たちだけが修了することができるとされ，さらにそのうち10名が選抜され，十分な公費を受けて，大学の3年の全課程をウィリアム・アンド・メアリー大学で履修することを許されることになっていた。

　国民教育計画案の実現に向けて，ジェファソンは，大学を宗派的私立大学から世俗的州立大学にしようとし，1779年に，ウィリアム・アンド・メアリー大学の認可状を修正して，宗派立の大学を市民の直接の指揮下に置くための付属法案を議会に提出した。この法案で，「視学官は議会の投票によって任命する」よう提案したのであった。

　「ヴァージニア覚え書き」によると，「この教育計画全体が実現すれば，最終的には次のような結果を生むであろう。まず，この邦のすべての子供たちが，読み書き算数を教えられること。ギリシア語，ラテン語，および高等算数を十分に履修した優秀な人間が毎年10名ずつ社会に送り出されること。さらに，これらの科目に加えて，各自の才能に適した専門の学問を習得した，なお一層優秀な人間が毎年10名ずつ社会に送りだされること。そして，比較的豊かな人々に対しては，私費で子弟に教育を受けさせうる格好の学校が提供されるであろう。……しかしこの法律が意図するもののうち，もっとも重要かつ正当な目的は，人民を自分自身の自由の信頼しうる保護者——なぜなら人民の自由を終極的に守るのは彼ら自身なのだから——にすることである」と述べている（ジェファソン，1972，264〜267ページ）。このようにジェファソンは，州立大学を頂点とした学校制度の下ですべての市民に教育機会を拡大するイデオロギーを提供し，民主主義社会には，教養ある市民の育成が不可欠であると主張したのであった。とくにこの計画は，州を単位とした地方統制の無償初等学校制度を要求したものとして注目される。さらに中等学校は授業料を徴収しつつも，貧困ではあるが才能のある青年の進学を保障するように奨学金制度も提案していた。
△35

　しかし，独立戦争後の政情不安定，経済不況，社会不安など，課題が山積した状況で，こうした提案が実現する余地はほとんどなかった。また，当時の教育に対する市民の意識も植民地時代とさほど変わらず，教育は公的なことでは

▷35　ジェファソンは，ヴァージニア大学創設に尽力した。彼は自らカリキュラムを組織し，教員を雇い，校舎の多くを計画し，図書館の本の購入と分類をし，おおよそすべての管理運営の指揮を執ったという。彼は，人生の大半をヴァージニア大学設立に費やしたのであった。1825年の開学の際には，ジェファソンは40人の新入生を迎えたのだった。ヴァージニア大学は，近代的なカリキュラムを備えた初の州立大学となったのである。

なくもっぱら私事と捉えられていた。当時，3 R's など初歩的な教育を施す学校としては，希望する庶民階層の子どもに対して，宗派別学校，イギリスから移入された日曜学校，助教法学校，幼児学校などが各地に設けられていた程度であった。ジェファソンは，3つの法案をヴァージニア州議会に提出したが，ヴァージニア大学にかかわるもの以外の提案はいずれも否決された。

ジェファソンの公教育計画案は実現をみることはなかったが，その後の公教育の制度化のモデルとして他州に広く影響を与えた。例えば，1818年にイリノイ州知事となったエドワード・コールは，ジェファソンの思想の多くを取り入れた州学校制度の計画案を提示したのであった。

３ 教員養成の制度化──アカデミーにおける教員養成

植民地時代のニューイングランド地方の教師は，町集会，行政委員，学校委員会または聖職者によって資格の認定がなされた。中部植民地では，本国総督（royal governors），本国領主（royal proprietors）または宗教団体によって免許状が発令された。南部では，総督，教区役員および宗教機関によって免許状が与えられた。英国国教会設立の学校の教師はロンドンの主教の免許状を必要とした。17世紀後半までオランダの支配下にあったニューヨークでは，免許機関はアムステルダム議会またはオランダ西インド会社任命の総督であった。免許状賦与の過程で重視されたのは，宗教的正統性，市民政府に対する忠誠心，道徳性であった。「公衆によっても，教師の宗教的・政治的・道徳的価値が重視されたが，公衆はめったに教師の職業訓練に関して大きな期待をいだくことはなかった」と教育史家のクレミンは述べている（クレミン，1977，155ページ）。

一方で，当時の教師の社会的地位は非常に低く，教職は決して魅力的な職業とはいえなかった。男性労働者からみると教職は「一般労働者より若干報酬も良く容易に就職できる」比較的手軽な職業であり，「差し迫って生活費が必要な者」の当座しのぎの仕事であり，人生でさまざまな失敗を経験した者が就職する「絶望者の就職」先とみなす者もいたほどであった。

このような社会的背景から，教師の職業的な素養やその訓練が期待されることはなかった。実際のところ，小学校の教員の契約書には，教員の資格として，読み方，書き方，算数を知っているべきと簡単に規定されているだけであった。一方で，ラテン語文法学校の教師には，大学で習得したラテン語やギリシア語の知識があれば十分とされたのである。

植民地時代には，小学校教師は，とくに訓練を受けずに教師になることも少なくなかった。また大工や鍛冶屋のように徒弟制のなかで小学校教員の訓練が行われる場合もあった。ラテン語文法学校の教師は多くが大学教育のなかで古典語を習得したが，大学やラテン語文法学校において教員養成が意識されるこ

とはまったくなかった。

独立戦争後，アカデミーが普及するなかで，その教育課程のなかに教員養成教育を位置づけようとする動きが現れた。1823年には，サミュエル・ホールがコンコードに私立学校を開設し，そこで教師養成を開始した。ホールはもともと，ヴァーモント国内伝道師教会の宣教師としてヴァーモントに派遣されていたが，当時の教師の資質能力の劣悪さを目の当たりにして，教員養成学校の設立を決意したのであった。

ホールの学校は，1830年に，コンコードからマサチューセッツ州アンデューバーに移転し，3年制のアカデミーとして開校した。教職について学ぶ科目としては，2年次から3年次にかけて学校管理が，3年次の3学期に教授法が教授された。このほか，教育現場の授業観察，小学校の各教科の復習が行われた。ホールのアカデミーの特色は，アカデミックな科目のほかに，教職にかかわる科目を付加した点であった。

19世紀に急増したアカデミーの多くは，大学入学準備のための古典部門と並んで，職業人養成のための国語（英語）部門と数学部門を設けていた。教員養成部門は国語部門の一部に付加された。教員養成部門では，一般的に学校管理関係の科目が設置され，短期間の教育現場での授業観察が実施された。教員養成部門を設置することで州からの補助金を優先的に受けられるようになると，1850年頃までに，教育課程を3年間に延長し，教員養成部門を設置したアカデミーが多数存在するようになった。こうして，アカデミーはアメリカ教育史上大規模に教員養成教育を行った最初の教育機関となったのである。

しかし当時のアカデミーの教員養成については，教員養成部門の生徒のアカデミックな学科の重視と初等教科の履修の軽視の姿勢，卒業後教職についた者も待遇の悪さから多くの者が長く教職に留まらないなど，課題も多数存在していたことを，ニューヨーク州教育長の依頼を受けて視察したポッターらが指摘している。

4 ドイツ（プロイセン）の教育

1 近代国家の確立のための学校教育

18世紀のドイツは，近隣諸国に比べると後進国に位置づけられる。多数の領邦に分かれていて，国としての統一がなされておらず，産業革命が遅れていたことが，その要因としてあげられる。こうしたなか，1701年に成立したプロイセン王国が国王主導で近代化を図りはじめる。

「プロイセン民衆学校の父」とも称されるフリードリヒ・ヴィルヘルム1世

▷36　ホールは1829年に著した『学校経営講義』（Lectures on School-keeping）のなかで，小学校教師に求められる資質として，常識のあるバランス感覚を備えた気質，性格を理解し識別する能力，愛情深い性質，道徳的義務感，そして各教科についての全般的な知識などをあげている。

（在位1713～40年）は，1717年に「義務教育令」を，1736年に「学校維持法」を定めた。「義務教育令」は国家が設立した民衆学校に5～12歳の子どもたちを，冬季には毎日，夏季には週1～2日就学させるよう義務づけるものだった。学校では読み・書き・計算と宗教を学ぶこととされ，毎年実施される試験の結果によって卒業の判定が下された。授業料が徴収され（保護者に支払い能力がない場合には各地域の慈善金による），不就学の保護者に対する罰則規定も設けられた。ただ，「義務教育令」はすでに「学校のある地域」に限定して適用されたものであった。全国一律に一斉に実施することの難しさを考えると，「学校のある地域」に限定した措置は現実的である。

　しかし，就学率を上げるためには，学校をより多くの地域に設立する施策が求められる。そこで「学校維持法」が制定され，農村において学校を設立する際には国王から資材を与えられることが明示された。また，教師の生計を維持するための方策も細かく定められた。「義務教育令」や「学校維持法」など義務教育制度確立のための施策は他国に先んじたものとして評価される。だが，その意図は，農民の納税力と兵役能力を強化する「農民保護」を通じて「富国強兵」を実現することにあった。

　フリードリヒ1世の跡を継いだフリードリヒ大王（在位1740～86年）は，教育を通じた近代化を推し進め，1763年に「一般地方学事通則」を示した。この勅令では，1校につき1人の教師を置く単級学校で複式授業を行うことを前提として，5歳以上の子どもの就学義務，課程主義のカリキュラム，授業料などについて定められた。これはドイツに限らず，世界で初めて学校教育について包括的に示した勅令といわれている。けれども，農民自身が教育を受けるニーズを感じておらず，領主や官僚も農民の就学を求めなかったため，十分に実施されたとはいいがたい。なお，「一般地方学事通則」は改革ルター派（福音派）の地域に適用されるものであった。カトリック派の地域に対しては，商工都市部の学校を想定した「カトリック地方学事通則」が1765年に公布された。

　当時，農村部の学校で教えられていた内容は16世紀と大差なく，読み・書き・計算と宗教が中心であった。これらの内容を教えるにあたって教師に特別な能力が必要とはみなされなかったし，他の仕事と兼業する教師も多かった。教員養成に対する関心は高まらず，教師の社会的地位は低いままであった。教育財政が潤沢でなかったことからも，この状況は等閑視されたのである。

　とはいうものの，フリードリヒ大王は教員養成にも関心を示して，治世の前半期の教育政策に大きな影響を及ぼしたヘッカー[37]がベルリンに1748年に設立したゼミナール（初等教育教員養成のための施設）の学生への財政援助を行った。このゼミナールは修業年限1～2年で18～30歳の者を受け入れており，教師が不足した折には卒業生が優先的に雇用された。「一般地方学事通則」では，教

▷37　ヨハン・ユリウス・ヘッカー（Johann Julius Hecker, 1707～68）中等学校改革に尽力し，実科学校やゼミナールを創設した人物として知られる。

第**4**章　市民革命と産業革命の時代

師を目指す者は一定期間このゼミナールに通うことが定められた。

　また，治世の後半期にフリードリヒ大王の教育政策を支えた汎愛派のロホー[38]は，高度な農業生産力を有する農民を育てることを目指して，1773年にレカーンの農民学校を設立した。ロホーはハルベシュタットのゼミナールの設立（1778年）にも尽力した。12名の学生を受け入れたハルベシュタットのゼミナールでは授業料が無償とされ，衣・食・住も無償で提供された。これは，初等教育の推進に向けて教育方法や教材の充実と同時に教員養成を重視したロホーの考えを反映している。

　フリードリヒ大王の没後は，長期にわたる啓蒙主義的な教育政策への反動期とされるが，実際には，1789年に起こったフランス革命の影響がプロイセン国内に及ぶことを恐れたがゆえに，保守的な施策が採用されたともいえる。1791年に出された後に改正され，1794年に公布された「一般地方法」は冒頭で学校が国家の施設であることを謳い，教師の給与をはじめとする学校維持費は公費負担とすること，就学年齢を5歳からとして課程主義をとること，学校は宗派的に中立とし，どの宗派の子どもも同じ学校で学べることとした。これらの規定は，当時のプロイセン各地で実施されていたことを明文化して，全国統一的に教育行政上の要点を示したものだった。ただ，軍事費のための租税が重なり，実際に学校の設立や維持に費やされる資金は乏しく，学校をとりまく状況はさほど変わらなかった。

　また，1798年に国王が示した教育制度の改善方針を見ると，民衆学校の重要性が述べられ，そのためにゼミナール出身の「よき教師」を増やすことが示唆された。だが，ここで述べられたことは，十分な学校教育が整備されていない現状の改善であり，学校では子どもたちをそれぞれの身分に安住させるよう仕向けることで封建的な身分制度を維持しようとするものであった。

　このように18世紀のプロイセンでは，産業を活性化し，軍事力を増強するという国家主導の「上から」の近代化の一方策として，国民育成のための学校教育および教員養成の制度整備が進められた。しかし，1806年にナポレオンとの戦争に敗北したことで，プロイセンの絶対王政は崩壊し，身分制社会を前提とする「上から」の近代化は中断する。

　ナポレオン占領期には，フランスから自由主義思想が流入するとともに，ドイツ統一への機運が高まった。その際，ドイツ文化の優越性や，ドイツ文化を共有する国民の連帯が前面に打ち出された。講演「ドイツ国民に告ぐ」を行ったフィヒテ[39]は代表的論者の一人であった。フィヒテは国家統一のために全員就学を主張し，「下から」の国家統一運動を支えた。この頃にプロイセン内務省宗務・公教育局長を務めていたフンボルト[40]も「単一にして不可分のドイツ」を志向して学校教育改革を推進した。この考えはジュフェルンによる「プロイセ[41]

▷38　汎愛派（Philanthropen）
ルソーの影響を受けてドイツ啓蒙主義の学校改革運動を促した人々をさし，ヨハン・ベルンハルト・バゼドウ（Johann Bernhard Basedow, 1724～90），クリスティアン・ゴットヒルフ・ザルツマン（Christian Gotthilf Salzmann, 1744～1811），ヨアヒム・ハインリヒ・カンペ（Joachim Heinrich Campe, 1746～1818），エルンスト・クリスティアン・トラップ（Ernst Christian Trapp, 1745～1818），フリードリヒ・エーバーハルト・フォン・ロホー（Friedrich Eberhard von Rochow, 1734～1805）らが有名である。バゼドウは教会主導の学校を批判するとともに，良質な教科書と有能な教師によって国家主導の学校教育が展開されるよう提言した。バゼドウがデッサウに創設した汎愛学舎は，カントやゲーテらの期待を受けながらも成功しなかった。だが，ここでの教師経験に基づくカンペ，ザルツマンによる汎愛学舎の設立や，ハレ大学の教育学正教授となったトラップによる教師教育の実施など広範な影響を与えた。

▷39　ヨハン・ゴットリープ・フィヒテ（Johann Gottlieb Fichte, 1762～1814）
貧しい職人の長男として生まれたが，貴族の援助を得て学問を志し，イエナ大学で神学を，ライプチヒ大学で哲学や法律を学んだ。1794年にイエナ大学に着任して知識学の構築に取り組みはじめたが，無神論争により5年後にはベルリンに移る。1788年に『リーンハルトとゲルトルート』を読んで感動したのを機にペスタロッチ思想に共鳴し，1807～08年の連続講演「ド

55

イツ国民に告ぐ」では国民教育の必要性を訴えた。また，ベルリン大学の開設（1810年）にもかかわり，1811年には初代総長に選ばれた。

▷40　ヴィルヘルム・フォン・フンボルト（Wilhelm von Humboldt, 1767〜1835）
フランクフルト大学で法律学，ゲッティンゲン大学で哲学や歴史学などを学んだ。ゲーテ（J. W. Goethe）やシラー（F. Schiller）とも親交を深めた。1809年にプロイセン内務省宗務・公教育局長に就任し，14か月の在任中に新人文主義的学校観に基づく教育制度を構想するとともに，ベルリン大学の創設に尽力した。1819年に政界を引退してからは言語学研究に専念した。

▷41　ヨハン・ヴィルヘルム・ジュフェルン（Johann Wilhelm Süvern, 1775〜1829）
フンボルトの後に宗務・高教育局長となり，7〜14歳を義務教育期間とすること，学校にかかわる経費は公費負担とすること，学校では「人間教育」を行うことなどを柱とする法案をまとめた。

▷42　ヨハン・ハインリヒ・ペスタロッチ（Johann Heinrich Pestalozzi, 1746〜1827）
ルソーの影響を受けて，社会変革と貧民救済のために尽力した。

▷43　子ども自身の内に備わる自然の性質を芽生えさせるための援助として教育を意味づけたところは，ルソーの影響が見てとれる。なお，ルソーは『エミール』（1762年）において人間の知的発達の「自然の歩み」を(1)感覚の段階，(2)感覚的理性の段階，(3)知的理性の段階に大別している。

ン学校制度に関する法案」（1819年）に結実する。この法案では単線型の学校教育制度により，身分の区別なくすべての子どもを対象とする教育を行うことが目指された。こうしたプロイセン教育改革の推進力となったのが，ペスタロッチの提唱した「メトーデ」であった。[42]

　しかしながら1820年代の初等教育政策は保守化したため，ジュフェルン法案は不成立に終わり，ペスタロッチ主義は否定され，代わりにヘルバルト主義が勢力を増した。教育の世俗化をはじめとする近代的な学校教育制度が実現するのは，19世紀後半を待つこととなる。

2　「自然の歩み」に即した教授法——ペスタロッチの「メトーデ」

　スイス史上初の中央主権国家として1798年に成立したヘルヴェチア共和国は国民教育制度の創設に取り組んだ。ヘルヴェチア政府が直面した具体的な課題の一つが，初等教育の内容を刷新し，それを具現化する教科書を作成することだった。当時，農民の生活を描いた小説『リーンハルトとゲルトルート』（1781〜87年）の著者として知られていたペスタロッチは，志願してこの課題を請け負った。『リーンハルトとゲルトルート』では「上から」の政治改革を描いたペスタロッチであったが，フランス革命を経て考え方を転換させ，個人の自己形成に注目しはじめていた。自己形成を促す教育の具体的な方法の探究がペスタロッチの新たな課題となっており，ヘルヴェチア政府の問題意識と合致するところがあったのである。

　ヘルヴェチア政府の援助を受けたペスタロッチは，シュタンツの孤児院や彼自身が創設した学園において教師として子どもたちとかかわり，実際の子どもたちの様子を観察しながら，彼自身の教育方法「メトーデ」を模索した。それはまず『ゲルトルートはいかにその子を教えるか』（1801年）として公表された。ただし，この著作に示されたものは「メトーデ」の構想の一部にすぎず，教科書の刊行にまでは至らなかったうえ，1803年にヘルヴェチア政府が崩壊した。だが，ペスタロッチは自身の課題意識に従い，晩年に至るまで「メトーデ」の構想を練り続けた。

　ペスタロッチにとって人間とは，自己反省・自己克服しながら自己形成していく存在であった。そうした人間性は芽のように存在するだけであり，[43]頭・心・手の全面的で調和的な発達を促す知的教育・道徳教育・技術（労作）教育を通して実現されていく。その際，ペスタロッチは，紆余曲折が予測される「自然の歩み」に子どもの発達を委ねるのではなく，「自然の歩み」に即しつつ「最短の道」を示す「メトーデ」を適用した教育活動を展開しようとする。「メトーデ」とは，単純なものから複雑なものへ，直観的なものから抽象的なものへと，教育内容を段階的に組織化していく方法である。理性的な思考と自律的

な判断の基礎を養う教育という人為的な営みにより，個人の自己形成の促進を図ったのである。

ペスタロッチは事物の名称を覚えさせるような教育ではなく，事物を認識する能力を育てることを重視した。事物を認識する基盤には「直観」があり，その基本要素を数・形・語とした（ペスタロッチはこれを「直観のABC」と名づけた）。ペスタロッチが『ゲルトルートはいかにその子を教えるか』において主として論じたのは知的教育のプロセスであるが，教育は生後すぐにはじまるため，最初の教育者は母親とされる。母子間の心情的な関係が子どもの直観を育む基盤とされ，ペスタロッチが母子関係を教育の基点として重視したことを示している。母親によって合科的に教えられる数・形・語は，学校教育において教育内容として分化される。例えば語については，文法学習を通して言語によって物事を認識し表現する力を身につけるとともに，言語によって表された世界についての概念（地理，歴史，博物学など）を学んでいく。「曖昧な直観」から得られる印象を概念化し，「明晰な概念」へと構成していくプロセスを辿ることで，子どもは真理に導かれる。

このような「メトーデ」の構想は，シュタンツの孤児院での実践が半年で終結したものの，その評判を聞いて集まった弟子たちと1800年に創設したブルクドルフの学園（その後，ミュンヘン・ブッフセー，イヴェルドンに移転し，1825年に閉鎖された）で検証され，修正された。「メトーデ」という名称自体も「基礎陶冶」「基礎陶冶の精神」へと変更され，宗教教育や道徳教育が次第に強調されていく。ヨーロッパ各地から学園を訪れる人々のさまざまな関心や，学園内での教師たちの対立にさらされながら，ペスタロッチは自らの教育思想を変容させていった。

③ 「メトーデ」の影響力

① プロイセン教育改革の推進力として

ペスタロッチの思想と実践は今日に至るまで世界各地で参照されている。[44] プロイセンの教育政策に影響を与えたほか，フレーベル（Friedrich Wilhelm August Fröbel, 1782~1852），ヘルバルト（Johann Friedrich Herbart, 1776~1841），ナトルプ（Paul Gerhard Natorp, 1854~1924），ケルシェンシュタイナー（Georg Kerschensteiner, 1854~1932），シュプランガー（Eduard Spranger, 1882~1963）などドイツを代表する教育（学）者に受け継がれた。

18世紀末には『リーンハルトとゲルトルート』の著者として知られたペスタロッチであったが，ヘルヴェチア政府の下でのペスタロッチの教育実践が国内外で報告されて，実際にペスタロッチの学園を訪れる教師や行政官が増加したため，プロイセンでも「メトーデ」が注目されるようになった。「メトーデ」

▷44 例えば，アメリカのオスウィーゴ運動や，明治期の日本の師範学校教育にもペスタロッチ主義は伝播した。

に対する評価はさまざまであり，「メトーデ」が身分や階層にかかわりなくすべての子どもに適用されうると賞賛するものもあれば，逆に，身分制社会の秩序を揺るがすとして否定するものもあった。また，「メトーデ」の部分的な導入を提案したり，コメニウス以来の教育論の文脈にペスタロッチを位置づけたりするなど，19世紀初頭のプロイセンにおいて，ペスタロッチと「メトーデ」はそれぞれの立場や関心から解釈された。例えば南プロイセン州では，地域の現状とニーズに応じて「メトーデ」を修正して民衆学校に導入するとともに，ゼミナールで「メトーデ」を教える体制が整えられた。

　対ナポレオン戦争に敗北した後のプロイセンでは，近代的な市民の育成を目指した国家主導の教育改革が進められた。すでに18世紀に制度化されていた学校教育制度を基盤として，それを統制する国家の役割と権限が増大された。1808年に設置されたプロイセン宗務・学事・救貧制度庁（数か月後に内務省宗務・公教育局に再編される）は，ペスタロッチの「メトーデ」を導入することとした。このとき「メトーデ」は，人間の「自然の歩み」に即した基礎教授法である，と解釈された。

　より多くの現職教師により早く「メトーデ」を普及させるための教育施設が整備され，講習会が開催された。また，1809年以降，ペスタロッチのもとに20人以上の教師が公費で派遣された。彼らには，数年間にわたるイヴェルドン滞在のうちに，方法論としての「メトーデ」以上にペスタロッチの教育観や教師としての使命感を学び，帰国後はゼミナールで教員養成にあたることが期待された。イヴェルドンへの教師の派遣は1813年のプロイセン解放戦争によって中断され，数年後に再開された。なお，再開後にはイヴェルドン以外の教育施設の見学も組み入れられるなど，プログラムの変更がうかがえる。

　初等教育の整備と充実を目指したプロイセン教育改革において，ペスタロッチの「メトーデ」は当初，民衆学校での指導法として着目された。しかし，「メトーデ」習得のための教師の派遣などを通じて，次第に，方法論としての「メトーデ」ではなく，「メトーデ」を支える原理，すなわち「全面的で調和的な発達」や「人間教育」といった理念が重視されていく。それは，ペスタロッチの「メトーデ」に対する理解が浅薄だっただけではないし，ペスタロッチ自身が同時代的に「メトーデ」を修正したからでもない。むしろ，指導法の探究の必要性を感じた教師が，自らの思想的な拠り所あるいは先駆者としてペスタロッチを理想化したからであろう。

② 教育（学）理論構築の契機として

　ペスタロッチの影響は，教育（学）者にも及んだ。ここではフレーベルとヘルバルトを取り上げて，ペスタロッチの思想がそれぞれの教育（学）理論形成に際して重要な役割を果たしたことを示していこう。

フレーベルは1805年にフランクフルト・アム・マインでペスタロッチ主義に基づく模範学校に就職し，1806年にはペスタロッチを訪ねてイヴェルドンに2週間滞在した。その後，ホルツハウゼン家の家庭教師となり，3人の子どもたちとともに1808年からの2年間をイヴェルドンのペスタロッチの学園で過ごした。この間にフレーベルはペスタロッチの教育法を採用するよう，故郷のルードルシュタット公妃に建議している。

2回のイヴェルドン滞在を通じてフレーベルは，「自然の歩み」に即してカリキュラムを構成しようとするペスタロッチの「メトーデ」の構想に共感した。その一方で，イヴェルドンで体験した実際の教育活動はあまりにも機械的であると批判した。この背景には，フレーベルが乳幼児期の教育に関心を抱いていたことや，フレーベルの人間観や世界観があるとされる。後にフレーベルは自身の学園での実践を踏まえて『人間の教育』（1826年）を著し，その主張を展開した。

フレーベルがイヴェルドンを訪れたのは，ペスタロッチの学園の評判が最も高い時期であったし，フレーベル自身は教育活動にかかわるようになってまだ日が浅かった。だが，個人の自己形成を促すというペスタロッチの教育観の特質を正確に見抜き，自らの教育思想に取り入れていった。これは，人間が自己形成すること，そして教育は自己形成を援助することという近代的な教育観が，ペスタロッチからフレーベルに受け継がれたことを意味する。

一方，フレーベルよりも早く，ヘルバルトがフィヒテを介してペスタロッチに初めて出会ったのは1797年，ヘルバルトがスイスで家庭教師をしていた時期だったが，そのときはまだペスタロッチの教育実践に興味を示さなかった。当時のヘルバルトの関心事は，フィヒテ哲学をいかに克服するかであった。3年間の家庭教師体験を終えて1799年にドイツに戻る挨拶をするためにブルクドルフを訪れたのを機に，ヘルバルトはペスタロッチ研究をはじめる。それは，ヘルバルトが自らの研究課題を人間の成長発達とそれに働きかける教育に定めたときでもあった。

「曖昧な直観」が「明晰な概念」になっていくとするペスタロッチの考えから，ヘルバルトは直観の陶冶可能性を導き出す。そして，ペスタロッチの教育思想を論理的に体系化することで，ドイツでも正確に理解され，有効に活用されるようにすることを自身の役割と捉えた。雑誌論文「ペスタロッチの最近の著作『ゲルトルートはいかにしてその子を教えるか』について」（1802年）や『ペスタロッチの直観のABCの理念』（1802年），ブレーメン美術館における講演「ペスタロッチ教授方法の評価の立場について」（1804年）などにより，ペスタロッチの教育思想と「メトーデ」を紹介したのである。

ヘルバルトの解釈によれば，ペスタロッチは社会に対する強い責任感から，

▷45　フリードリヒ・ヴィルヘルム・アウグスト・フレーベル（Friedrich Wilhelm August Fröbel, 1782〜1852）
幼稚園の創始者として知られる。幼児期の遊びの原理に基づいて「恩物」を作成し，その指導法とともに普及させようとした。

▷46　ヨハン・フリードリヒ・ヘルバルト（Johann Friedrich Herbart, 1776〜1841）
イエナ大学でフィヒテに師事して哲学研究を進めたが，次第に教育への関心を強め，学問としての「教育学」研究に取り組むようになり，主著『一般教育学』（1806年）をまとめた。晩年に著した『教育学講義綱要』（1835年）の冒頭には「教育学の基礎概念は生徒の陶冶可能性である」と記されている。また，ケーニヒスベルク大学在職中には知人の私宅にギムナジウム生徒を10名ほど集めて寄宿舎学校とし，そこで学生に教育実習を課した。
ヘルバルトが提示した教授過程は弟子トゥイスコン・ツィラー（Tuiskon Ziller, 1817〜82）やヴィルヘルム・ライン（Wilhelm Rein, 1847〜1929）によって「段階教授法」へと精緻化され，19世紀後半には世界各国で採用された。

経済的に恵まれない子どもたちのための教育だけを考えていた。これに対して
ヘルバルトは，階級に関係なくすべての子どもを想定した教育を論じようとし
た。そして，ペスタロッチの教育論には見られない「美的経験」概念を導入し
て，『ペスタロッチの直観のABCの理念』第二版の付録論文「教育の主要任
務としての世界の美的表現について」(1804年) を著した。その後ヘルバルト
は，学問としての教育学の構造を明らかにし，教育活動の意義と限界について
の考察を深めていった。

　このようにヘルバルトは，ペスタロッチ研究を契機に教育（学）への関心を
高めた。そして，ペスタロッチの教育思想の理論化・体系化を図るだけでな
く，むしろペスタロッチから離れることで，ヘルバルトは自らの教育学理論を
構築したといえる。けれども，ヘルバルトが教育学の基礎概念として提示した
子どもの陶冶可能性は，ペスタロッチの実践から見出されたものであり，ヘル
バルト以降の教育（学）的思考の基盤に位置づけられたのである。

5　イギリス産業革命と教育

1　児童労働と教育

　産業革命[47]は，経済的にも先進国であったイギリスで最初に起こった。産業革
命を準備したのは，商工業の発達による資本の蓄積や重商主義政策による広大
な海外市場の確保，石炭や鉄などの豊かな資源と17世紀以来の自然科学と技術
の進歩によるエネルギー革命に加えて，農地の第二次囲い込みと農業経営の変
化による農業革命[48]であった。農業革命は，土地を失い農村を離れる農民を生み
出した。

　産業革命は，18世紀後半に綿工業の分野ではじまった。紡績機と力織機の発
明，蒸気機関の改良，こうした発明は，大規模な機械制工場を出現させた。土
地を失った農民は都市の工場で働く工業労働者にもなった。もちろん，工場で
雇用されたのは大人だけではなかった。体が小さく身軽な子どもは，機械の周
辺を清掃する清掃工として働いたり，切れた糸をつなぐ繋糸工として雇用され
たりした。

　繊維工場での労働は，そこで働く子どもたちの生活を変化させた。工場で働
く子どもたちは，大人と同様に機械の操業に合わせて働くことを求められた。
労働時間は管理され，一日12〜14時間に及んだ。彼らに学校で学ぶ時間は，
まったくなかった。また，危険で劣悪な労働環境のなかで働く子どもたちも一
定程度いた。機械による怪我等で体の一部が変形してしまったり，繊維の粉塵
による健康被害が出たりした。さらに，工場には多数の労働者が収容されるた

▷47　産業革命
18世紀後半，綿工業と鉄工
業の分野で技術革新が進ん
だ。それにともなって，機
械を製造する機械工業や蒸
気機関で使われる石炭を生
産する石炭業が発展した。
さらに原料や製品をはやく
安く輸送するために交通機
関も改良された。以上のよ
うな産業構造の変容を産業
革命と呼ぶ。この産業革命
の結果，イギリスは「世界
の工場」となった。

▷48　農業革命
18世紀，地主が中小農民の
土地や共同地をあわせて大
規模な農地をつくる囲い込
みが行われた。地主は農業
資本家に土地を貸し出し，
経営させた。土地を失った
農民を賃金労働者として雇
用する資本主義経営となっ
た。また，農業技術の改良
も行われた。農作物を生産
し市場に出す農業が発達
し，産業革命によって増加
した都市人口を支えた。

め，不衛生になりやすく，換気がじゅうぶんでないために伝染病が発生し罹患することもあった。

　1780年代になると，工場での伝染病の発生を背景として工場で働く子どもたちの健康状態や労働環境に関心が向けられるようになった。こうしたなか，1802年に工場法が制定された。同法には，一日12時間を超える労働や夜業を制限する労働時間に関する規定，換気用の窓の設置などの労働環境並びに男女別の寝室や衣類の提供など生活環境を保全する規定に加えて，教育の実施を求める規定も盛り込まれた。その内容は，雇用する子どもに少なくとも労働をはじめてから4年間は労働時間内に読み方，書き方，計算の教育を授けること，日曜日に宗教教育を施すことを雇用主に義務づけるものであった。

　1802年工場法の対象となったのは，綿工業と毛織物工業の工場で働く教区徒弟のみであった。教区徒弟は，救貧法の適用を受けて親元から離れ徒弟として工場に送り出された子どもたちであった。彼らは，工場の厳しい労働環境のなかで不健康であっただけでなく，教育が欠如しており，早くに保護者から離れ十分な世話を受けてこなかったために好ましくない習慣に染まっている子どもたちとみなされた。教区徒弟の健康と道徳を守るためには，国家の規制が必要だと考えられたのである。1802年工場法は，教育を強制する教育条項を含むものであり，教育への国家関与のはじまりと位置づけられる。ただし，1802年工場法の実効力は，工場主からの強い反対を受けて弱かった。とくに，マンチェスタやリーズの綿工業の工場主たちは，徒弟への教育は望ましいとしながらも労働時間内に教育を提供することに利潤の点から強く反発した。1802年工場法の影響は限定的であった。

　実効性をもった最初の工場法は，1833年工場法である。同法は，9歳未満の子どもの雇用を禁止し，13歳未満の子どもの労働時間を一日9時間もしくは週48時間に制限した。さらに，13歳未満の子どもを雇用する場合，彼らを一日2時間学校に出席させその証明書を提出するよう雇用主に義務づけた。同法の適切な執行のための工場監督官の任命と，教育条項の実施のための工場監督官の権限も規定された。また，法律の適用対象範囲も拡大され，絹工業を除くすべての繊維工業の工場で働く子どもが対象となった。

　とはいえ，1833年工場法の制定によってその対象となった子どもたちがすぐに教育を受けられるようになったわけではない。利用できる学校が不足または欠如している事例が多かった。新たな学校を確保することや学校を維持することは工場や保護者の負担となった。適切な教員の不足と教育の質の低さも課題であった。工場監督官は不適切な教員への給料の支払いを認めない権限を有していたが，教員養成が不十分な段階でその権限を行使するには限界があった。子どもたちの就学という点からみると，労働時間との関係から，彼らが週日学

▷49　工場法
1802年の「徒弟の健康と道徳に関する法律（The Health and Morals of Apprentices Act）」が最初の工場法といわれる。それ以降，複数の工場法が制定された。1819年の「木綿工場法（The cotton mills Act）」で9歳以下の児童労働を禁止し，16歳以下の子どもの労働時間を12時間に制限した。1825年法では，16歳未満の児童を夜間に就労させることを禁止した。

▷50　教区徒弟
イギリスでは，教区ごとに徴収された救貧税を財源に，貧民の生活支援がなされたり，就労させたりした。教区は，貧民の子弟を技術習得のために徒弟に出すことができた。教区徒弟は，こうした救貧行政の下にいる子どもであり，教区によって工場に送り出された。工場には，教区徒弟以外に，家庭外で雇用されて働く「自由な子ども」もいた。

▷51　救貧法
貧民を救済するための法律（Poor Law）。1834年に救貧法が改正され，救貧院（ワークハウス）以外での救済を制限し，労働に従事できる貧民に労働を強制した。

校に通うことは困難であった。こうした状況のなかで1833年工場法によってはじまったのは，工場での労働と学校への出席を半日ずつ行うハーフタイム制の導入であった。ハーフタイム制は，繊維工業においては，第一次世界大戦の開戦時期まで用いられつづけた。

　これまで，産業革命によってもたらされた繊維工業における子どもの労働とその規制を対象とした工場法についてみてきた。注意をしなければならないことは，対象となった子どもは児童労働全体からみると一部を占めるにすぎないということである。例えば，1851年のセンサスで明らかになった子どもの労働についてみると，10歳未満の子どもの98％は定期的な賃労働には従事していなかった。伝統的な生活の下にいる子どもたちもたくさんいたのである。

▷52　センサス
全国人口調査のこと。1801年からはじまった。

　2　産業革命期の民衆教育

　産業革命期に発展した民衆の教育機関に日曜学校がある。日曜学校は，1780年にグロスタにおいて，地方新聞の発行人であり福音主義者のレイクス（Robert Raikes, 1735～1811）によってはじめられた。レイクスは，労働から解放される日曜日に，民衆の子どもたちの悪行を阻止する方策としてすでに地域で学校を開いていた夫人と契約をし，彼女の自宅に子どもたちを集め，無償で読み方と国教会の教義問答を教える宗教教育を行った。

　日曜学校は，全国規模で急速に発展した。1785年には日曜学校協会が設立され，全国の学校の情報収集，連絡や調整，学校の設立支援を行った。日曜学校で学んだ生徒数の増加を示す数値はいろいろあるが，18世紀末の時点で7万人に満たなかった生徒数が，1851年にはおよそ240万人に増加した。日曜学校では，日曜日にのみ授業が行われ，宗教教育と読み方の教育が，学校によっては書き方や計算までを含む基礎教育が無償で提供された。日曜学校の教育の中心は宗教教育であった。礼拝に参加することが義務づけられており，宗教的な寓話が挿入されたテキストが日曜学校用に発行され用いられた。また日曜学校では，「倹約」「正直」「勤勉」といった価値を伝える道徳的訓練も重視され，服装の清潔さや時間の厳守を子どもたちに求め，彼らに産業社会の規律ある習慣を植えつけることが目指された。

▷53　日曜学校協会（The society of Sunday schools）1785年，民衆の教育に関心をもっていたウィリアム・フォックス（William Fox）によってロンドンに設立された。全国日曜学校普及協会（The society for the establishment and support of Sunday schools thoughout the Kingdom of Great Britain）ともいう。非宗派が特徴であった。

　日曜学校が伸展した背景には，工業化によって大規模な機械制の工場に子どもが雇用されるようになったこと，人口の増大とその都市への集中により民衆たちはいっそう厳しい生活を強いられ，悪徳に染まる子どもたちも生み出したことがあげられる。日曜学校は，そうした子どもたちを対象とした週日の労働を妨げることなく教育を行う場であったと解釈される。ただし，日曜学校に工場で働く子どもたちだけが通っていたわけではない。週日の学校に通う子もいるし，労働をしていない子もいたことがわかっている。

日曜学校は，工業化や都市化によって都市を中心に堕落した民衆と急進主義[54]に対する統治や教化の手段と捉えられている。一方で，日曜学校は，民衆に読み方を中心とした識字能力を提供した点，慈善学校とは異なり健全な国民の育成を掲げ民衆全体に教育を拡大することが目指された点において，その後の国民教育制度へとつながっていくものでもあった。

本節で取り上げるもう一つの民衆の教育機関は，デイム・スクールである。おばさん学校，おかみさん学校ともいわれる下層民衆のプライベート・スクールである。たいていは高齢の未婚女性や寡婦（夫）が近隣の子どもたちに少額の授業料で読み書き計算を教える小さな学校であった。

1830〜40年代に行われた統計協会の調査では，次のような学校をデイム・スクールと定義している。(1)教育内容が読み書き計算のうち読み方を中心に教える学校である。(2)生徒は，肉体労働者や職工の子弟であり一部小商店主の子弟が含まれる。(3)5歳以下の生徒の占める割合が高い。(4)教師の大半が女性であり，他の職業との兼業が多い。(5)授業料は一週当たり2ペンスから8ペンス程度である。(6)生徒の在学期間は一般的に短い。(7)教室には聖書以外の書籍が少ない。

デイム・スクールの姿は，多様であった。例えば教師については，善良で道徳的性格の持ち主であり，落ち着いたきちんとした生活態度を保っており，清潔で立ち居振る舞いも立派である女教師もいれば，老いており，教職を単なる生活の糧と考え，自らを支える何の手段ももたなかったために教師にならざるを得なかった教師もいた。裁縫や店舗の経営などの主たる職をもち，デイム・スクールを副業とみている者もいた。また，子どもたちに読み書き計算を教えるだけの教養をもった教師もいれば，きちんと文字を綴ることのできない者やまったく計算のできない者もいた。

教育は，教師の居住する家屋で行われたが，一般家屋の清潔で照明もいき届いた居間である場合もあったし，屋根裏部屋や寝室，あるいは天井が低く，狭く，換気が悪い地下室などで行われる場合もあった（松塚，2001）。

デイム・スクールでは，教育の内容や水準も多様であった。一般に宗教，読み方，書き方，計算，裁縫等が教えられた。一部の学校では，書き方や計算が教えられ，生徒が優れた読み書き計算能力をもっている場合もあった。他方，読み方はおろか裁縫と編み物に大部分の時間が費やされる学校もあった。後者の場合，生徒たちがつくった作品は教師の収入の足しになった。

松塚は，「働く者たちの生活条件に柔軟に対応したデイム・スクールは彼らの生活文化，行動様式そのものであった」と指摘している（同前，2001，55ページ）。保護者たちは，貧しくとも自身の子どもたちの教育に決して無関心ではなく，自尊心や独立心をもってデイム・スクールを選びとった。次に述べるモ

▷54　急進主義
ラディカリズム。伝統的な選挙制度に基づく地主貴族の寡頭政治を根本的に改革するために，下院や選挙区の改革を求めた。1770年前後に出現した。

▷55　統計協会
1830年代は統計の時代ともいわれる。社会調査を行い，その結果を理解可能な情報や統計に置き換え，事実を確定し，社会問題が何に起因するのかを明らかにしようとする動きが生まれていた。そうしたなか，1833年にマンチェスタ統計協会が，34年にロンドン統計協会が設立され，各地に統計協会が設けられた。後述のケイ＝シャトルワースはマンチェスタ統計協会の経理を務めている。こうした統計協会により教育調査が行われた。

ニトリアル・システムを採用し身体の規律化や清潔な服装や手洗いの励行など の道徳的訓練を重視した学校には反発をした。読み書き計算の習得に積極的で あり，それが十分に教えられさえすればよいという実利的な教育要求をもって いた。そのためデイム・スクールの教師は，彼らの要求を満たす者であればよ く，子どもや保護者の生活に応じて柔軟な対応をとる自らの共同体の一員で あった。

デイム・スクールは，次章で取り扱う国家による教育への関与がはじまって からも存続しており，民衆の教育を担っていた。1850年以降，デイム・スクー ルは劣悪な環境で無能な教師によって営まれている教育的価値のない学校とい う批判を受ける。「良好な学校」とされる公教育学校の普及を目指した1870年 基礎教育法の制定後もなお，デイム・スクールは存続した。衰退していくの は，1880年代半ば以降からである。それは，国家による教育への関与によっ て，公教育学校で学んだ経験をもつ者たちが多くなり，就学期間が長期化し， 給食の導入や進路選択など学校の機能が拡大していくなかで生じた変化であっ た。

▷56 助教法学校
モニトリアル・スクールと もいう。助教はモニターと もいう。助教は，授業のみ ならず秩序維持や出席確認 などを含めた教師を補佐す る役割を担った。

▷57 アンドリュー・ベル
（Andrew Bell, 1753 ～ 1838）
スコットランドの聖公会の 牧師であり，教育者。牧師 としてインドのマドラスに 派遣されていた時に孤児院 において教育に携わり，助 教法を実践した。そこでの 取り組みを帰国後の1797年 に『教育の実験』として出 版した。彼の実践は，マド ラス・システムと呼ばれ た。

▷58 ジョセフ・ランカス タ（Joseph Lancaster, 1778～1837）
ロンドンの南部バラ・ロー ドにおいて貧しい子どもた ちのための学校を開設し， 助教法を実践した。また， 自らの教授法を広めようと 尽力した。彼の実践は，ブ リティッシュ・システム， ランカスタ・システムと呼 ばれた。

3 産業革命期の教授原理──モニトリアル・システム

産業革命期に発展した民衆の教育機関の一つに，助教法学校がある。助教法 学校は，モニトリアル・システムを採用している学校のことをいう。モニトリ アル・システムとは，年長の生徒を助教生として用い，助教生が教師に指示さ れた内容を他の生徒に直接教える，生徒同士の相互教育による教授法である。

モニトリアル・システムは，産業革命期に，国教徒のベルとクウェイカーの ランカスタによって，偶然にもほぼ同時期に発案され，実践された。その特徴 は，複数の生徒を助教生に採用することで一人の教師が数百人の生徒を一度に 教育することができるとされる点にあった。教育内容は，助教生が教えるた め，読み，書き，計算に限定され，難易度によってそれぞれ数段階に等級分け されており，カリキュラム化されていた。生徒は，能力別に10から20人ずつク ラス分けされた。各クラスに助教生が配置された。

教師は一人であるため，たいていの場合数百名の生徒全員が一つの大きな教 場で学んだ。教場には，前方に教壇と教師の机が置かれた教師の空間，読みを 練習する半円が描かれた壁沿いの空間，書き方の練習をする中央もしくは内壁 に沿うように配置された固定式の机がある空間，移動のために待つ空間の3つ からなった。このように教場の空間は，明確に区分され，その機能も決められ ていた。こうした機能的空間は，一人の教師が助教生を用いて，読み・書き・ 計算を，しかもそれぞれに難易度で数段階に分けられた異なる内容を，生徒に 一斉に指導するためには不可欠であった。

読み方の学習は，壁に掛けられた読み方の教材であるレッスンブックを利用して行われた。助教生が指し示す部分を半円の外に並ぶ生徒が順に音読していく形態をとった。助教生は，一人ひとりの生徒に音読する箇所を指示し，正しく音読できたかを点検した。正解の場合，次の問題に移ったが，不正解の場合は次の生徒を指名し，正解が出るまで問い続けた。書き方の学習は，固定式の机に着席して行われ，助教生が指示する文字や内容をスレート盤や石板，紙等に書き，一斉に見せる形態をとった。助教生は，生徒が指示した内容を正確に書けているのか一人ひとりの結果を点検した。

教育内容は，読み，書き，計算のそれぞれで数段階の水準（スタンダード）に分けられた。教育内容の水準ごとに分けられた生徒の集まりをクラスといった。生徒は，読み，書き，計算それぞれでクラスに分けられた。また，上位のクラスに進むには，一定の判定を通過しなければならない等級制が採用されていた。生徒は，試験等によって規定の学習内容を十分に習得したと判定された場合に，次の一つ難易度の高い内容を学ぶ上位のクラスに進級した。

助教生は，各クラスに一名配置された。そうした助教生をクラス・モニターといった。ランカスタが著したモニトリアル・システムのマニュアルには，その他にも教場を統括する助教生であるジェネラル・モニターの役割が示されている。ジェネラル・モニターは，秩序維持のジェネラル・モニター，読み方のジェネラル・モニター，計算のジェネラル・モニターに分けられ，それぞれに異なる役割が与えられた。モニトリアル・システムは，生徒だけでなく，助教生もその役割ごとに細分化した分業制を採用していた。

こうしたモニトリアル・システムは，大量生産の産業革命時代に合った教育方法とみなされ急速に普及をした。そのため，助教生の確保が課題となり，その養成が進められることとなる。ランカスタは，1805年にバラ・ロード校において助教生を教育する目的で教員養成カレッジを創設した。同校は，初期の教員養成機関に位置づけられる。

モニトリアル・システムの場合，一つの教場で数百名の生徒を同時に学習させるためには，教場の秩序を守る必要があった。生徒の行動は，競争と賞罰制度，時には体罰を用いて管理された。例えば，優秀者には褒賞が与えられた。ランカスタは，読みのクラスで最も優秀と認定された生徒の肩に徽章をかけ，その生徒を最初に指名し答えさせるといった特別な扱いをするよう記している。ただし，不正解の場合は正解した次の生徒に徽章を渡すこととされており，生徒同士の競争を促す仕組みとなっていた。また，優れた学業成績を収めた場合には褒賞として教材等の購入に利用できるチケットや絵付きカードを与えたり，逆に違反行為を行った生徒には罰金としてチケットを請求する学校もあった。暗記できない場合に平手打ち，教師に反抗した場合に地下の懲罰室行

▷59　バラ・ロード校
ランカスタが創設した助教法学校。1805年から教員養成カレッジも併設された。後述の内外学校協会の本部もあった。

▷60 内外学校協会（British and Foreign Social Society）
1808年にランカスタのモニトリアル・システムに賛同したウィリアム・アレンや，改革派ホイッグのサミュエル・ウイットブレドらの支援者によって，貧民の子どもたちの教育を促進する王立ランカスタ協会（Royal Lancasterian Institute for Promoting the Education of the Children of Poor）が設立された。その後，ランカスタがこの活動から退き，1814年に内外学校協会と改称した。特定の宗派によらない，非国教会系の団体である。内外学校協会によって設立された学校は，ブリティッシュ・スクールと呼ばれた。

▷61 国民協会（National Society for the Education of the Poor in the Principles of the Established Church）
正式名称は，国教会の教義に基づく貧民の教育を推進するための国民協会である。1811年に国教会高教会派のジョシュア・ワトソンを中心に設立された。会長は，カンタベリー大主教であった。国民協会は，多くの学校の設立，運営を支援した。国民協会によって設立された学校は，ナショナル・スクールと呼ばれた。

▷62 サミュエル・ウィルダスピン（Samuel Wilderspin, 1791〜1866）
ロバート・オウエンによる幼児学校での実践に影響を受けた。1820年にロンドンで幼児学校の経営を任され，そこで事物教育，遊戯活動，音楽などを取り入れた幼児教育を実践した。こうした教育を実践するためには，モニトリアル・システムとは異なる教場が必要

きなどの体罰が与えられることもあった。

モニトリアル・システムを採用した学校の普及は，2つの任意の団体によって担われた。一つは，1808年にランカスタの支援者たちを中心に，バラ・ロード校の運営とモニトリアル・システムの普及活動によって生じた彼の財政的危機を救うために創設された，国王の支持を得た「貧民の子どもたちの教育を促進する王立ランカスタ協会」である。同協会はその後，海外への活動の展開を意図して，1814年に内外学校協会[60]と名称を変更した。内外学校協会は，非宗派を特徴とした。一方，こうした動きに対抗して，ベルを支援した国教会派は1811年に国民協会[61]を組織した。

これまでみてきたモニトリアル・システムは，一つの教場で一人の教師が数百名の生徒を同時に指導する形態であるため，当初，安価で効率的に教育を行う仕組みとして礼賛された。しかしながら，モニトリアル・システムは，助教生が生徒の暗記を点検するものであり生徒の理解を導くものではない点，賞罰，競争，体罰によって維持された秩序のなかでの学習意欲の維持が難しく低学力や退学の問題を生じさせたこと，そして一つの教場からくる騒音の問題等によって批判されることとなった。モニトリアル・システムの有効性は，1830年代までには疑問視されるようになった。バラ・ロード校においても，1840年代後半には教場の改造に着手し，モニトリアル・システムの限界を受け入れた。

その後，学校で採用された教授法は，ウィルダスピン[62]の考案した「ギャラリー」方式へと変化していった。ギャラリー方式とは，階段状の机や座席を配置したギャラリーに数十名の生徒が着席して学習し，教師がすべての生徒と対面し，掛図等を用いて生徒に直接教える教授形態であった。ギャラリー方式は，ウィルダスピンに影響を受けたストウ[63]によって普及していった。ストウは，ギャラリー方式による生徒間の相互作用を強調した。ギャラリー方式では，教師が生徒全員に一斉に注意を促すようにするため，指名された生徒のみが回答するが，それに耳を傾け黙っている生徒も知識を獲得することができるため，常に生徒全員が学習する状態にあると考えられた。これは，一斉教授の初期の形態であったということができる。

産業革命期に民衆の教育への関心が高まり，できるだけ多くの民衆の子どもを安価で効率的に教育するという観点から開発された教授原理がモニトリアル・システムであった。モニトリアル・システムからギャラリー方式を経て現代にもつづく，教育内容と時間と空間が一定に設定された学級を単位とした一斉教授法へとつづいていくのである。

Exercise

① ジョン・ロック『教育に関する考察』を読んで，どのような教育が構想されたのかについて，当時の社会背景をふまえてまとめてみよう。

② アカデミーとグラマー・スクールの教育内容や方法を比較し，科学が学ばれる意味を考えてみよう。

③ ルソーの「子どもの発見」の教育史的な意義，さらに今日的な意義について考えてみよう。

④ コンドルセの法案とルペルティエ法案を比較して両者の相違点と共通点をまとめ，今日的な意義を考えてみよう。

⑤ アメリカの公立（小）学校の構想をまとめ，今日の日本の公立学校制度と比較してみよう。

⑥ イギリスで国家が教育に関与し，教育制度が整備された理由とその社会的背景をまとめよう。

⑦ イギリスの見習い教師制度においてどのような教員養成が目指されたのかについて，当時の社会背景を踏まえてまとめよう。

📖次への一冊

岩下誠「第6講　ロック」今井康雄編『教育思想史』有斐閣，2009年。
　　ロックの教育思想を17世紀ヨーロッパの時代状況のなかで解釈している。教育の方法としての習慣形成に着目し，そのメカニズムと意味を検討している。

中野忠「慈善と実用——18世紀イギリスの庶民教育」浅野啓子・佐久間弘展編著『教育の社会史——ヨーロッパ中・近世』知泉書館，2006年。
　　「長い18世紀」における庶民の教育として慈善学校，デイム・スクール，日曜学校など多様な教育機会が取り上げられ，社会における意味が検討されている。

ロック，J., 北本正章訳『ジョン・ロック「子どもの教育」』原書房，2011年。
　　ロックの『教育に関する考察』の翻訳書である。西洋の教育思想の古典とされる一冊である。手に取って，読んでみよう。

三時眞貴子『イギリス都市文化と教育——ウォリントン・アカデミーの社会史』昭和堂，2012年。
　　非国教徒アカデミーのウォリントン・アカデミーが取り上げられ，科学的知識を含むその教育内容や理念，学生の分析とかれらがアカデミーで学ぶ意味などが考察されており，18世紀都市社会における教育の状況が描かれている。

ルソー，J.-J., 長尾十三二・原聡介・永治日出雄・桑原敏明訳『エミール』全3冊，明治図書出版，1967～69年。
　　『エミール』の翻訳は古典的な岩波文庫をはじめさまざまに試みられてきたが，本書は教育学・教育史の専門家による翻訳であり，内容から独自に目次構成を試みて

であった。

▷63　デイヴィッド・ストウ
(David Stow, 1793～1864)
グラスゴーの商人であったが，ウィルダスピンの影響を受け，グラスゴーの学校でギャラリー方式を年長の生徒に対して実践した。ギャラリー方式の普及に尽力した。1824年にグラスゴー教育協会を組織し，教員養成カレッジを創設した。

いることも，教育を学ぶうえで最適な翻訳といえる。

松島鈞編『現代に生きる教育思想3——フランス』ぎょうせい，1981年。

　　ルソーをはじめとしたフランスの教育思想家について，生涯・思想の概要・現代的
　　意義の三構成で読みやすく叙述されている。

梅根悟『ルソー「エミール」入門』明治図書出版，1971年。

　　ルソーの『エミール』全体を，主に教育史の観点から読みやすく解説している。著
　　者の教育史的な研究成果も盛り込まれており，教育史上のルソーの位置づけを知る
　　うえでも好著である。著者独自の観点，問題提起も盛り込まれている。

松島鈞『フランス革命期における公教育制度の成立過程』亜紀書房，1968年。

　　今や古典的となった，日本におけるフランス革命の教育史研究の名著である。学位
　　論文であるため内容・叙述もかなり難解であるが，フランス革命を教育史的に理解
　　するためには必須の文献である。

バッツ，R. F.・クレミン，L. A.，渡部晶・久保田正三・木下法也・池田稔訳『アメリカ
教育文化史』学芸図書，1977年。

　　バッツとクレミンが1953年に著した *A History of Education in American Culture*
　　の邦訳書である。植民地時代から1950年代までの教育の発展を文化的な背景から解
　　明しようとしている。

ペスタロッチ，J. H.，長尾十三二・福田弘訳『ゲルトルート児童教育法』明治図書出
版，1976年。

　　ペスタロッチの主要な教育論の翻訳。ゲルトルート夫妻とくに母親がその子をどの
　　ように教育するかを描いた小説であり，ペスタロッチの教育原理を知ることができ
　　る。

長尾十三二『ペスタロッチ「ゲルトルート」入門』明治図書出版，1972年。

　　原著『ゲルトルートはいかにその子を教えるか』の訳者が，わかりやすく解説した
　　好著である。

引用・参考文献

オルドリッチ，R.，松塚俊三・安原義仁監訳『イギリスの教育——歴史との対話』玉川
　大学出版部，2001年。

オルドリッチ，R. 編著，山内乾史・原清治監訳『教育の世紀』学文社，2011年。

浅野啓子・佐久間弘展編著『教育の社会史——ヨーロッパ中・近世』知泉書館，2006年。

バッツ，R. F.・クレミン，L. A.，渡部晶・久保田正三・木下法也・池田稔訳『アメリカ
　教育文化史』学芸図書，1977年。

藤井泰『イギリス中等教育制度史研究』風間書房，1955年。

市村尚久編集『現代に生きる教育思想——アメリカ』ぎょうせい，1981年。

今井康雄編『教育思想史』有斐閣，2009年。

ジェファソン，T.，中屋健一訳『ヴァジニア覚え書』岩波書店，1972年。

川崎源編著『西洋教育史』ミネルヴァ書房，1979年。

教育思想史学会編『教育思想事典』勁草書房，2000年。

教師養成研究会『近代教育史　新訂』学芸図書，1999年。

ローソン，J.・シルバー，H.，北斗・研究サークル訳『イギリス教育社会史』学文社，
　2007年。

ロック，J.，北本正章訳『ジョン・ロック「子どもの教育」』原書房，2011年。

眞壁宏幹編『西洋教育思想史』慶應義塾大学出版会，2016年。

松塚俊三『歴史のなかの教師——近代イギリスの国家と民衆文化』山川出版社，2001年。

南新秀一『アメリカ公教育の成立』ミネルヴァ書房，1999年。

三好信浩『イギリス公教育の歴史的構造』亜紀書房，1968年。

中野忠「慈善と実用——18世紀イギリスの庶民教育」浅野啓子・佐久間弘展編著『教育の社会史——ヨーロッパ中・近世』知泉書館，2006年。

大﨑功雄『プロイセン教育改革研究序説』多賀出版，1993年。

大田直子『イギリス教育行政制度成立史——パートナーシップ原理の誕生』東京大学出版会，1992年。

Pulliam, J. D. & Patten, J. V., *History of Education in America Sixth Edition*, Prentice-Hall, 1995.

レーブレ，A.，広岡義之・津田徹訳『教育学の歴史』青土社，2015年。

ルソー，J.-J.，今野一雄訳『エミール』岩波文庫，初版1962年。

三時眞貴子「教師の多様性と国家による整序化——一九世紀末イングランドの基礎学校教師」松塚俊三・安原義仁編『国家・共同体・教師の戦略——教師の比較社会史』昭和堂，2006年。

三時眞貴子『イギリス都市文化と教育——ウォリントン・アカデミーの社会史』昭和堂，2012年。

サイモン，B.，成田克矢訳『イギリス教育史Ⅰ——二つの国民と教育の構成』亜紀書房，1977年。

皇至道著『西洋教育通史』玉川大学出版部，1962年。

梅根悟『ルソー「エミール」入門』明治図書出版，1971年。

梅根悟監修『世界教育史大系17　アメリカ教育史Ⅰ』講談社，1975年。

梅根悟監修『世界教育史大系11　ドイツ教育史Ⅰ』講談社，1976年。

山田栄・富田竹三郎・工藤泰正共著『新西洋教育史』協同出版，1961年。

第5章
近代国家と国民教育の時代

〈この章のポイント〉

　本章では，19世紀欧米諸国における近代的な国民国家の成立にともなう国民教育制度の成立・発展について学ぶ。イギリスの1870年法やフランスの1880年代教育改革にみられるように，この時代には初等教育を中心とした義務教育制度が確立し，それに対応して専門的・職業的な教師を養成するための機関やシステムが成立していく。そのなかで実際の教育を実践する教師の要望に応え実践の改善を目指す教育思想が登場することも紹介・解説する。

1　イギリス──教育におけるボランタリズムの原則と国家関与

1　教育への国家関与

　イギリスにおける国家による教育への関与は，前章で述べたとおり，産業革命期に工場法の制定と改正によって進められた。それは，工場で働く子どもに限定されており，教育と労働のハーフタイム制を前提としていた。また，家父長的温情主義から生まれたものであり，国家が教育にかかる費用を負担するものではなかった。一方，労働していない民衆の子どもたちが通う週日学校の設置や運営には，国家は1820年代までまったく関与していなかった。前章でみた任意団体である国民協会と内外学校協会とが運営する週日学校が，民衆の教育を担っていた。

　週日学校への国家関与は，学校建築費への補助金の支出という形ではじまった。1833年に蔵相が下院に提出した学校建設資金への国庫補助に関する動議が可決され，財務法に記載されたのである。その特色は，国民協会と内外学校協会の2つの任意団体に補助金が交付された点，新校舎の建築費のみが対象であった点，校舎建築資金に対する募金活動を助けることを目的にしていた点，そのため校舎建築費見積額の半分以上の寄付金を補助金交付前に集めていることを求めた点にあった。任意団体による学校の設置と運営というボランタリズムの原則を維持することが強調された。

　教育への国家関与の次の段階は，教育の国庫補助金の管理を目的とする初の中央教育行政機構である枢密院教育委員会の設置にあった。1839年，枢密院内

▷1　家父長的温情主義
パターナリズム。家父長がその共同体の者に積極的に干渉したり，自主的に恩恵を与えたりすることを認める考え方。国家と国民の関係にもあてはめられる。

▷2　枢密院
国王の諮問機関。国王が権利を行使する際に諮問をする。

▷3 ジェイムズ・フィリップス・ケイ＝シャトルワース (James Phillips Kay-Shuttleworth, 1804～77)
「イギリス公教育の父」と称される。1824年にエディンバラ大学に入学し，医学を学ぶ。1827年にマンチェスタの診療所の医師となり，貧民の医療活動にも従事した。1832年に『マンチェスタの木綿工場に雇用される労働者階級の道徳的・身体的状態』を著した。1835年には救貧法委員会のアシスタントにも任ぜられている。1839年に枢密院教育委員会事務局長となり，10年間務めた。

▷4 バターシ・カレッジ
1840年にケイ＝シャトルワースが開設した教員養成カレッジ。先だってケイ＝シャトルワースは，1838年にノーウッドの救貧院にあった学校で見習い教師を採用し，彼らへの準備教育を提供した。それは「ノーウッドの教育実験」と呼ばれる。バターシ・カレッジで展開された教員養成は，基礎学校の教師の訓練に関するモデルの一つとなった。

に教育委員会が設けられ，その初代事務局長にケイ＝シャトルワース[3]が就任した。

ケイ＝シャトルワースは，教育を私事的なものと捉えていた。民衆においても，教育への第一義的権利と義務は，保護者にある。ただし，保護者がその責務を果たすことができない場合，次に任意団体によって担われている教会による慈善的教育活動に与るべきであるとの見解をもっていた。現状では，民衆は道徳的にも知的にも憂慮すべき状態にあり，民衆の教育を任意団体にのみゆだねることは限界にきているとの認識ももっていた。彼もまた，ボランタリズムの原則を維持しつつ，民衆の道徳的状態並びに知的状態の改善のために不足する部分において国家が教育に関与すべきという立場にあった。

ケイ＝シャトルワースは，事務局長に就任してまず教師の養成に取り組んだ。彼は，前章でみたモニトリアル・システムと助教生に批判的な態度をとっていた。というのも，助教法学校で学ぶ生徒は初歩的でかつ不十分な知識をただ暗記したにすぎず，理解せずにいやいや暗記した知識は学校を去るとすぐに忘れ去ると批判している。助教生についても彼は，機械的に暗記の可否を検査するだけでありまったく教授技術をもたなかった点や，宗教的・道徳的訓練を受けることがなかった点を課題と考えていた。ケイ＝シャトルワースは，キリスト教の信仰，謙遜，勤勉が教師のもつべき主要な資質と考え，教師の人格的特性を重視した。さらに，教授法に精通した教師を優れた教師とみなしていた。彼は，そうした資質をもつ教師を養成しようとしたのである。

1839年，枢密院教育委員会は教員養成カレッジ設置の計画を発表した。そこには，寄宿制の教員養成カレッジを設置すること，カレッジで教授技術を訓練すること，さらに宗教教育を提供することが盛り込まれた。ケイ＝シャトルワースは，宗派ごとに分かれた教員養成ではなく，国教徒の教師と非国教徒の教師とを等しく養成することを考えた。そのため，宗教教育の時間を一般と特別の2つに分け，後者を宗派ごとの宗教教育の時間とした。しかしながら，国教徒と非国教徒を同等に取り扱うこの計画は国教会派から激しい抵抗を受けることとなり，ケイ＝シャトルワースは計画を撤回せざるを得なかった。教員養成もまた，19世紀末に高等教育機関が教員養成をはじめるまで，2つの任意団体によって担われていくこととなった。

その後，ケイ＝シャトルワースはロンドン郊外のバターシに教員養成カレッジを開校した。バターシ・カレッジ[4]と呼ばれた同校で彼は，自ら目指した教員養成を実践した。そこでは，奉仕や謙譲の精神の育成，基礎学力の向上，教授技術の訓練が重視された。もう一つの特徴は，見習い教師を養成した点にあった。バターシ・カレッジでの実践は，その後の見習い教師制度につながっていった。

ケイ＝シャトルワースが教員養成の次に取り組んだのは，補助金支給の統制のための査察の実施であった。1839年から視学官による査察が建築費の補助を受ける条件となった。査察の導入も国教会からの抵抗を受けたが，1840年に勅任視学官の指名と役割について議論調整し，合意が得られ，実施されることとなった。これにより，視学官が学校を訪問し，補助金が効率的に使用されているかを確認するかたちでの学校評価制度が導入された。

これまでみてきたように，この時期のイギリスの教育の特色は，ボランタリズムの原則が維持されていた点にある。国民協会と内外学校協会とが学校を設置運営し，国家が補助金支給という形で財政補助を行った。国家は，補助金支給の対象を学校建築費から運営費，教員養成カレッジの設置と運営費，教師の俸給へと拡大することで教育の普及を目指した。さらに査察によって教育を統制しようとした。こうしたあり方が転換するのは，次にみる1870年基礎教育法の制定によってであった。

2 「間隙を埋める」──デュアル・システムの確立

すべての子どもを対象とした国民教育制度の基礎は，1870年基礎教育法により築かれた。まず同法が成立した背景をみていこう。背景の一つに，選挙法改正があった。1867年第二次選挙法改正によって都市の労働者のほとんどが選挙権を得たため，すべての民衆を対象とする基礎教育の要望が高まった。同時に，マンチェスタやバーミンガムなど産業都市を中心に教育団体が組織された。すべての子どもを対象とした教育制度の確立をもとめる全国教育同盟や全国教育連合[5]といった団体が全国的な基礎教育制度の確立を受けて運動を展開した。こうしたなか1868年に自由党が総選挙に勝利し，グラッドストーン内閣が誕生した。同内閣で教育担当として，あわせて枢密院副議長にフォスター[6]が任命された。1870年基礎教育法は，動議した彼の名をとって「フォスター法」とも呼ばれる。最初の単独教育法である。

1870年基礎教育法の特徴は，全国を学区に分け，学校が整備されていない地域に学務委員会[7]を組織して学校を設けることを規定した点にある。前項でみたように，これまで任意団体によって学校が設置されてきたため，辺鄙な地域や宗教的に対立している地域には学校がなかったし，大都市では子どもの数に比して学校の設置が十分ではなかった。1870年基礎教育法は，任意団体に対して学校を提供するための猶予期間を与えたのちに，依然として学校が不足していると認められる地域においては，教育局によって学務委員会の設置が命じられ，学校を設けることが規定された。つまり，既存の任意団体による学校を維持しつつ，「間隙を埋める」方針を採用したのである。

学務委員会は，地方税納税者による公選によって組織された。それは，劣悪

▷5 **全国教育同盟**（National Education League）**と全国教育連合**（National Education Union）
全国教育同盟は，1869年にバーミンガム市長のディクソン，チェンバレンやコリングスなどの急進主義者たちが中心となって，全国のすべての子どもを対象とした教育制度の確立を目的として組織した団体。一方全国教育連合は，全国教育同盟とは異なり，国民協会等の任意団体が設置運営する学校の拡大によって全国的な教育制度を確立しようとした。

▷6 **ウィリアム・エドワード・フォスター**（William Edward Foster, 1818〜86）
1868年からグラッドストーン自由党内閣の枢密院副議長を務めた。教育委員会を主導し1870年基礎教育法を準備した。

▷7 **学務委員会**（School Board）
学務委員会は学校のない地域に学校を設置し運営する地方の委員会である。学務委員会立学校をボード・スクールと呼んだ。

73

▷8 地方教育当局
学務委員会に代えて設けられた地方で教育を担う行政組織。63の州議会，82の特別市，173の非特別市とアーバン・ディストリクトが地方教育当局となった。これまで学務委員会が担ったのは基礎教育の提供や援助のみであったが，州議会と特別市は基礎教育以外の教育も提供，援助するなど教育全般を調節することがその役割に加えられた。

▷9 二元制（デュアル・システム）
国民協会の運営するナショナル・スクールと内外学校協会の運営するブリティッシュ・スクールは，ともに任意団体による学校であり，ボランタリ・スクールと呼ばれた。このボランタリ・スクールと，学務委員会立学校であるボード・スクールの2つの学校が併存したため，二元制といわれた。

な環境で質の低い教育を提供する民衆のプライベート・スクールであるデイム・スクールを排し，基礎教育を提供する「良好な学校」を，地方税を財源として設立し，全国に普及させることを1870年基礎教育法が目的としていたからである。学務委員会には，地方税を使って学校を設置，維持，管理する権限が付与された。学務委員会の規模や役割は，さまざまであった。10学区55人の委員を擁するロンドン学務委員会から，わずか5名の委員で構成され1つの学校のみを管理運営する学務委員会までであった。学務委員会制度は，1902年教育法によって地方教育当局が組織されるまで続いた。

1870年基礎教育法においてもボランタリズムの原則が重視されたため，任意団体による学校と学務委員会立学校とが存在する「二元制」の学校制度を導くこととなった。これは基礎教育における対立と競争を生じさせた。1886年に教育の実態調査と制度の有効性を検証することを目的として設けられたクロス委員会によって，学務委員会立学校が財政的に安定していたことが明らかになった。学務委員会立学校は，地方税，授業料，国庫補助金で運営されたためである。一方，より多くの子どもを受け入れ基礎教育を提供したのは任意団体によるボランタリ・スクールであった。教育費の負担をめぐる問題とあわせて，クロス委員会の多数派は，ボランタリ・スクールを学務委員会立学校と同じような状況に置くことで格差の是正を求めた。

1870年基礎教育法によって，二元制による学校間の対立が生じたけれども，学校の不十分な地域に学校を設置する「間隙を埋める」政策は大きな成功を収めた。同時にこの政策が19世紀末までの一連の教育政策へとつながっていった。具体的には，1880年に就学督促委員会が設けられ，10歳までの強制就学が導入された。その後，就学の対象が1893年に11歳まで，1899年に12歳までと漸次拡大した。また，1891年には無償制が導入された。こうして国民教育制度が整備されていき，19世紀末までにはすべての者に基礎教育を保障するという目標はおおむね達成された。

こうした基礎教育の普及とともに基礎教育後の教育への需要が高まった。基礎学校の「押し上げ」現象が生じ，基礎教育後の教育を提供する「上構型」の学校が誕生した。学務委員会によって設置されたハイア・グレイド・スクールである。1880年以降，ハイア・グレイド・スクールは，シェフィールドにはじまり，リーズ，マンチェスタやバーミンガムといった北部産業都市を中心に設置され，全国に拡大した。そこでは，文学や数学，フランス語やドイツ語，生物学や地理といった一般科目に加えて，学校によって異なるが，速記や簿記などの商業科目あるいは手工や製図といった技術科目が取り入れられ，実学的教育が行われた。基礎教育以上の実学的な教育や中等程度の教育が提供された。

ハイア・グレイド・スクールは，学務委員会によって設置運営され，下層中

流階級と熟練労働者階級の子どもたちに教育を提供した。生徒たちは，第7標準等級以上の学力を有していた。教育内容，就学年齢，生徒の学力といった点で基礎教育を超えていたハイア・グレイド・スクールは，基礎教育学校か中等教育学校かその制度的位置づけをめぐる議論を巻き起こした。

　20世紀に入り，教育への国家関与は中等教育段階へと移っていく。1902年教育法が制定され，同法によって学務委員会が廃止され，基礎教育だけでなく中等教育も提供する行政機関として地方教育当局が設置された。また伝統的な中等教育機関であるグラマー・スクールの形態に基づく公立グラマー・スクールが導入された。次いで，1944年教育法によって，「すべての者へ中等教育を」政策の実現が図られ，三分岐型中等教育制度が導入された。基礎教育を初等教育とし，初等学校から中等学校そして大学まで接続した学校教育制度が構築された。ここに，それ自体で完結していた教育であった基礎学校での教育が終わりを迎えたのである。

［3］　基礎学校教師の養成

　民衆への教育の普及は，教師の確保と養成や資格といった問題を生じさせた。国民協会と内外学校協会による週日学校の設置と運営によって，教師の養成が喫緊の課題となった。教師の養成も2つの任意団体によって担われた。国民協会はウェストミンスター校を，内外学校協会はバラ・ロード校を設け，それぞれに教師の養成にあたった。

　民衆の学校の教師は社会的地位が低く，給料などの経済条件も厳しかったため，19世紀初めは学生の確保においても困難な状況にあった。例えばバラ・ロード校では，「糊口をしのぐ手段」として教職を利用しようとする者たちや，生活が立ち行かなくなった者たちが入学希望者に含まれていた。こうした者たちは前章でみたデイム・スクールの教師と大差がなく，両者は「依然として相互に移動し，混交する関係」にあった（松塚，2001，252ページ）。

　状況が変化したのは，1846年に枢密院教育委員会が教師の養成と資格についての新たな制度を導入し，教師の待遇の改善を図ってからである。具体的には，見習い教師制度，女王奨学金，教員養成カレッジへの補助金支給，教師資格試験の導入による教師の資格制度の整備，見習い教師から教員養成カレッジに進学し教職に就いた教師への俸給と住居の保証を行った。

　見習い教師制度とは，教師を志望するおおむね13歳の生徒が，始業前や夕方に教師から教授法や教科内容についての訓練を5年間受けながら，昼間は学校で教えるという徒弟奉公での教員養成の仕組みであった。見習い教師は，毎年，勅任視学官の査察を受け，合格すれば一定の手当てを支給された。同様に，学校で見習い教師を指導する教師にも毎年報酬が支払われた。見習い教師

▷10　**標準等級**
スタンダード。基礎教育では学力水準が，第1から第7までの7段階で分けられていた。その上は中等教育レベルといわれた。

▷11　**三分岐型中等教育制度**
三分岐システム（a tripartite system）ともいう。11歳での試験であるイレブン・プラス試験の結果によって，進学する学校を，グラマー・スクール，テクニカル・スクール，セカンダリ・モダン・スクールの3種類のうちいずれか一つの学校に振り分ける制度である。

▷12 1862年改正教育令
（Revised Code）
国庫補助金の支給制度を改めたことで，有資格教師に直接支払われていた俸給の追加分が廃止され，補助金を学校管理者に支払うようになった。学校経常費に対する補助金の交付条件の一部に，生徒の出席状況と試験で図られる 3 R's の習熟度に応じた出来高払い制が導入された。

▷13 有資格教師
1886年時点の基礎学校教師のうち資格試験に合格した正規の有資格教師は 4 万 5067名であり，教師全体の約67％を占めた。ただし，有資格教師でも補助教師として雇用されている者もいるが，その数値に有資格の補助教師は含まれていない。教員養成カレッジで訓練を受け，教師資格試験に合格して有資格教師になった場合，校長になる道が開かれていた（三時，2006，112ページ）。

は，徒弟期間を終えると，女王奨学金の試験を受け，合格すれば財政援助を受けながら教員養成カレッジでさらに 3 年間学ぶことができた。彼らはカレッジ修了後，教師資格試験を受け，合格すれば有資格教師の認定を得ることができた。国家が関与した最初の基礎学校教師の養成は，徒弟制モデルであった。また見習い教師制度は，学校で優秀な成績を収めた生徒が見習い教師として学校に残り，徒弟として訓練を受けることを想定したシステムであり，基礎学校出身者を基礎学校の教師にリクルートする仕組みでもあった。

　見習い教師制度は，教師の供給システムでもあった。イングランドとウェールズの学校における見習い教師の数は，1861年の時点で， 1 万3871名に上った（オルドリッチ，2001，107ページ）。見習い教師は，学校を管理し運営する側にとって，安価に雇用できる点で魅力的であった。また，待遇の改善により教職が以前よりも望ましい職業と映るようになり，見習い教師が増加した。しかし，1862年改正教育令[12]によって見習い教師の俸給が廃止されたため，その数は減少した。見習い教師が再び増加に転じたのは，1870年である。1870年基礎教育法による基礎学校の増加にともなって見習い教師も増加した。その数は，有資格教師[13]の数を上回っていた。

　1870年以降の見習い教師の数の増加にともなって，見習い教師の質の向上が議論されるようになり，新たな仕組みが導入された。それは，1884年にロンドン学務委員会が最初に導入し，全国に拡大したセンター・システムである。センター・システムとは，見習い教師が雇用されている各基礎学校での教師による訓練に加えて，見習い教師の訓練の一部を見習いセンターで行うものであった。見習い教師は，定められた時間に見習いセンターに行き，センター所属の教師から教育内容や教授法に関する講義を受けた。1885年と86年にロンドン学務委員会の見習いセンターで学んだ見習い教師の女王奨学金試験合格率は，男性の見習い教師だけであるが，94.5％であったという（三時，2006，115ページ）。

　1900年の時点でも，基礎学校教師の約 4 分の 1 が見習い教師であった（オルドリッチ，2001，107ページ）。19世紀後半の基礎教育を担った教師の主力は，見習い教師たちであった。こうした状況が変化するのは，公立中等学校が設置され，さらに1907年に奨学金制度が導入されたことにより，教職を志望する子どもたちが中等学校へ進学することが可能になってからである。1913年には見習い教師は激減し，その役割を終えた。

　次に教師の資格についてみていく。1846年に見習い教師制度と同時に教師資格試験も導入された。当時枢密院教育委員会は，すべての見習い教師が学校での徒弟訓練から教員養成カレッジでの訓練を経て試験を受けて教師資格を取り，有資格教師となって学校で教えることを企図していた。しかしながら実際は，教員養成カレッジで訓練を受けていなくても教師になることができた。見

習い教師のうち，女王奨学金試験に不合格となり教員養成カレッジで訓練を受けることができなかった者は，25歳まで臨時教師資格を有することができた。その後，一定の実務経験を積むと教師資格試験を受けることができ，合格すれば有資格教師となることができた。

　さらに，学校は教師資格が必要な正規教師だけでなく，教師資格を必要としない補助教師を雇用することもできた。補助教師のなかには教師資格をもつ者もいたが，必ずしも教師資格は必要でないためもたない者もいた。女王奨学金試験に不合格となり，教員養成カレッジでの訓練を受けることなく，教師資格試験にも不合格となった見習い教師でも補助教師となって教えることができたのである。こうした教員養成カレッジでの訓練の有無，正規教師と補助教師，有資格教師と無資格教師，そして教師の性差が，基礎学校教師内の対立と階層区分を生じさせた。

　最後に，見習い教師を訓練した教員養成カレッジについてみておこう。教員養成カレッジは，1846年以降，女王奨学金合格者について国庫補助を受給できるようになったため増加し，1880年代には43校に達した。大半のカレッジが2つの任意団体によって管理，運営されており，宗派別の教員養成が維持された。国民協会系の教員養成カレッジでは，学生の道徳性を保障するという理由から寄宿制が採用されていた。そのため，教員養成カレッジの収容定員の増加は見込めなかった。教職志望者の教員養成カレッジの受け入れ拡大が課題となった。こうしたなか1890年代に入り，クロス委員会の提言を受けて，ロンドン大学や地方のユニバーシティ・カレッジに通学制の教員養成カレッジが設置されるようになった。世紀末までに19校が設置された。これによって，基礎学校教師の大学レベルの教師教育への道が開かれたのである。

2　フランス——国民教育制度の確立期

☐1　七月王政から第二帝政下の教育

　ナポレオン没落後のフランスでは，再びブルボン家のルイ18世が即位して王政復古となった。あとを継いだシャルル10世のとき自由主義派の弾圧や選挙妨害を契機に勃発した民衆蜂起の結果，自由主義に理解を寄せるルイ・フィリップが国王となる。この政変が七月革命であり，七月王政のはじまりであった。

　1830年の憲章では，「次の諸事項について，別々の法律により，可及的速やかに，順次，準備されるであろう……8．公教育と教育の自由」と謳われ，フランス革命で提起された公教育制度について，今度こそ実現が目指されることとなった。産業革命の進展するなか，初等教育の分野でこのことを法制化した

▷14　教員養成カレッジ
1846年の時点で国民協会が運営する教員養成カレッジは，ウェストミンスター・カレッジ，男子を対象としたバターシー・カレッジとセント・マークス・カレッジ，女子を対象としたワイトランド・カレッジの4校であった。そのほかに国教会の主教管区に教員養成カレッジが16校設置されていた。非国教会系では内外学校協会のバラ・ロード校とホーム・アンド・コロニアル協会の師範学校があった。1846年以降，補助金の支給により新たに国教会の主教管区に教員養成カレッジが創設されたが，寄宿制であったため収容人数が少なく，1900年時点でも教員養成カレッジで学んだ教師は，全体の4分の1であった（オルドリッチ，2001）。

▷15 **フランソワ・ピエール・ギョーム・ギゾー**
（François Pierre Guillaume Guizot, 1787〜1874）
フランスの歴史家・政治家。パリ大学の近世史教授を務めた後，王政復古時には法務省等に務め，下院議員となる。絶対王政と民主制の中間点を模索したといわれる。七月革命後は，内務大臣・文部大臣・外務大臣を歴任，二月革命でイギリスに亡命している。

▷16 **ヴィクトール・クーザン**（Victor Cousin, 1792〜1867）
フランスの哲学者。パリの高等師範学校の教授，校長を務め，七月王政時代には文相に就任。たびたびドイツを訪問し，哲学者らと交流したのみならず，とくにプロイセンの教育事情を調査報告した，いわゆる「クーザン報告」は，ギゾー法成立に多大な影響を与えた。

のが，時の文部大臣ギゾー[15]の名を冠した初等教育法であった。

1833年，文部大臣のギゾーは，哲学者としても有名なクーザンのドイツ各国の教育状況報告[16]に基づき，初等教育に関する法律を制定した。一般にギゾー法と呼ばれ，これがフランスの近代的学校システムの基本を形づくることとなったのである。

ギゾー法は初等教育を2つに区分する。基礎初等教育と上級初等教育である。前者の教育内容としては，道徳および宗教教育，読み，書き，フランス語および計算の基礎，度量衡とされ，後者の教育には，幾何の初歩と応用（とくに用器画と測量），日常生活に使える物理と博物の基礎，唱歌に加え，とくに重視すべきものとしてフランスの歴史および地理の基礎があげられた。注目すべきは，こうして教育内容を全国統一的に法律で定めたこと，新たな教科として度量衡や物理・博物の基礎，さらに国の歴史と地理が登場していることである。ナポレオン学制の教育的遺産ともいえる中央集権的な教育行政システムがここに活かされたとともに，進展する産業革命が求める新しい知識・技能の教育が盛り込まれたのである。

これらの内容はもちろん小学校で教えられるが，基礎初等教育を担当する小学校については，すべての市町村（フランスではコミューンと称する）が，単独もしくは隣接の市町村と連合して設置維持しなければならないとされ，上級初等教育を行う小学校は，各県の首府となる市町村および人口6000人以上の市町村で設立維持しなければならないと定められた。これらの学校は基本的には地方の税金によって設立維持されるのだが，国もまた補助金を出すことが決められていた。こうして各市町村は小学校の設置維持を義務づけられたのであり，近代的な義務教育を構成する地方公共団体の学校設置義務が法制的に整備されたのであった。しかしながら，こうした小学校の教育には授業料が必要とされたし，また，子どもを就学させることを両親に義務づけることは，ギゾー法は慎重に回避している点にも注意したい。そのうえ，以上の初等教育の対象は，男子だけに限定されていたのであった。

とはいえ，ギゾー法はそこで定められた教育内容を教える教師についても，画期的な規定をしている。いわゆる小学校教師の資格であるが，教員免許状ともいえる資格証と道徳証の2つが定められた。前者は基礎と上級の二段階に分けられ，基礎初等教育と上級初等教育の教育内容に対応したもので，試験によって授与される。後者は，教育に従事するにふさわしいものであることの証明として，市町村の長によって交付されるものとされた。こうして公式な教員資格が登場したのであり，18歳以上の成人ならこの2つの資格を提示すれば教員となることができ，学校を経営することさえできるとされたのである。ここに先の憲章が高らかに謳った「教育の自由」が実現されているといえよう。

第**5**章 近代国家と国民教育の時代

　こうした資格をもつことのできる教員は，それではどうやって養成されるの
か。この教員養成という点においても，ギゾー法は画期的な規定をしている。
それは，各県に，単独もしくは隣接の県と連合して，男子教員となるための者
を教育する師範学校の設置維持を義務づけたのである。男子だけに限定されて
いるとはいえ，公立の師範学校を原則として各県に設置させるものであり，フ
ランス革命で描かれた夢ともいえる提案が，こうして法制的に実現することと
なったのである。

　ギゾー法は初等教育について「教育の自由」の原則にのっとりながら総合的
に整備することを目指した法であったといえるが，それが男子だけを対象とし
ていたことは見逃してはならない。これはフランスに限ることではないが，近
代的な社会と教育のシステムが形成される歴史的な特徴の一つなのである。ま
た，フランス的な特徴として，これ以降のフランスの学校教育は原則として男
女別学の体制をとることとなり，小学校さえも，原則として男女別の学校が設
置維持されることとなる。実際には同じ学校で同じ教室で教育されることも多
かったようであるが，その場合でも教室内に壁をつくって男女別学にすること
が行われたのである。これもまたフランスの学校教育の歴史的な特徴として注
意したい。この七月王政の時代には，女子の学校については，ギゾー法から3
年後の1833年にギゾー法に近い法律が定められたが，教育内容においても，ほ
かの点においても男子の学校には及ばないものであった。

　一方，就学の義務については，学校や教育に関する法規とは別のものが定め
ることとなった。それは産業革命がもたらした一つの成果ともいえる。

　この時代にフランスでも本格化した産業革命は，蒸気機関による動力を活用
した機械制と労働力を集約した工場制とによる生産様式の大変革を特色とし
た。そこでは，今と違い学校に通っていない多くの普通の，とくに貧しい家庭
の子どもたちが安価な労働力として目をつけられる事態となった。こうして社
会問題となったのが，児童労働の問題である。この時代，子どもが働くこと自
体が問題とされたのではなく，とりわけ繊維関係工場で働かされた子どもたち
の労働の環境・状況が問題とされたのである。今なら幼稚園児か小学校低学年
に過ぎない子どもたちが衛生状態のよくない工場で一日12時間から15時間にも
わたって働かされる状況，この状況の改善を目指して法制化されたのが，イギ
リスの工場法にならった児童労働制限法[17]と呼ばれた労働法であった。これが，
工場で働く子どもたちを，一日2，3時間ではあったが工場から引き離し，代
わりに教育の場つまり学校に就学させることを，その両親と雇い主に義務づけ
たのである。七月王政の1840年代のことであった。こうして工場で働かされて
いた子どもたちの心身の健康を守るために，就学の義務の規定が法制化された
ことも，この七月王政という時代の一コマとして記憶にとどめておきたい。

▷17　児童労働制限法
産業革命期イギリスの工場
法をモデルとした労働法
で，文字どおり子どもたち
の工場労働を制約・制限す
ることを目的とした。公衆
衛生学者たちの児童労働に
関する調査報告に基づき，
子どもの就労の条件として
一定の就学を両親と雇用者
に義務づけた教育条項をも
つ。

79

2　第二共和政と教育

　七月王政はまた，よりいっそうの自由を求める民衆の蜂起によって転覆させられる。普通選挙を求める民衆が1848年2月に革命を起こしたのである。国王ルイ・フィリップは亡命し，臨時政府の下，再び共和政が敷かれることとなった。フランス革命期を第一として，このときの共和政府を第二共和政と呼んでいる。この時代にも，初等教育について，フランス革命期に劣らぬ理念を謳った法案が提出された。初等教育法案であるが，これまた時の文部大臣の名を冠して，カルノ[18]法案と呼ばれている。

　カルノ法案は，ギゾー法が認めた教育の自由の原則を踏襲しながら，ギゾーが慎重に回避した理念を新たに盛り込んだ。それは，教育を受けさせる義務と教育の無償化である。前者については，これもまた今日のフランス義務教育の基本的性格を形づくる規定なので，紹介してみよう。ややこしいが，満10歳の子どもが就学もせず，初等教育も受けていないことが判明した場合，その「父親」はその子を試験委員会に出頭させ学力の確認をさせなければならない，もしいかなる教育も受けていなかったことが確認されたら，「父親」は処罰されるという規定である。ここにはいわゆる「就学」が義務づけられているのではなく，あくまでも初等教育を受けさせることが事実上の義務として定められているのである。教育の場として学校のみを特定してはいない点に注意したい。これはまた，今日のフランスの義務教育の基本原則でもある。一方，ここでも男性である「父親」に義務が課せられていることも気をつけたい。また，後者の無償化については，公立学校における教育は無償であるとして，公立学校の授業料徴収を廃止しようとしたのであった。こうした特色ある内容をもったカルノ法案であったが，提案前後の民衆蜂起にともなう革命の反動化，あのナポレオン1世の甥のルイ・ナポレオンが大統領に選出されるなどの変動のなかで，審議未了で撤回されてしまうのであった。

　ルイ・ナポレオン大統領の下，新たに制定された1850年の教育法，これまた当時の文部大臣の名をとってファルー[19]法と呼ばれた法は，やはり教育の自由の原則を踏襲しつつも，ギゾー法の体制に大幅な変化をもたらすこととなった。初等教育，小学校を中心に確認してみよう。

　まず第一に，これまでの踏襲あるいは継続として，2種類の学校を認めている。市町村による公立の学校と個人または団体による私立の学校「自由学校」である。ここに「自由」の名が使われていることも注目されよう。また2種類の初等教育のうち上級初等教育を廃止し，初等教育の内容を道徳および宗教教育・読み方・書き方・フランス語の基礎，計算および法定度量衡としたこと，つまり教育内容の削減・限定である。新しい時代に応じて上級初等教育で登場

▷18　ラザール・イポリット・カルノ（Lazare Hippolyte Carnot, 1801～88）フランスの政治家。第二共和政下で代議士となる。二月革命の後に文部大臣となり普通選挙制度を成功させるためには民衆の知的啓蒙が必要であると初等教育の充実・発展を期して初等教育法案を作成・提案したが，挫折。第二帝政後，第三共和政でも国会議員を務めた。

▷19　フレデリック・アルフレッド・ピエール・ファルー（Frédéric Alfred Pierre Falloux, 1811～86）フランスの政治家。二月革命後に国会議員となる。教会勢力と結びついた王党派の立場をとる。ルイ・ナポレオン大統領の下で文相となり，初等教育を聖職者に委ねる教育法（ファルー法）を立案した。ルイ・ナポレオンのクーデターの後，引退している。

した教科群は随意教科に格下げされたのであった。

　さらに注目されるのは，あくまでも市町村の自由裁量とされたけれども，財源が許せば公立小学校を無償とすることを許したことである。これは市町村への学校設置義務とならんで近代的な義務教育制度への道を開いたものとみることもできる。さらには，人口800人以上の市町村限定ではあるが，これに女子の小学校の設置を義務づけたことも見逃せない。一定の限定つきとはいえ，これまた完全な義務教育制度への道を開いたのであった。

　しかしながら，ファルー法の最大の特徴は，キリスト教会とその聖職者たちに初等教育に関するさまざまな便宜を図り，小学校教育への介入を進めたことであろう。例えば，教員資格である。これは先にギゾー法が規定して以来，公立も私立も小学校教師となるためには資格証が必要であったのだが，これを聖職者の資格（称号）で代えることができるとしたのである。とくに女子の学校については，修道会のメンバーであればそれだけでよいとされたため，女子の小学校教員はほとんどがこうした女性で占められることとなったのである。また，公立学校でも私立（自由）学校でも，そこで3年間教師見習いをすれば，そのことをもって教員資格に代えることも認められた。これもまた，教師という職業の自律性や専門職としての養成という観点からは，男子のみとはいえ師範学校の設置を各県に義務づけた七月王政のギゾー法体制を著しく後退させてしまったといえるであろう。初等教育の面では，こうした体制を敷いたファルー法は，その後の第二帝政下でも存続する。

③　第二帝政と教育

　大統領となったルイ・ナポレオンはクーデターによる憲法改正で任期を延長，さらに1851年にはナポレオン1世の名声を利用した国民投票によって帝位に就き，自らナポレオン3世と名乗った。ここに第二共和政は終わりを告げ，第二帝政の時代が幕をあけた。

　第二帝政となっても，初等教育については先のファルー法体制が継続された。しかし，1860年代になると，ナポレオン3世も政治路線を転換しはじめ，自由主義者も登用しはじめた。教育のうえでは，歴史学者として有名だったデュリュイ[20]を文部大臣に登用したのである。デュリュイは，この時期に力をつけてきた隣国でライバルのドイツとりわけプロイセンと比べて，フランスの教育とくに初等教育が著しく立ち遅れていることを認識し，教育改革に乗り出す。その法制的な成果が，1867年の「初等教育法」であった。

　これはまず完全無償制の公立小学校の普及を目指して，それを望む市町村に対する県と国の補助金支出を認め，そのうえ，授業料の徴収がなくなってもなお子どもを就学させることのできない親に支援金を与える方途を準備したので

▷20　ヴィクトール・デュリュイ（Victor Duruy, 1811〜94）
フランスの歴史家で政治家。ローマ史を専攻し，パリのエコール・ポリテクニークの教授を務める。第二帝政時代には文相に就任し，初等教育の改革，女子教育の普及など，教育改革を行い，続く第三共和政の教育改革事業の基礎を築いた。

ある。また，初等教育の内容も刷新された。ファルー法で限定されてしまった教育内容（道徳および宗教教育・読み方・書き方・フランス語の基礎，計算および法定度量衡，いわば読み書き計算）に，新たに歴史と地理を復活させたのである。これは産業革命のさらなる進展に加え，ヨーロッパ諸国がいわゆる近代国家の形成と帝国主義の時代に突入したことによるものである。フランスの場合とりわけイギリスに加えて隣国ドイツが意識されたのであった。

さらにこの初等教育法の画期的な点は，女子の小学校について組織整備を進めたことである。それは，住民500人以上の市町村は少なくとも一つの女子の公立小学校を設置維持しなければならないとして，その設置義務規定の対象となる市町村を拡大し，女子教育の振興を図ろうとしたのであった。

初等教育については以上のような業績をあげたデュリュイであるが，その一方で，中等教育についても時代に応じた改革を行った。その一つが，ドイツの実科学校に相当し，時代の求める実学的な教育内容を教授する専門中等教育を創設したことである。これは伝統的なリセやコレージュがこれまた伝統的なラテン語と古典の教育を重視してきたことに対する改革で，19世紀の帝国主義的な時代が求める教養，すなわち現代語や簿記，近代外国語や図画，数学・物理・化学・博物などの近代科学に基づく教育内容を教える中等教育の課程であった。つまり単独の学校ではなく，実際には既存のリセやコレージュにこの課程を設置するというものであった。

中等教育におけるもう一つの改革は，女子中等教育の組織化である。専門中等教育課程と同様の教育内容を用意した女子中等教育講座を，都市部に開設しようとしたのである。これもまた，女子の教育拡大をねらった，当時としては進歩的な改革であったといえる。

こうした革新的な特色をもったデュリュイの改革が行われた第二帝政は，隣国ドイツとのいわゆる普仏戦争の敗北で崩壊する。新たに登場し，現代に引き継がれる学校教育の基本形を創出したのが，第三共和政であった。

4 第三共和政と近代的学校制度の確立

1870年，普仏戦争がはじまるが，開戦後わずか1か月にしてフランス軍は敗退し，ナポレオン3世はプロイセン軍の捕虜となって降伏してしまう。これに怒ったパリ民衆は再び蜂起し第二帝政を倒し，実力でもって共和政の樹立を宣言した。敗戦と降伏の混乱のなか，パリ・コミューンの成立と崩壊をはさんで成立したのが，第三共和政であった。この第三共和政の下，とりわけ1880年代に確立された学校制度が，今日のフランスにおける学校教育と制度の根幹をなすこととなったのである。ここでもまた，初等教育および教員制度と教員養成の改革を中心に確認していこう。

第5章　近代国家と国民教育の時代

　第三共和政を導く主流となった共和主義の人々は，普仏戦争の敗北を教育と
くに初等教育の敗北と捉えた。隣国プロイセンが驚くべき速さで勝利を収める
ことができたのは，早くから初等教育の普及と充実に取り組んだ成果に他な
らないと強く認識したのである。そのため，第三共和政政府は成立早々から，
新たに成立したドイツ帝国，その根幹となったプロイセンの教育システムを暗
黙のモデルとしつつ教育改革に取り組みはじめたのである。すべての国民を
対象とする新たな初等教育の創出を目指して取り組まれた努力は，教育の無
償・義務・世俗性の三原則に基づく公立小学校制度の確立へと結集された。
その中心となったのが，1880年代の改革時に文相，首相を務めたフェリーで[21]
あった。

　フェリーを中心とする改革推進者たちがまず取り組んだのは，初等教育の無
償化であった。すでにみたように第二帝政末期の1867年初等教育法がその道を
開いていた。県と国家の支援もあり，この第三共和政成立期には小学校就学児
童のおよそ3分の2近くがその恩恵に浴していたとされる。これを一挙に進め
たのが，1881年の無償化改革であった。1881年6月16日の法律によって，公立
小学校および公立幼稚園における授業料の徴収が撤廃されることとなったので
ある。こうして初等教育の無償化，実際には公立小学校（幼稚園）の授業料の
廃止が実現したのである。この改革はとりわけ支障なくスムーズに実行され
た。これと同時に行われたのが，教員資格の改革であった。

　1881年6月16日にはもう一つの法律が可決成立した。これによって，初等教
員の資格が大幅に改革されることとなる。先にみたように，ファルー法は聖職
者の資格や修道会会員資格をもって小学校教員の資格とみなしており，この規
定はこの時点でもなお生きていた。それがこの1881年6月16日の法によって，
「初等教員資格免許状」が制定され，これ以降この資格をもたぬ者は公立私立
を問わず小学校教員となることはできないとされたのである。

　新しい免許状のためには各地方に専門の委員会が設けられ，取得のための試
験を行うこととなっていた。これにはもちろん教会勢力の反対も大きかった
し，法律ができたからといってすぐに切り替えができたわけもない。一方で，
旧来の教師をいきなり解雇することによって実際の教育に空白が生まれること
があってはならない。それゆえ現実には3年間の猶予期間を設け，新たに免許
状の取得を進める一方で，5年以上の実務経験者にはその実績でもって免許状
が授与されたのである。しかし，この新しい資格の創出は，後にみる師範学
校，つまり初等教員養成の改革とリンクしていくのである。

　この翌年，1882年には，ギゾー法さらにはデュリュイの改革でさえ慎重に回
避してきた就学義務の規定が法制化される。ギゾー法施行当時の1830年代には
50%以下であった就学率が，半世紀後のこの時期にはおよそ70%を超えるに

▷21　ジュール・フェリー
（Jules Ferry, 1832～93）
フランスの政治家。弁護士
から代議士となり，第三共
和政ではその主導者の一人
として，首相・文相を務め
る。初等教育の無償・義
務・世俗（宗教的中立）性
の原則を制度的に確立し
た。対外的には植民地政
策・拡人政策に努めた。

83

至った。これを背景に断行されたのである。このとき規定された就学義務の内容は，今日までフランス義務教育に継承される特色あるものであった。その条文は次のように規定した。初等教育は，満 6 歳から満13歳までの男女児童にとって義務である。その教育は，初等もしくは中等の施設でも，公立もしくは私立の施設でも，父親もしくはそれの選ぶすべての者により家庭でもあたえることができる，と。ここでは，教育を受けることが義務づけられているのであって，必ずしも学校に行くこと，つまり就学だけが義務づけられたわけではない点に注意したい。これは今なお，フランスの義務教育の基本的特徴となっているのである。

　さらにこの同じ1882年には，これもフランス共和国の特色となっている公共空間における世俗性の保持，フランスでは伝統的にライシテと呼ばれてきたが，これを初等教育の分野で確立する改革がはじまったのである。これはさすがに伝統的にカトリックの国であったフランスでは，聖職者をはじめとした宗教と教会関係者の猛反対と反撃をうけることとなり，一挙に断行することはできず，段階的に行われることとなった。

　まず第一弾は，初等教育の教育内容から宗教教育を完全に排除することで，これは先の1882年の法律が就学義務とともに定めることとなった。その根拠は，義務として就学するのであれば，そこでの教育はすべての者に共通の内容とならねばならない，したがって家庭や個人によって相違のある宗教についての教育は排除されるべきであるというものであった。いわば教育における宗教的中立性の原則によるものである。猛烈な反対と攻撃のなか，この改革は断行され，長い伝統をもつ宗教教育は，小学校の教育内容から排除されることとなったのである。それはまた，小学校の教育内容，つまり各教科について，以下のものをあげて規定した。道徳・公民教育，読み方と書き方，言語およびフランス文学の基礎，地理（とくにフランス地理），歴史（とくにフランス史），法律上の常識と経済，自然科学・物理学と数学の基礎，それらの農業・衛生・工業・手工業・主要な手職用工具の使用への応用，体操，男子には軍事教練，女子には裁縫，と。この規定によって第二共和政時代のファルー法が示した教育内容より増加したのも時代の反映であるが，男子に軍事教練，女子には裁縫という点は，原則的に男女別学を貫くフランスという国柄を反映し，かつ対ドイツ復讐が合言葉となった第三共和政時代の特色を示すものであった。しかし，さらに注目されるのは，宗教教育に代わって「道徳・公民教育」が登場したことである。この登場が当時なおカトリックの国とされたフランスにあって，宗教，それも特定の宗教によらない道徳や道徳教育があり得るのか，どのように構築されるべきか，大きな議論を引き起こすこととなったのであり，この1880年代改革全体への反対と攻撃もまたこの点に集中したのであった。のちにみる

高等教育すなわち大学の改革のなかで，新たに大学で教育・研究される学問として教育学が登場してくるのも，こうした課題への対応策の一つであった。

こうして1881年および1882年には，初等教育の無償・義務・世俗（宗教的中立）性の原則が一応の確立をみることとなり，これが今日につづくフランスの小学校教育の基礎を形成することとなったのであり，先の文相フェリーの名を冠して，ジュール・フェリー改革と呼ばれたのである。

1880年代の教育改革全体は，この後も続けられた。少しあいて1886年には，先の教育の世俗化を推し進めるとともに，これまでの初等教育改革を総括し，教員制度にも大きな改革をもたらす1886年10月30日の法律が公布され，やはり時の文相の名をとってゴブレ法と呼ばれたこの法による総括的な改革が断行されたのである。

まず教育世俗化の第二弾として，この法は公立学校教員の世俗化を断行した。これを定めた条文は，あらゆる種類の公立学校において，教育はもっぱら世俗教員にまかされるものとするとしたのである。この教員の切り替えは，聖職者など教会関係者を教員としては新規採用しないことにより実行されたが，その新規採用のための人材養成の場とされたのが，各県に設けられることとなった初等師範学校であった。

男子の初等師範学校は，すでに1833年のギゾー法により各県に設置が義務づけられたのであったが，第三共和政はいち早く1879年の段階で，これを女子にも拡大し，その結果各県は男女一校ずつの初等師範学校の設置が義務づけられていたのである。とはいえ，改革は一挙に実現するものではない。男子の師範学校こそ第三共和政初期にほぼすべての県で設置されていたが，女子の師範学校設置には時間がかかった。したがって実際の世俗教員への切り替え，さらには宗教団体による学校の閉鎖によって（初等）教育の世俗化が制度的に確立するのは，20世紀に入って1905年の政教分離に関する改革が法制化されてのことであった。

ゴブレ法はまた，教員制度にも大きな変革をもたらした。それは，公立私立を問わず学校教員を「正教員」と「試補教員」に区分し，正教員となるために2年間の試補期間を経なければならないとしたことである。小学校教員もまた，この2種類に区分されることとなった。そしてこの改革は，教員の世俗化を推し進めるため，師範学校の改革と深く結合された改革であったのだ。

1879年以降，法制的には各県に設置が義務づけられた男女の初等師範学校では，新たな教育内容・教科として教育学と教育実習等が導入されることとなった。そのため師範学校では実習の場としての附属小学校の設置が義務づけられた。この実習はもちろんだが，教育学の授業や演習でも，師範学校の教授あるいは生徒たちを前にして行う模擬授業も導入されたのであり，こうした新しい

教育内容の導入は，主に教えるための技能・技術の向上を内実とした教員の資質向上を目指した改革であったといえる。こうした師範学校は3年間の教育期間とされたが，ゴブレ法はこの期間を先の「試補」期間に算入することを規定していたのである。こうすることで，師範学校卒業生は自動的に「正教員」として新規採用される道が開かれたことになる。こうした師範学校による教員の計画的な養成は，これも20世紀に入った1905年の法令でさらに強化される。師範学校卒業生を第一に優先的に採用することとなるのである。こうして，政教分離法の制定された同じ頃，師範学校で新たな教育学や教育実習で教える技術・技能を修得した世俗教員が，従来の教会や修道会関係者にとって代わり，教育の世俗化の制度的な完成を確かなものとしていったのである。

このようにして，無償・義務・世俗（宗教的中立）性という今日まで続く教育の原理原則，さらに学校教育システムの基本を構築した第三共和政であったが，初等教育以外の段階では，どうであったか。最後に中等教育と高等教育の改革について概観しておこう。

第二帝政期にデュリュイが道を開いた近代的な教科の教育を行う中等教育のコース（課程）であった専門中等教育は，第三共和政になって「近代中等教育」へと変貌を遂げた。これは実科的で技術的な教科内容を減じる一方，フランス語をはじめ，ドイツ語・英語などの外国語教育を増加させたことによる。しかしながら，従来どおりラテン語やギリシア語，それらの古典の教育を重視する伝統的な中等教育とその学校もまた時代に合うものではなくなり，20世紀初頭には近代中等教育とあわせた包括的な改革が進められることとなった。それは同一の中等学校内部をコース分けすることによる単一化と多様化の改革であった。また女子の中等教育については，1880年代に女子のためのリセとコレージュの設立が認められることとなった。ただし，教育内容は男子の専門中等教育と同様，実科的実用的な教科に重点が置かれたのであった。

高等教育の場である大学は，ナポレオン学制以来，文学部や理学部などの「学部」として各種の学位を授与するための組織とされていた。各「学部」は相互にはほとんど連絡・関連もなく存続していたのである。これを改革したのは，先のゴブレ法に遅れること10年，1896年7月の総合大学設置法であった。これは，複数の「学部」の連合を促し，その連合体に法人格を与えるとともに，その教授団に「大学」の名称を付与するものである。これによって文学部や理学部，法学部といった複数学部から成り立つ総合大学が形成されることとなったのである。さらにこうした制度的な改革にとどまらず，時代の変化，学問の進歩に対応した新しい学問・研究領域の大学への導入も図られた。地理学，歴史学，心理学など，当時新科学と呼ばれた一群の学問グループである。先にみたように，教育学もまたこうして大学に導入される。これには初等教育

改革との関連で，宗教とくに特定の宗教によらない道徳・倫理，その教育の確立という実践的な課題への対応でもあった。パリ大学文学部で，この教育学の教授を務め，この課題に教育学，社会学の観点と方法で応えようとしたのが，デュルケーム[22]であった。

3　ドイツ——国民国家の誕生とペスタロッチ教育思想に基づく教員養成

[1]　21世紀にディースターヴェークを学ぶ意義

国歌斉唱からはじまるサッカーの国際試合やメダル贈呈後に国旗を掲げるオリンピックの表彰式を身近に感じるのも，私たちが「ヴィンチ村の住民レオナルド」ではなく，生まれ育った地域を取り囲む国「日本」の国民として自覚しているためである。このように感じる住民によって構成される国民国家は，政治における民主主義や経済における資本主義などの原理とならんで近代国家を特徴づけるものである。出自の異なる大小さまざまな近世国家を統一するドイツ近代化への道程の紆余曲折は周知のとおりであるが，その道のりの険しさゆえに多くの人々は学校教育の役割に大きな期待をかけたのであった。その一人が以下本節で焦点をあてるディースターヴェーク[23]である。

フランス革命の翌年に生まれ近代化の進む近代国家ドイツの誕生期において彼は授業理論研究者，教員養成所の教師および教育政策を推進する政治家として極めて多方面で活躍した。ここではまず，それぞれの領域での業績をもとに彼が学校と教育にどのような期待を抱いていたかを概観したい。

主著『ドイツ教師に寄せる教授指針（*Wegweiser zur Bildung für deutsche Lehrer*)』においてディースターヴェークはペスタロッチの教育思想を継承発展させ一定年齢のすべての子どもを収容する学校の授業改革を訴え続けたのである。「すなわち，ディースターヴェークはとりわけペスタロッチ的方法のもつ民衆解放的な意味を強調し，その方法によってドイツ民衆が『ものをいう国民』」（吉本，1986，131ページ）になろうとする時代の要求を代弁した。

教員養成所において教師でもあった彼は，それまで学校ごとに分断されていた教師が語り合う場づくりに献身した。ディースターヴェークの提言によって全ドイツ教員連合が結成されたことが契機となり，1848年には全国各地で開催された大規模な教員集会で「生活権の要求をぶつけるとともに，教師の社会的・歴史的使命を自覚しあって，高い教育観に立った教育要求」（梅根，1988，120ページ）が政府に提出された。自らの教育権にも敏感な優れた人材を，次世代教育の場である学校の教師として登用することは，来るべき社会の発展からも求められていたのだ。

▷22　エミール・デュルケーム（Emile Durkheim, 1858〜1917）
フランスの社会学者。社会学では，社会の集団的な意識・心理から宗教道徳を説明し，また人類学や統計学も援用した。ボルドー大学教授ののちパリ大学の教育学講座の教授を務める。特定宗教によらない道徳教育のあり方を模索し，両大学での講義をまとめたのが，死後に刊行された『道徳教育論』（1925年）であった。

▷23　フリードリッヒ・アドルフ・ウィルヘルム・ディースターヴェーク（Friedrich Adolf Wilhelm Diesterweg, 1790〜1866）
1790年にヴェストファーレンのジーゲン市にて生誕した。23歳の時にはフランクフルトのモデルスクールで数学と物理学の教鞭をとった。また1818年からはエルバーフェルトのラテン語学校で副校長として活躍したが，1820年以降は学校現場を離れ教員養成所に従事する。

1848年の憲法制度国民会議に参画したディースターヴェークは，後のフランクフルト憲法（1859年）にも取り入れられた革新的な教育条項の策定に携わった。学校教育の「無償主義」および権利としての教育思想とともに，ここで注目される理念は「教育の世俗化」である。「民衆学校は……国家によって任命された官庁の監督下に置かれる」（第20条）ことを遠望した彼は，学校を「諸教科の教授（授業）をも，実用主義から解放して，そこに科学的思考力の陶冶，精神力の形成する」場に変革しようとする多くの民衆の声を代弁したのだ。

高度な情報化とグローバリズムが進む現在，国民国家のあり方は大きく変化している。この動きと並行して，第7章第3節でも取り上げるように，国民形成の主要機関であった学校も教育評価のグローバルスタンダードの登場により，その役割や構造の変化を求められている[24]。それでは19世紀ドイツの，しかも最終的にはすべての公職を追われたディースターヴェークからわれわれは何を学びうるのであろうか。まずもって現在日常となった学校と教育，教師の毎日のいとなみが多くの人々の願いと運動によるものであることを確認できるだろう。そして，学校で教育を担うこれからの世代には，反動勢力に左右されることなく現在に継承された教育思想が人間教育の本質を指し示すことを読みとってほしい。なぜなら未来の学校と教育も教師と子どもによる実践の発展過程のうえにあるからだ。

2　ディースターヴェークによって確立された教師像

先行研究の明らかにするところによるとフランス革命以前にすでに一般民衆向けに開かれた学校の教育は極めて質の低いものであった（梅根，1988，111〜115ページ）。十分に文字の書けない者や十進位取り記数法ができない者が教師として雇用され，大人であれば誰でも学校の教師になれるという職業観がもたれていたという（お粗末な状況が紹介されている）。ここから当時の学校教育の状況は推測されるが，前項で述べたディースターヴェークの業績は，この学校の現状を「優れた教師の養成」によって克服しようとしたものである。

それでは彼はどのような教師像を描いていたのであろうか。吉本はディースターヴェークの構想した教師像を以下に列挙する教職意識で総括している（吉本，1986，219〜224ページ）。

①教職意識は自己の職業の価値や意義に対して抱く気高い見解に存在する
②教職意識は生徒と親に対する正しい心情の中に存在する
③教職意識は上司と部下の間の尊敬に存在する
④教職意識は教師相互に尊敬しあう関係の中に存在する
⑤教職意識はみずから不断に認識・技能を発展させ強化させようとする意識に存在する

▷24　ここでいう基準はOECD（経済協力開発機構）による PISA（Programme for International Student Assessment）をさしている。2000年より開始された子どもの活用力を評価する国際的な取組みであるが，当初 OECD 加盟国のみが参加していたが，近年多くの他の国と地域の参加を得ている。日本の学校教育法における教育目標規定や教育振興基本計画および2017年に改訂された学習指導要領にも大きな影響を与えている。

⑥教職意識は現代の出来事やその動向に対する敏感な意識と関心に存在する

⑦ドイツの教師の教職意識は自らを国民の一人としてドイツ青年の教育者として自覚することに存在する

　前出の『教授指針』とライン新聞紙上で公開された『教師意識（*Lehrer-bewußtsein*）』から導き出されたこれらの教職意識に関する彼の見解は，教職の専門性の観点と国民の代表としての観点に区別できると吉本は指摘する。すなわち前者では，子どもに基礎的教育を施す国民学校の教師が子どもとその親との最も身近な他者である「友人」として信頼関係を構築する一方で，愛国心をもつことが重視される。なぜなら，周辺の地域から信頼関係を築きながら国民学校で就業する教師には，「単にプロイセンでもなく，またヘッセンでもなく，普遍的な人間愛に支えられたドイツ国民としての統一的な愛国心」（吉本，1986，223ページ）に基づく教育活動が求められたためである。

　しかしながら同時にディースターヴェークは，一定の国家や国土に属することのない愛国心や所属を要求しない心性を次のように批判する。「特定の国土や国民に属したくないという感情，願望あるいは希望を持っているようなものは，悪い意味での世界市民，つまりコスモポリタン，無国籍の人間である。こんな人間は，通常，ほとんどあるいは，まったくといってよいほど，何も実行することのできない人間である。」（吉本，1986，223ページ）。

　このようにドイツ統一の基礎となる学校教育を希求した彼にあっては，他の文化や民族を排除する狭い愛国心も上述のような空想的な世界市民意識のいずれも教師にとって不適切な意識であった。そして，このような姿勢は先に教職意識の分類であげた教職の専門性にも貫かれている。次に，国民学校の教師の主な任務であった授業（Unterricht）にあらわれる国民国家形成の願いを明らかにしていく。

3　ディースターヴェークによって確立された授業像

　教職意識のなかで，ディースターヴェークが研修や研究の重要性を主張する背景には，教師の知識レベルの低さがあった。梅根の紹介する国民学校の教師への転職理由を品行方正さに求めるディンター（G. F. Dinter）の実話が最も典型的ではあるが（梅根，1988，114〜115ページ），当時の学校教育と教師の現状を伝えるものからは，子どもに授ける知識や技能をもっている大人であれば学校で教えられるという職業観を読みとることができる。ディースターヴェークもまた，当時の一般的な理解として，研究による発見と学習による習得が学者と他の一般民衆に分離されていたことを指摘している。

　このような事情は国民学校教師の待遇や身分に起因するだけではなく，学校における授業すなわち彼が『ドイツ教師に寄せる教授指針』による改革の対象

▷25 プロイセンでは1763年に通達された「地方学事通則」によって農村においても義務教育が行われるようになった。他の国における義務教育に大きな影響を与える勅令であったが、キリスト教関係の書籍を教科書にしていたため王侯貴族の支配体制を維持する装置としても、その役割が期待されていた。

であったドイツの前近代的な授業すなわち民衆学校における授業に基づいている[25]。そこでの教育および授業の特徴を彼は以下のようにまとめている（吉本、1986、125〜126ページ）。

〇古い学校は、教会学校であった

〇古い学校は、宗派の信仰および礼拝を教えた

〇古い学校は言葉と概念を教えた

〇古い学校は、言葉の記憶を訓練した

〇古い学校は理性をおさえた

〇古い学校は永遠の浄福のことのみ教えた

〇古い学校は学習学校であった

〇古い学校は教養をバラバラに羅列した

〇古い学校は、生徒たちを学習と規律の絶対主義によって圧倒した

教会と家庭、村落における実生活に役立つ偏狭な知識・技能を徹底した管理によって「学習」させる旧来の学校だからこそ、すでに教育を受けた大人であれば誰でも教師になれたのだ。古い授業の行われる教室から教師を引きずり出し、授業方法を交流することで彼らを教育する教員集団の組織者・指導者として活躍したディースターヴェークは、それゆえに、上述したように教師一人ひとりが教育に関する知識を認識に高めるまで研究することを力説したのであった。

彼が熱望した新しい時代の（ための）学校は「人間本性を自然法則にしたがって発達させ、すなおできびしい訓練によって性格の形成を目指す」ものであった。そしてすでに吉本が解明しているように、学校の中心的任務である教授（Unterricht）では、「ドイツ民族文化の発展によってもたらされたいっそう豊かな文化内容」の伝承と同時に「真理を認識するだけではなく、それを生み出し、発見することのできるように指導する」（吉本、1986、131ページ）ことが求められたのである。

したがって、教師には授業で扱う内容だけではなく、方法すなわち「発生的・発見的教授法」を交流する場が保障される必要があるとディースターヴェークは主張するのである。同時に、集団ないし個人で営まれる教育に関する研究には、単なる知識の受容が生徒を教える準備となるのではなく、教師自身が「人間陶冶」を徹底的に追求し、「真理をその起源および根源において、また一つの真理を他の真理との関連において把握したところの知識、識見」（吉本、1986、221ページ）である認識の形成が重要であると彼は主張する。ここには、先行世代の代表であれば誰でも教師になれたかつての学校を、意識的で主体的な「知的自己活動」を介して教育された教師によって国民のための学校に再生しようとする彼の情熱があふれているのである。

第**5**章　近代国家と国民教育の時代

　それでは，このような学校と教師が目指す教育目標はいかなるものであったのであろうか。次にディースターヴェークが目指した子ども像を，先にあげた教職意識を構成する側面と関連づけて述べてみたい。

［4］　ディースターヴェークによって確立された子ども像

　彼によって新たな教師に求められた「自己活動」は教育目標すなわち学校生活の結果としてあらわれる子ども像にも敷衍されるものであった。なぜなら教会との深い結びつきのうちにあった学校では「幸福なる奴隷」（吉本，1986，140ページ）の陶冶が目指されていたためである。すなわち封建主義社会の身分制度では，君主と領民の関係を親子関係に還元する古い家父長制度によって子どもの未来は狭い地域や家庭と職業に閉じ込められていた。そしてこの制度は，ドイツのみならず多くの国々で「かれが今，生活していることより以上に多くを知ることを望まない」教育をとおして父としての君主の配慮を期待する人間によって安定的に維持されてきた。

　国民国家設立を願うディースターヴェークは君主と教会に支配された学校を教育目標の刷新をとおして改革しようと主張した。新しい学校では「自主的に決議し，自己活動的に批判的に真，善，美に向かって努力していく人間」（吉本，1986，143ページ）を育てることが目標に定められたのである。この教育目標は吉本によれば，自己活動という形式的原理と真，善，美という実質的な原理とが統一されたものであるとされている。ここでわれわれが留意しなければならないことは，彼がこの目標の達成のために子どもの発達における内的要求のみに従う自然主義と一線を画していることである。

　ルソーやペスタロッチが教育における子どもの自然に期待した頃とは異なり，ディースターヴェークが生きた時代には，政治・経済領域での発展や自然科学の急速な進展は無視できないものとなっていた。[26]ゆえに彼は子どもの所与の素質の発達を学校教育の第一原理として措定しつつ，他方で真理の普遍性を否定し教材と主体的に対決するための主体的で意識的な自己活動の重視を主張せずにはおれなかったのである。

　そのため，前出の専門職としての教師には，「現代」の出来事とそのダイナミックな動向に敏感であることが求められたのである。そしてこのような意識で子どもに対面することで，「現在の青年は昔されたように教育されていない」と嘆くのではなく，現代生活のなかで教師こそが「生き生きと活動して若者の力に触れ，それによって刺激されなくてはならない」（吉本，1986，221ページ）と訴える。このように時代のトレンドに敏感な教師だけが先行世代によって築かれた文化（教材）をもとに，大工業生産制に起因する階層社会の出現しつつある時代に即した真理を認識し，よさへと実践し，そして道徳的に判断す

▷26　1832年にディースターヴェークがベルリン師範学校に学校長として赴任した人事にも，当時の新興市民階級が関係していた。その一人であるハルコルト（F. Harkort）は，ライン地方で最初に蒸気機関工場を設立した工業家であった（1818年）。大量生産を行うこのような工場では，義務教育を受け，ある程度の初歩的な知識をもった多くの人間が必要であった。

91

る人間を育てると，ディースターヴェークは確信していたのだった。

先行研究でも解明されているように当時のプロイセンでは，フィヒテの著名な講演「ドイツ国民に告ぐ」を契機として巻き起こった国民教育振興への期待はペスタロッチ主義の精神および方法による学校教育改革へと結実した。この時代にディースターヴェークは若き教師としてペスタロッチの思想にふれ，また教師の上司として階級対立と貧困の問題を目のあたりにし，教員養成教育と教育政策立案を通して上述の学校教育構想にたどり着いたのである。当時のドイツにおいてペスタロッチの後継者を自認しながら他の継承者から形式主義的画一的解釈とも批判されてもいたのも，彼こそが「居間の教育学」を「学校の教育学」へと批判的に継承しようとした証だったのである。

5 プロイセン学校教育改革の実際とディースターヴェークの残したもの

国民国家建設の礎として国民学校と専門職としての教師を訴えたディースターヴェークは人生の晩年すべての公職から追放される（1860年）。それ以前には，彼が所長を務め，教授学，心理学および人間学等からなるカリキュラムの下若い教師が活発に議論を交わし勉学に励んだであろうベルリン教員養成所も「危険思想の発祥地」として1847年に閉鎖される。「民族の春」として歓迎されたドイツ三月革命は実際には8か月と短命なものであり，明確にディースターヴェークの先進的な主張に対抗する「シュティール三規定[27]」はペスタロッチ主義への民衆の憧憬を断ち切った。実際に教師教育の授業内容は1872年まで宗教と実学主義的な「学校科（Schulkunde）」等に限定され，この状態は教師教育の科学化を掲げたワイマール憲法成立まで継続したという。

国家存続のために学校教育を懐柔しようとした当時の支配階級が打ち出す反動改革は，しかしながら，ディースターヴェークの思想において示される3つの方向に開かれた教師こそが，新しい時代を担う次世代である子どもを教養にあふれた主権者とする可能性を有していることを証明しているのである。

まず教師は社会に対して開かれていなければならない。真理はそれを羅針盤として生きる世代によって異なって捉えられるからである。しかしながら次に教師は普遍的な科学にも開かれている必要がある。養成期間以降継続して科学を学ぶ教師こそが学校と子どもの本質を問い続けながら実践できるからである。最後に教師は子どもと家庭・地域に開かれていなければならない。なぜなら地域と家庭の身近な問題の背景にある現代的課題にこそ挑みかかる子どもが民主主義と科学技術を変革する主体となるからなのである。

▷27 1854年にシュティールによって起草されたものをさす。ここでは，教師教育カリキュラムの実学的「統合」のほかに，初等学校の授業を「教会や家庭，職業，村落および国家における実生活に奉仕すべき」ものに規定することが強調された。

4 アメリカ——公立学校設置運動の展開と師範学校における教員養成

1 公立学校設置運動の展開

　1820年代から50年代にかけて，ジャクソニアン・デモクラシー[28]を背景に，アメリカ北部や北西部の諸州において，すべての子どもに開かれた公立学校（コモン・スクール）[29]の設置を要求する運動が労働者を中心に展開された。一方で，産業革命の進展で，年少労働者の雇用が急増し社会問題化しはじめ，また，多様な言語や文化を有する移民の激増で，彼らのアメリカ化の問題も生み出されつつあったことも，公立学校設置運動を後押しした。

　公立学校設置運動の結果，すべての子弟に開かれた公立学校，すなわち，「無償」で，「宗派主義を排除した」，「州支配」の公立学校制度が成立したのであった。以下，その成立過程について概観していく。

① 無償学校制度化の過程

　公立学校設置運動の高まりに対応して，徐々に各地で，教育者たちが新しい種類の学校——すべての住民に開かれた学校——いわゆるコモン・スクールを構想しはじめていた。教育改革者たちは，富裕階級にも庶民階層と同じように開かれ，利用できる無月謝学校という理念を推し進めた。もしも，この無償教育が，その対象を庶民階層に限定したならば，それはすぐに「貧民学校」というレッテルを貼られ，合衆国の自由で誇り高い独立的な市民によって拒否されるだろうと考えられたからである。

　無償学校の「無償」の範囲であるが，これについては少なくとも授業料が課されないことが必須であった。その実現に向けては，授業料制度の廃止と，これに代わる財源としての地方教育税制度の確立とが不可欠であった。従来，北部ニューイングランド地方では，公立学校維持のため実質的に授業料とみられるレイト・ビル[30]のほか，公有地や各種許可税などの収入が充当されることが多かった。

　すべての子どもに開かれた無償学校を維持するには，富裕層への直接課税による財源の確保が求められた。もちろん，こうした直接課税は，とくに個人の財産権への不当な侵害であるとして，経営者や農民の側から激しい抵抗に遭った。これに対して，公立学校設置運動の有力な指導者の一人，マン[31]は，人間の自然的権利として「すべての者の教育を受ける絶対的権利」を主張し，さらに財産は元来造物主により万人に与えられたものであるとの立場から，財産の社会性・公共性を指摘し公教育のための財産税の正当性を説いたのであった。また，公教育の普及は貧困や犯罪を減少させることにつながり，富裕層の財産

▷28 ジャクソニアン・デモクラシー
アメリカ合衆国第7代大統領 A. ジャクソン（在職1829〜37）の時代の民主的な改革運動を総括する概念。この背景には，産業革命および資本主義産業の急速な発展にともなう労働者の急増に加え，西部における辺境開拓の飛躍的進展による農民勢力の台頭があった。労働者・農民階層は民主的で平等な社会や政治の実現を目指して諸制度の改革を要求した。とくに労働者は，自らの子弟のために平等な教育機会の保障を求めて公立学校の設置を強く要求したのだった。

▷29 コモン・スクール
ヨーロッパにおいてコモン・スクールは「普通の人々のための学校」という意味で使われていた。しかし，アメリカでは，公立学校設置運動のなかで「すべての人民に共通の学校」というヨーロッパとは異なった意味で人々に捉えられた。

▷30 レイト・ビル
公立学校の経費が不足した場合，または授業日数を延期する場合，児童生徒の保護者に課せられた費用であり，児童生徒の人数により保護者に課された分配金のことである。

▷31 ホレース・マン
（Horace Mann, 1796 〜1858）
1827年マサチューセッツ州下院議員，1836年上院議長になる。1837年，マサチューセッツ州教育委員会初代教育長に任命され，12年間教育改革に従事した。教育長在任中12年間の年次報告書12冊（12年報）が有名である。

を守ることにつながるとも主張した。

　無償学校の実現の時期は，各州によってさまざまであった。マサチューセッツ州は，早くも1827年の法律で，各タウンに対してレイト・ビル廃止と無償学校維持のための直接課税を義務化した。これに対して，中部のペンシルヴァニア州では，慈恵的な貧民学校の存在が無償学校実現を阻んでいたが，フィラデルフィア公立学校振興協会が民衆や州政府に強烈に働きかけた結果，貧民学校は廃止され，1834年には，任意ではあるが学区による直接課税の規定を含む無償学校法が制定された。そのほか，ヴァーモント，インディアナ，オハイオ，アイオワなどの諸州においても，地方教育税制度を含めた無償学校が次々と実現していったのである。

② 宗派主義の排除

　次に，宗派主義の排除についてである。すべての子どもに開かれた公立学校は当然に特定の宗派に偏ってはならず，宗派性は徹底的に排除されなければならなかった。公立学校設置運動が興った当時，すでにニューイングランドの13州では信教の自由と政教分離の原則が法的に確立され，この原則に則り，公立学校から宗派性は排除されていた。例えば，マサチューセッツ州では，1827年の法律で各タウンの学務委員会に対して管内の公立学校に宗派的な図書の購入・使用を命ずることを禁止していた。もちろん，この措置に対しては多くの宗派から「公立学校は神のない学校である」として激しい批判が起こった。これに対してマンは，公立学校で宗派的教育を行うことは，すべての子どもに開かれなければならない公立学校制度を全面的に破壊することにつながると厳しく反論した。その後，1855年には州憲法が修正され，宗派学校への公費支出は禁止された。こうした教育財政面での公立学校と宗派学校との分離に加えて，教育内容面での宗派性の排除も進んだ。南北戦争までに，ニューイングランド地方の大部分の州や北西部の一部の州などで，宗派性の排除は制度的に確立されるに至ったのである。

③ 公立学校に対する州監督の制度化

　さらに，公立学校においては一定の教育水準を確保する上で，州監督制度の確立が必要とされた。前章で説明したとおり，ニューイングランド地方では学校を監督する基本単位として学区制度が発達してきた。だが，学区制度には多くの弊害が指摘されてきた。学区内では住民の利己心が渦巻き，開校期間の短縮，無資格教師の選任，就学状況の不振など，教育の質的低下を招くような深刻な事態を引き起こしていた。こうした状況が，州監督の制度を強く意識させることになった。マサチューセッツ州では1837年に史上初の州教育委員会が設置され，州内の公立学校の実態把握や資料収集，政策の提言を行うなど，州としての学校監督の役割を果たすことになった。初代州教育長には，公立学校設

置運動を強力に牽引してきたマンが就任し，公教育改善への努力を精力的に進めていった。とくに1839年の法律では，多くの問題を抱えてきた学区制度を廃止し，代わって各タウンを基本単位としてこれを州が監督する教育行政機構を確立した。その後コネティカット州でも，州教育長のバーナード[32]が，マンと同様な努力を推し進めたのであった。1870年までに大部分の州において教育委員会が設置され，州監督制度が確立されたのである。

　こうして，南北戦争前までには，北部と北西部の多くの州で，すべての子どもに開かれた，無償で，宗派性が排除され，州支配の公立学校制度が成立したのであった。しかし，南部諸州では，大農園主（プランター）・貧しい農民層・黒人奴隷による前近代的な社会体制のなかで，いまだ私教育および救貧教育が主流であり，すべての子どもに開かれた公立学校制度の成立は南北戦争後にもちこされることになった。

④　義務教育の制度化

　すべての子どもに開かれた公立学校が整備されていく過程で，就学を確実に保障すべく義務教育制度が整備されていった。

　義務教育制度については，古くは1642年にマサチューセッツ植民地において，子どももしくは徒弟に対する教育義務を保護者もしくは親方に課していた。しかし，これは主として宗教的動機に基づくものであった。これに対して，州による監督を受けた公立学校の発展の延長にある近代的義務教育制度は，産業革命の進展にともなう年少労働対策と関連しながら進んできた。なかでも北部諸州では，19世紀前半に産業革命が急速に進行するなかで，多数の年少者が過酷な労働条件の下で働かされ，年少労働問題が当時重大な社会問題となっており，その対応として，直接には年少労働が制限・禁止される一方で，義務教育が制度化されたのであった。マサチューセッツ州においては，1842年に不十分な内容ながら年少労働法が制定され，続いて1852年には，史上初の義務就学法が制定された。義務就学法では，8歳から14歳までの子どもを毎年少なくとも12週間，タウンもしくは市の公立学校に就学させることがその両親に義務づけられた。ちなみに，同法では義務教育の代わりに家庭や私立学校において公立学校と同等な教育を受けることも認められている。1867年にはヴァーモント州が義務教育法を制定し，1900年までには32州が義務就学法を制定し，そして1918年ミシシッピ州を最後として全米のすべての州で8〜9年間の義務就学制度が確立されたのであった。

[2]　中等教育制度の発展

①　ハイスクールの発達と8-4制の成立

　義務教育の制度化に加えて，その上構部分である公立ハイスクールの発達を

▷32　ヘンリー・バーナード（Henry Barnard, 1811〜1900）
コネティカット州議会下院議員として，1838年には公立学校管理の法案を州議会に提出し可決に導き，州教育委員会の初代教育長に任命され，師範学校長を務めるなど，コネティカット州の公立学校制度の整備に尽力した。

経て，アメリカの近代公教育制度が一応の成立をみたといえる。

　植民地時代末期に普及した私立のアカデミーは，新興商工業者階級の教育要求に合致した近代的・実学的教科を取り入れて有償の教育を行い，19世紀の前半を通じて中等教育の主流となってきた。しかし，公立学校設置運動が推進されるなかで，義務教育段階の上構部分として公立ハイスクールが出現し，やがて19世紀の後半には，中等教育の地位は次第にこれにとって代わられるようになった。

　ハイスクールのはじまりについては，1821年設立のボストン・イングリッシュ・クラシカル・スクールが，その3年後に「ハイスクール」と改称したものが最初とされる。一方で，ハイスクールが明確に制度化されたのは，マサチューセッツ州の1827年の法律のなかで500家族以上の市・タウン・学区に実質的なハイスクールの設置が義務づけられて以降とされる。初期の公立ハイスクールは，小学校内に，上構部分の学校として設置され，合衆国史，簿記，測量，数学などが教授されていた。この学校が徐々に独立した形をとり，小学校との接続を明確にするようになったのである。

　公立ハイスクールが急増したのは，ハイスクールの維持のための課税の是非が争われたカラマーズ判決以降である。当時のハイスクールでは授業料が課されている州もあったが，一部の州では，コモン・スクールのための公費が，その維持に充てられていた。当時のハイスクールの主要な役割は大学準備教育であり，一部の子どものための課税の違法性を指摘する者もいた。こうした批判の高まりのなかで，ミシガン州において公立ハイスクールのための教育委員会による課税の阻止を目指した訴訟が起こされた。最終的に，1874年に州最高裁は，公立ハイスクールがコモン・スクール制度の一部を構成するものとの判断を示すとともに，カラマーズ市によるハイスクールの設置やそのための市民への直接課税追加を支持したのであった。

　1875年には公立ハイスクールの入学者は2万5000人に満たなかったが，1880年には入学者数でアカデミーを超え，1890年には全米に2500校設置され，入学者も20万人超，1900年までに6万校に50万人が入学したのであった。こうして19世紀の後半の末には，8－4制の単線型学校体系[33]が形成されるに至った。なお，19世紀末葉以来ハイスクールが急激に増加し，初等学校を修了した大量の子どもたちを収容していくなかで，ハイスクールは，従来アカデミーで行われていた大学進学希望者のための準備教育の役割を抱え込みつつ，同時に庶民の子どもたちの多様な教育要求にも対処していかなければならなくなった。その結果，1930年代以後大勢としては各子どもによる自主的選択を前提に多様な課程・コースを包括したアメリカ的な総合制ハイスクールが普及するに至った。こうして19世紀半ば頃にはアメリカ東部・南部を中心に小学校8年，ハイス

▷33　単線型学校体系
単一の教育系統で構成される学校体系。性別，社会階層にかかわらず，すべての国民が，その意欲と能力に応じて，初等教育・中等教育・高等教育の各段階に進んでいくことのできる制度であり，「教育の機会均等」理念を学校教育において実現した制度である。

クール４年（いわゆる８-４制）という，高等教育へ続く単線型の学校体系が成立したのであった。

② 中等教育改革の進展と６-３-３制の登場

　1892年に開催された全米教育協会[34]（National Education Association : NEA）の年次大会で，ハーバード大学総長エリオット（Charles William Eliot, 1834～1926）を委員長とする「10人委員会（committee of ten）」が設置され，さらにその下に，教科別に９つの専門委員会が組織された。そこでは，中等教育や高等教育の問題が検討され，その翌年に出された『中等学校課程に関する10人委員会報告』のなかで，「中等学校の就学期間は，現行よりも２年早めてはじまるようにし，初等学校の修業年限を６年にすべきである」とする提案がなされた。この報告書を引き継いで，その後の６-３制の成立に大きな影響を与えたのが，1918年の中等教育改造委員会の報告「中等教育の原理（Cardinal Principles of Secondary Education）」である。このなかでも「最初の６年間が初等教育に配当されなければならない」と提言された。

　20世紀初頭になるとハイスクールの進学者が急増し大衆化が進み，多様な能力，適性，興味等をもつ生徒が入学してくるようになった。すると，従来までの大学進学準備のための教育だけでなく，卒業後職業生活等に入る若者のための教育も担うことになった。そこでハイスクールは，大学への準備科目以外に多様な科目を提供し選択させることで，大衆的な教育機関として発展することが期待されるようになった。

　進学者の増加と多様化のなかで，初等教育を６年間とするとともに，ハイスクールを２段階に分ける構想が浮上してくる。初等教育とアカデミックな中等教育を提供する学校の隔たりを埋めるために，両者の間に中間的段階を設ける案である。すなわち６-３-３制におけるジュニア・ハイスクール，シニア・ハイスクールである。この制度は，1910年頃オハイオ州コロンバス，カリフォルニア州バークレイ島などで発展した。その後この案は，(1)初等教育よりさらにレベルの高い中等教育を，その一部であるにせよ義務教育の一環として，すべての子どもに受けさせることができる，(2)多民族国家アメリカにおける市民教育の必要性等の理由で，多くの学区に採用されていくようになったのである。

3　師範学校の設立とオスウィーゴ運動

　公立学校設置運動が展開するなかで，小学校教師の養成を目的とした学校，すなわち師範学校が，教員養成を担うようになっていった。

　1839年には，最初の州立師範学校が，マサチューセッツ州レキシントンに創設された。入学資格は，男子17歳以上，女子16歳以上とされ，入学志願者は綴り方，読み方，書き方，文法，地理，算数など小学校の諸教科に精通し，同時

▷34　全米教育協会（NEA）
1870年，全米教員協会から改称した。会員には教師，教育行政官，大学教員など教育関係者が広く参加している。職能団体として，教育者の地位の向上，教師の権利，労働条件の改善，教員養成，教育実践の進歩を目指して活動した。

に知的能力および道徳的性格を備えていることが求められた。授業料は無償とされ，さらに奨学金も給付された。一方で，卒業後は州内の小学校に就職することが義務づけられ，入学時にその旨を宣誓せねばならなかった。師範学校の教育内容は，第一に，小学校教科の復習であり，第二には教科を教える技術，すなわち教授法の習得であり，第三は師範学校に付設された練習学校における教育実習であった。このなかでとくに，教授法の習熟と教育実習が重視された。この3つの領域は，以後の師範学校の教育課程の基本的枠組みとなった。

しかし，当時は教師教育の中核となる教授理論が未発達だったこともあり，師範学校の普及はなかなか進まなかった。そうしたなか，1859年には，ニューヨーク州オスウィーゴ師範学校において，シェルドン（Edward Austin Sheldon, 1823～1897）が中心となって，教授理論にペスタロッチ原理を本格的に導入し，教授法に一大変革をもたらした。この実践で教師教育の体系化の方法が明確化され，師範学校設立を躊躇していた各州は，オスウィーゴ師範学校をモデルに，師範学校を設立しはじめた。ペスタロッチ原理に基づく教育実践運動はオスウィーゴ運動と呼ばれている。1900年までに，全米で州立125校，市立27校，私立134校が設立された。

20世紀近くになると，多くの師範学校は師範大学に昇格していった。最初の師範大学は，1890年に名称を変更し，学位授与権を認可されたニューヨーク州立オルバニー師範大学である。昇格の背景としては，ハイスクールの急増によるハイスクール教師需要の増大があげられる。従来，ハイスクール教師には一般大学の卒業生がなることが多かった。しかし，一般大学だけでは教師の確保が困難であることが明らかになり，師範学校に対する期待が高まっていった。大学昇格に際しては，ハイスクールの卒業を入学資格条件とし，あわせて修業年限の延長を図らねばならなかった。レキシントン校などの初期の師範学校は1年制課程であったが，修業年限を4年へと延長し，一般教養や専門教育を改善し，教育課程を充実させていった。各地の師範学校は，自主的に教育水準を向上させ，卒業生に対して学士号を授与するまでになったのである。

その後師範大学は教育大学に名称を変更していった。それは師範大学がアカデミックな学問水準の向上を図るにつれて，教師志望でない学生が入学するようになり，教員養成の目的に加え，住民の高等教育需要をみたす必要に迫られたためであった。教育大学は1900年にはわずか2校にすぎなかったが，1930年までには134校へと急増した。一方で，一般大学も，ハイスクールの普及による中等教育の大衆化と多様化に対応して，教員養成へ積極的な関与をはじめた。すなわち，教育学講座を設け，教育についてのいくつかも科目を用意し，さらに教育実習を付加するなど，専門職業的な課程の履修を教員志望者に義務づけたのであった。

5　帝政ロシア──初等国民学校網の拡大と教員養成

1　初等国民学校制度の導入

　ツァーリ（皇帝）による専制が行われていた帝政ロシアは，オスマン帝国と
それを支援するイギリス，フランス（第二帝政）およびサルデーニャ王国との
クリミア戦争（1853〜56年）に敗北したことによって，国家・社会の近代化に
よる生産力の向上の必要性を認識し，資本主義の発展に寄与する社会制度全般
にわたる改革に着手した。アレクサンドル2世が1861年2月に発布した「農奴
解放令」は，領主による人的支配からの解放と封建的な土地所有の廃止を同時
に進めるものであった一方で，分与される土地の取得が有償であったことか
ら，債務を負った農奴の多くが領主に対する隷属性を強めてしまう側面を併せ
もっていた。しかし，領主の所有物として取り扱われる身分的な規制の解消に
ともなって，移動や経済活動に一定の自由が認められた農民層が形成され，帝
政ロシアにおける資本主義の発展の条件となるなど，その後の社会状況を大き
く変化させる契機となった。

　例えば，農奴の解放は，領主が行ってきた約4700万人の住民管理が国家の責
任に移ることを意味し，その対策として，1864年1月に発布された「地方制度
に関する規程」により，帝政ロシア一般法が適用される78県のうち33県とそこ
に属する郡にゼムストヴォと呼ばれる地方自治組織が設置された。

　県・郡のゼムストヴォには，任期3年間の代議員による県会・郡会が置か
れ，その下に設けられた参事会が所掌する行政事項を執行した。郡会の代議員
は，領主（貴族），都市住民（商人・職人他）および農村共同体（農民）の別に設
定された選挙人によって選出され，県会の代議員は，郡会の代議員によって選
出された。選挙人には財産資格が設けられており，ゼムストヴォの運営は，貴
族を中心に行われることが一般的であった。さらに，ツァーリ政府の命令系統
に位置づけられた内務大臣と県知事が，それぞれ県ゼムストヴォと郡ゼムスト
ヴォを監督したことなどから，ゼムストヴォに認められた権限は，地域におけ
る経済的・文化的な事業に限定されていた。しかし，貴族，商人・職人および
農民が，それぞれの意思の一部を反映させながら，県・郡の地方行政について
共同で検討・執行することから，厳しい身分制に基づく社会制度に変化をもた
らす民主的・自由主義的な地方自治組織との性格を備えていた。

　ゼムストヴォによる教育分野の権限は，主に初等教育に関するものであり，
郡当局の許可を受けて教区学校を設立し，それを維持するための財政措置を講
じることであった。具体的には，校地・校舎の調達，施設・設備の維持・管

▷35　農奴解放令
貴族領主が所有する土地に
緊縛され，自由な移転が認
められていなかった農奴
が，ロシアの資本主義の発
展を妨げているとして発布
された。これによって，
1863年2月に領主の農奴に
対する支配権が廃止された
が，その解放の内容は不十
分なものであった。

▷36　農村共同体
ミールと呼ばれる農村の自
治的・地縁的な共同体であ
り，ツァーリによる農村支
配の単位となっていた。構
成員の戸主のなかから長が
選ばれ，租税などに関する
連帯責任を負うこととさ
れ，農奴解放令においては
土地を分与される対象と
なった。

理，教師の任用と給料の支払い，光熱費の負担などであり，授業の内容や指導方法について関与することが認められていなかった。それにもかかわらず，ゼムストヴォは，1865〜1875年の10年間で，農村部を中心に約1万校の学校を設立し，帝政ロシアにおける初等教育の普及に大きな役割を果たした。

こうした動きの一環として，1864年7月に「初等国民学校に関する規程」が定められ，すべての国民が，身分や性別等にかかわらず，初等教育を受けることができるとされた。それまでの帝政ロシアの学校体系は，「大学管下ギムナジアおよび諸学校令」の1828年改正に則して，貴族の子弟を念頭に置いたギムナジア，「主として商人，職人およびその他の都市住民」を対象とした郡学校，さらに，「最も下位の身分を含む者」の入学を予定した教区学校といった，身分制に基づく3つの系統に分かれた複線型であった。また，国民教育省だけでなく，国有財産省，内務省，皇室領庁および鉱山局といった政府機関やロシア正教を統括した宗務院などが，それぞれの目的に応じた学校を独自に設置し，異なる基準による学校の運営が行われていた。

これに対し，「初等国民学校に関する規程」は，ゼムストヴォを含むさまざまな機関，組織および私人に初等教育を行う学校を開設する権限を与えるとともに，設置者の別によらず，それらの学校すべてを初等国民学校として包括し，共通の基準で教育活動を行うこととした。初等国民学校の教育課程には，神の法（簡単な教理解説と聖書物語），世俗語ならびに教会スラブ語の読み方・書き方，算数，教会唱歌の授業科目が置かれ，ロシア語を用いて教授されることが定められていた。さらに，教師が児童を指導するにあたっては，国民教育省と宗務監督庁が認可した教授指導書に沿うこととされた。

このことは，ツァーリ政府が，身分制に依拠しない初等教育を構想した一方で，ロシア正教の教理を踏まえた体制の維持・強化と国民の統制を図ったことを表している。そのため，初等国民学校の目的として，すべての国民に「初歩的で有益な知識を与える」だけでなく，「国民の宗教的かつ道徳的な観念を確立」することが明示されていた。したがって，神の法の担当教師がロシア正教の管区長によって任命された者でなければならなかっただけでなく，他の授業科目の担当教員についても，聖職者・教会従事者または「良好な道徳性や思想の穏健性が証明された者」であることが求められた。

また，初等国民学校の大きな問題点として，中等教育段階の学校との連続性が保障されていなかったことがあげられる。1864年11月に示された「ギムナジアおよびプロギムナジアに関する規程」は，資格や信仰にかかわりなく，すべての身分の子どもが入学できることを定めた一方で，その教育内容については，初等国民学校との系統性・関連性にまったく配慮したものではなかった。これは，初等国民学校が，農奴解放によって拡大した農民層の子どもを主な対

▷37 初等国民学校に関する規程
この規程では，すべての学校を国民教育省が管轄することが原則とされたが，聖職者を含む教衆（教役者）等の団体・組織によって設立された学校については，引き続き，宗務院が管轄する例外が認められていた。

象に「初歩的で有益な知識」を伝達するのに対し，ギムナジアやプロギムナジアが，優秀な官吏等となるべき貴族に加えて，生産力の向上に寄与する都市住民に相応しい教育を提供することが想定されていたためである。

　初等国民学校は，上級の学校への進学を明確に保障するものではなく，学習者の身分の移動や社会的地位等の向上につながる実態を備えていたわけではなかった。しかし，非識字者がほとんどを占めていた帝政ロシアの農村部において，読み方，書き方，算数といった根源的・基礎的・初歩的な教育（いわゆる3R's）が提供されたことにより，その後，「最も下位の身分を含む者」が，さらに上級の学校で教育を受けることを求める動きへとつながり，国民の「教育を受ける権利」を保障する民主的な学校体系を構築するための土台を形づくった。

　このような教育改革の背景には，身分制に基づく学校体系を否定的に捉え，すべての国民を対象とする普通教育の実現に向けた民主的・自由主義的な教育思想・運動の高まりがあった。その中心的な人物の一人として，「ロシアの国民学校の父」や「ロシアの教師の教師」とも呼ばれるウシンスキーがあげられる。ウシンスキーは，モスクワ大学を卒業し，ヤロスラヴリ法律専門学校の教師，ガッチンスキー孤児学院の教師・学監，スモーリヌイ女子学院の学監を務めた後，ツァーリ政府から危険人物視され，1862～1867年の間，健康上の問題と欧米諸国の女子教育の研究視察を名目としてスイスに追放されていた。

　ウシンスキーが著した「公教育における国民性について」（1857年）によれば，教育には，それぞれの国が有する歴史的・地理的・自然的条件によって規定される固有の国民性が深くかかわっており，すべての民族に共通する普遍的な国民教育制度は存在しないとされる。そのため，ウシンスキーは，当時，ヨーロッパ各国に大きな影響を及ぼしていたドイツの教育をそのまま帝政ロシアにもち込むことはできないと主張した。また，こうした観点から，すべての教育活動の基礎には，母語であるロシア語が位置づけられるべきであるとして，初等教育用の教科書「母語」[38]（1864年）を出版するなど，国民性を重視した教育の実現に理論的・実践的に取り組んだ。ウシンスキーがスイスから帰国後に発表した「教育の対象としての人間――教育的人間学試論」（1868・1869年）は，ロシア教育学の古典として位置づけられている。

2 　初等国民学校教員の養成制度

　「初等国民学校に関する規程」が定められて以降，農村部を中心に急増する初等国民学校での教育活動に直接的に携わる大量の教師の養成が政策課題となった。ツァーリ政府は，まず，1865年に12の教員養成コースをギムナジアや大学に附設する形で整備し，初等国民学校の教師を計画的に養成する取り組み

▷38　**教科書「母語」**
ウシンスキーによって作成された教科書「母語」は，ロシアの民話や寓話などを広く取り入れており，ロシアの国民性に基づいた国民教育の実現を目指したものである。1917年の帝政ロシアの崩壊までの間に146版を重ねるなど，ロシア全土で一般的に使用された。

に着手したが，ゼムストヴォが初等国民学校を新設するペースに対応しきれず，十分な数の教師を供給することができなかった。また，1866年4月にモスクワ大学の元聴講生であったカラコーゾフによるツァーリ暗殺未遂事件が発生したことを契機に，革命思想・運動が国内に広がることに対する警戒感が強まり，ツァーリ政府による教育政策が急激に保守化していくこととなった。

　こうしたなか，1870年3月に「教員セミナリアに関する規程」が定められ，農村部の初等国民学校の教師を専門の機関で養成する体制が形づくられた。

　教員セミナリアは，修業年限3年間を原則とし，郡学校を改編して設置された5年制の初等教育機関（二級学校）を卒業した16歳以上の男性に入学資格が認められた（後に女性にも認められた）。そこでの授業科目として，神の法，一般教育学，ロシア語ならびに教会スラブ語，数学，地理学，土壌学，図画，ロシア史，教会唱歌などがあげられ，附属学校等での教育実習が必修とされた。これらは，初等国民学校の教育課程に対応したものであり，農村住民が生活のなかでかかわるさまざまな事象について説明することができるように自然科学系の授業科目が重視された。ただし，その教育内容がギムナジアやプロギムナジア等に比べて低い水準に留まったことに加え，教員セミナリアの生徒にロシア正教会の礼拝儀式への参加や精進・斎戒の遵守が義務づけられるなど，全体として宗教的な意味合いが強調された教育活動が行われた。

　このことは，初等国民学校の教師には，学問的に高い水準の知識を身につける必要がなく，児童との人格的なかかわりによる教育活動を支える教師自身の「宗教的かつ道徳的な観念を確立」することが最も重視されなければならないとの考えに基づいている。実際，ツァーリ政府は，初等国民学校の教師に「良好な道徳性や思想の穏健性」を備えさせる観点から，教員セミナリアを大都市や上級の教育機関の影響から隔離された質素な農村的環境に置き，農民の子どもを生徒として入学させることを基本方針としていた。教員セミナリアは，1871年，国民教育省によって，モスクワ，ペテルブルグ，カザン，ハリコフおよびオデッサの各教育管区に1校ずつ設立され，1873年1月までに30校が活動していた。

　これと並行して，いくつかの県ゼムストヴォでは，それぞれの地域の諸条件や住民からの要望を踏まえながら，初等国民学校の教師の養成事業が独自に進められた。ゼムストヴォ立の教員養成機関は，1873年1月の時点で10校が活動しており，その形態や目的・性格に相違が認められたものの，地域住民に比較的高度な普通教育を提供していた点で共通していた。また，男女の別によらず入学が認められるなど，当時としては急進的な学校運営が行われていた。そのため，ツァーリ政府は，ゼムストヴォ立の教員養成機関が，ロシア正教の教理を踏まえた自らの国家統治に反対する勢力をつくり出しかねないといった懸念

▷39　教員セミナリア
帝政ロシアでは，ツァーリを中心とした封建的な体制に反対する思想・運動の拠点となりかねないとして，民衆の人格形成にかかわる教員を専門に養成するための学校の設立に否定的であった。しかし，革命思想・運動の国内での広がりを恐れたツァーリ政府は，民衆の教化を担う教員に「良好な道徳性や思想の穏健性」を備えさせる養成教育に積極的にかかわる方針に転換した。

を抱き，その廃止を誘導する個別の措置を積極的に講じた。

　例えば，ヴィヤトカ県ゼムストヴォは，1872年11月に初等国民学校教師を養成するヴィヤトカ学校を開設した。そこでは，住民の80％以上が非識字者であり，地域経済の発展や生産性の向上に中心的な役割を果たす者がいないとの認識から，初等国民学校の教師の養成とともに，農工業に関する知識の普及を目的とした教育活動が展開された。

　しかし，1878年5月にヴィヤトカ県を視察したトルストイ国民教育大臣は，ヴィヤトカ学校を「性による区別なく，事前の予備教育もないままに大学での授業科目——化学，高等数学，力学などの学習を行おうとしている」，「文法や読み書きに関する明確な知識をもたずにロシア文学におけるカンテミールについて論じ，地理学の知識をもたずに世界史について論じている」などと批判し，ヴィヤトカ県にとって「より有益な」実科学校か教員セミナリアに改編することを勧告した（高瀬，1993，3ページ）。これを受けたヴィヤトカ県ゼムストヴォは，ヴィヤトカ学校を1880年に廃止し，その代わりに，アレクサンドロフ実科学校が，国民教育省によって開設された。この措置により，ヴィヤトカ県には，1903年にクカルク村に教員セミナリアが設置されるまでの間，教員養成を目的とした専門の機関が存在しない状況が続くことになった。

　農奴解放を端緒とする教育改革は，その主体が，ツァーリ政府であったことから，身分制の原理に基づかない学校体系の構築にまでは至らず，初等教育の義務性・無償性の問題についても着手されなかった。しかし，帝政ロシアに初等学校網とそれを支える一定の教師集団を生じさせる成果をもたらし，このことが，1917年以降に臨時政府ならびにソビエト政府の下で進められた近代的な国民教育制度の本格的な実現に向けた取り組みの基礎となった。

③　ウシンスキーの教員養成観

　ウシンスキーは，国民学校の教師を組織的に養成することに大きな関心をもち，1861年に教員セミナリアの設立に向けた構想を提示した。これは，当時，国民教育省において，ウシンスキーが1858年まで勤めていたガッチンスキー孤児学院を教員セミナリアに改編することが検討されており，その具体的な計画の私案として発表されたものであった。そのため，ウシンスキーの構想では，孤児院を教員セミナリアに改編することの意義が強調されているが，その前提として，教師に求められる資質・能力を明らかにしたうえで，国民学校の教員養成機関に必要な条件が示されている。

　これによれば，教師は，子どもの知識を豊富にするだけでなく，知的・道徳的な力を全面的に発達させる役割を担う存在であり，教師自身の人格が子どもに大きな影響を与える。そのため，教師には，教える内容にかかる学問的に広

範な知識よりも，人間を全面的に理解する知識が必要であり，神学，文法，算数，地理，歴史だけでなく，自然科学，医学，農業の知識をもたなければならない。さらに，教授能力として，書く力，描く力，製図する力，読む力および歌う力が必要とされる。そうした資質・能力を備えることによって，教師は，実際の生活に必要で，有益な知識を子どもに伝えることができるとされた。

　また，教師がキリスト教の教理に基づいた信念・使命をもたなければならないとし，宗教に対する疑問や不信仰をもたらすような教養は有害であるとしている。つまり，教員セミナリアの教育水準では，宗教に対する疑問や不信仰を自ら乗り越えられるだけの教養を身につけさせることができないため，教員の自己過信につながるような表面的で中途半端な教養を伝達すべきでないという趣旨であった。また，教える対象となる子どもの多くが，ギムナジアや大学に進学せず，初等教育を受けた後に自らの労働に従事することを考えれば，教師自身が宗教に対する疑問や不信仰とは無縁であることが，子どもに良好な道徳的な影響を与えるための資質・能力となると捉えていた。

　ウシンスキーは，こうした教師を養成するためには，高度な知識・教養の修得を目指すギムナジアや大学では不可能であり，(1)教員養成の専門機関である教員セミナリアが必要であるとした。とくに，教師自身の人格が子どもの全面的な発達に大きく影響することから，教員セミナリアは，(2)世間的な娯楽等から隔離された寄宿制の学校でなければならず，(3)入学前から娯楽等とは無縁の者を厳しく選考することが求められた。さらに，教員セミナリアにおいては，(4)極めて質素で厳格な生活を経験するとともに，(5)学問的に広範な知識よりも，「百科全書的」で，教師としての使命に合致した学習を行うことが重視された。また，教師としての教授能力を高めるため，教員セミナリアは，(6)充実した実習校をもつ必要があり，(7)大都市ではなく，かつ教育の現場から遠く離れていない場所に設けられるべきとした。

　ウシンスキーの構想は，国民教育省のなかで直接的に受け入れられたわけではなかったが，国民教育省やゼムストヴォが実施した教員養成のなかに，その影響をみることができる。また，どのような子どもを育成するかといった観点から，教師に求められる資質・能力や養成教育のあり方が示されており，その根底にある学習者主体の考えが明確にされている。

Exercise

①　イギリスで国家が教育に関与し，教育制度が整備された理由とその社会的背景をまとめよう。

②　イギリスの見習い教師制度においてどのような教員養成が目指されたのか

について，当時の社会背景を踏まえてまとめよう。

③　フランスで世俗性（宗教的中立性）が強調されたのはなぜだろう，当時の状況を踏まえて考えてみよう。

④　ドイツにおける前近代的な義務教育の実態を知るために「地方学事通則」を調べてみよう。また，この通達と現在わが国の学校教育を規定する関連法である学校教育法との共通点や相違点を検討してみよう。

⑤　アメリカで急増する移民の「アメリカ化」が公教育の制度化の背景の一つにあげられていた。黒人やネイティブ・アメリカンなど社会的に排除されてきたマイノリティが，公教育が制度化される過程において，具体的にどのように扱われてきたのか，調べてみよう。

⑥　ロシアを念頭に，身分制によらない初等普通教育が導入され，それが普及・拡大していくための契機となった背景や，今日の学校制度につながる意義について，各国を比較しながら考察してみよう。

📖次への一冊

オルドリッチ，R.，松塚俊三・安原義仁監訳『イギリスの教育──歴史との対話』玉川大学出版部，2001年。
　　教育へのアクセス，カリキュラム，水準と評価，教師，統制，教育と経済，教育の消費者の7つの現代の教育をめぐる基本問題について，中世から現代まで歴史的に追求した研究書である。

大田直子『イギリス教育行政制度成立史──パートナーシップ原理の誕生』東京大学出版会，1992年。
　　1862年改正教育令から1902年教育法と1904年教育法の成立までのイギリス教育行政制度におけるパートナーシップ原理の成立過程とその意義を究明した研究書である。

小野征夫『民衆は学校とどう向き合ったのか──イギリス教育社会史断章』大月書店，2013年。
　　近代公教育制度の成立過程において就学を義務づけられた子どもたちがのちに記した自叙伝を分析し，かれらの就学経験とそれがその後の人生においてもった意味を考察している。

ハンフリーズ，S.，山田潤・ビリングズリー，P.・呉宏明監訳『大英帝国の子どもたち──聞き取りによる非行と抵抗の社会史』柘植書房，1990年。
　　1889年から1939年の期間に，労働者階級の家庭で青少年期を過ごした人たちの証言を史料として，労働者階級の若者文化を学校権力への抵抗として描いている。

山﨑耕一・松浦義弘編『フランス革命史の現在』山川出版社，2013年。
　　フランス革命全般を社会運動，宗教，教育さらには日本への影響などさまざまな観点から総合的に考察した最新の研究書である。教育についても，最新の研究成果に基づき，現在よりも幅の広い教育や公教育の捉え方をしていたことなどを解き明か

している。

上垣豊『規律と教養のフランス近代』ミネルヴァ書房，2016年。

　　フランス近代とくに第三共和政の教育改革を，高等教育から初等教育まで総合的に考察した最新の研究書である。教養という概念を幅広く捉え，また学校教育による規律の形成という視点からの総合的な考察となっている。

梅根悟『新装版 教育の歴史』新評論，1988年。

　　初版1961年の古い本であるが改めて読み返しても多くを学ぶことができる一冊である。人類の最初の教育形式である先行世代「入村式」（イニシエーション）から戦争教育へと構成された本書は，「教育の歴史」すなわち人類の教育史をハンディな書籍としてまとめた力作である。

『学級の教育力を生かす吉本均著作選集1　授業と学習集団』明治図書出版，2006年。

　　本節で扱ったディースターヴェークの教授学思想は授業研究における根本問題の一つである「授業過程における陶冶と訓育の統一」を含んでいる。この本では「教育の現代化」時期における上述のテーマに関する議論が，ディースターヴェークの生きた時代と類似していることがわかる。

カッツ，M. B.，藤田英典・早川操・伊藤彰浩訳『階級・官僚制と学校——アメリカ教育社会史入門』有信堂高文社，1989年。

　　本書は，1971年に刊行された *Class, Bureaucracy, and Schools: The Illusion of Educational Change in America* などの邦訳である。カッツは，19世紀を対象として，産業化や都市化や官僚制や階級などの社会構造とのかかわりのなかで，公教育の制度化を捉え直そうとしている。

梅根悟監修『世界教育史大系15 ロシア・ソビエト教育史Ⅰ』講談社，1976年。

　　古代から1917年の二月革命期までのロシアにおける教育が，通史的・網羅的に取り上げられている。特殊研究として，「ヴォドヴォーゾフの文学教育論」や「近代体育の成立と発展過程」が掲載されている。

引用・参考文献

赤星晋作『アメリカの学校教育——教育思潮・制度・教師』学文社，2017年。

オルドリッチ，R. 編著，山内乾史・原清治監訳『教育の世紀』学文社，2011年。

オルドリッチ，R.，松塚俊三・安原義仁監訳『イギリスの教育——歴史との対話』玉川大学出版部，2001年。

バッツ，R. F.・クレミン，L. A.，渡部晶・久保田正三・木下法也・池田稔訳『アメリカ教育文化史』学芸図書，1977年。

Chevallier, P. et Grosperrin, B., *L'Enseignement français de la Révolution à nos jours* Ⅱ：*Documents*, Paris, 1971.

Сысоева Е.К., Школа в России ⅩⅧ－начало ⅩⅩ вв. власть и общество, Москва, 2015.

藤井泰『イギリス中等教育制度史研究』風間書房，1955年。

平野一郎・松島鈞編『近代民衆教育史』黎明書房，1971年。

市村尚久編『現代に生きる教育思想——アメリカ』ぎょうせい，1981年。

市村尚久著『アメリカ六・三制の成立過程——教育思想の側面からの考察』早稲田大学出版部，1987年。

川崎源編著『西洋教育史』ミネルヴァ書房，1979年。

教師養成研究会『近代教育史　新訂』学芸図書，1999年。

松塚俊三『歴史のなかの教師——近代イギリスの国家と民衆文化』山川出版社，2001年。

南新秀一『アメリカ公教育の成立』ミネルヴァ書房，1999年。

三好信浩『イギリス公教育の歴史的構造』亜紀書房，1968年。

長尾十三二『西洋教育史（第二版）』東京大学出版会，1991年。

大田直子『イギリス教育行政制度成立史——パートナーシップ原理の誕生』東京大学出版会，1992年。

三時眞貴子「教師の多様性と国家による整序化——一九世紀末イングランドの基礎学校教師」松塚俊三・安原義仁編『国家・共同体・教師の戦略——教師の比較社会史』昭和堂，2006年。

柴田義松『ウシンスキー教育学全集』第1～6巻，明治図書出版，1965～1967年。

皇至道『西洋教育通史』玉川大学出版部，1962年。

高瀬淳「ロシア共和国ヴィヤトカにおける教員養成制度の創制（1872-1918年）」『教育行政研究』第15号，西日本教育行政学会，1993年，1～16ページ。

梅根悟監修『世界教育史大系10 フランス教育史Ⅱ』講談社，1975年。

梅根悟監修『世界教育史大系15 ロシア・ソビエト教育史Ⅰ』講談社，1976年。

梅根悟『新装版 教育の歴史』新評論，1988年。

山田栄・富田竹三郎・工藤泰正共著『新西洋教育史』協同出版，1961年。

吉本均『学校教授学の成立』明治図書出版，1986年。

ラヴィッチ，ダイアン，末藤美津子・宮本健市郎・佐藤隆之訳『学校改革抗争の100年——20世紀アメリカ教育史』東信堂，2008年。

第6章
新教育運動の時代

〈この章のポイント〉

　本章では，19世紀末から20世紀にかけて世界的な運動として展開した新教育運動を取り上げる。この時期，実験学校や自由学校，共同体学校などと呼ばれる新しい学校教育の実践が試みられた。ここで展開された学校をはじめとする教育の革新の提言や実践また理論を主張展開した一連の運動を総称して，新教育運動という。当時小学校を中心とした義務教育が整備され，総じて一斉教授による知識の伝達に重きを置く知育が中心となっていた。一方，伝統的な中等教育の学校では，これも座学を中心にギリシア，ラテンの古典を学ぶ旧態依然とした教養教育が，時代の要請に対応しきれなくなっていた。新教育の運動は，こうした状況を打開しようとした試みであった。それは，およそ中等教育の改革からはじまった。ここではその特徴を学ぼう。

1　イギリスの新教育運動

1　「新学校」の教育思想と実践

　イギリスでの新教育運動は，19世紀末に創設されたアボッツホーム校の実践からはじまる。まずは，イギリスにおいて新教育運動を導いた社会的背景や思想的背景を確認しよう。いち早く産業革命を成し遂げたイギリスでは，資本主義経済が発展し，人々は工業化による職業構造の変化と都市化の進展による生活環境の変化を経験した。生活水準は上昇し，消費文化の豊かさを享受した。一方で，経済的不平等が拡大し，都市にスラムが形成された。社会調査によって「貧困」が発見され，社会問題化していく。こうした状況から，社会不安が増大し，イギリス独自の社会主義が発展した。同時に，急速に進む近代の資本主義に対して批判的な社会運動，文化運動も展開された。「新生活連盟」による生活改革運動や田園都市運動である。この2つの運動が新教育に影響を与えていく。

　新生活連盟は，1883年に「新しい道徳的原理に基づく簡素な相互扶助のユートピア」を目指して組織された団体である。多くの者の犠牲のうえに少数者の豊かさを保障する自由放任主義に基づく社会体制を批判し，「最高の道徳可能性に合致する社会の再建」を目的としていた。新生活連盟ロンドン支部はロン

▷1　**新教育運動**
19～20世紀転換期に起こった教育改革運動。古典，読み書き計算，教師，教科書を中心とする「旧教育」に対して新しい教育を求めた思想と実践のことをさす。イギリスでは進歩主義教育や進歩主義教育運動と呼ばれた。本書では新教育に統一した。

▷2　セシル・レディ
(Cecil Reddie, 1858〜1932)
新生活連盟のフェローであり，その仲間とともに新しい学校を設立することを決心した。1888年から学校設立の趣旨を表明し，1889年にアボッツホーム校を開設した。そこで37年間校長を務めている。この学校は，ドイツにおけるリーツの田園教育舎だけでなく，ドモラン（Joseph Edmond Demolins, 1852〜1907）によるロッシュの学校（1899年，フランス）のモデルにもなった。

▷3　新学校
パイオニア校とも呼ばれた。明確な理念や目標，カリキュラムをもった学校である。多くの学校が寄宿制の学校であり生徒と教師が生活を共にし，生活を基盤とした教育を実践し生徒の全人性の発達による新時代のエリートの育成を目指した。

▷4　田園教育舎
本章第2節を参照。

▷5　ロッシュの学校
本章第3節を参照。

ドンに連盟ハウスを設立し，メンバーたちがその近くに住宅を作って協同生活を送り，生活改革を実践した。

　田園都市運動は，劣悪な都市の環境を改善し，健康な生活と産業のために農村と都市の利点をあわせもつ田園都市の建設を実践した運動である。新生活連盟のメンバーも田園都市運動に参画した。構想された田園都市とは，適切な規模の都市とそれを囲む農村地域からなる。都市と農村が鉄道でつながれており，農村で生産された食料や得られた資源が都市に供給される自足的なコミュニティであった。田園都市の土地は公有化され，そこから得られる利益を公共施設の建設，維持に使用する協同のコミュニティでもあった。田園都市運動は，この時代の社会主義の実践の一つであった。

　新生活連盟の設立当時からのメンバーであり田園都市運動にも参画したレディは，1889年に他の新生活連盟のメンバーとの共同出資で，ダービーシャにアボッツホーム校を創設した。同校は，生活改革と人間改革による社会改革の実現を目指す試みの一つであった。彼は，アボッツホーム校において，10歳から19歳までの男子を対象に，農村地域で完全寄宿制の協同生活を送り，そこでいかに生きるかを訓練し，社会改革の指導者を養成することを企図していた。

　そのためアボッツホーム校では，生徒同士の協同によって学校を運営し，協同や協力を重視した。教育内容には，田畑の活動，はちみつ収穫，干し草刈り，鳩小屋建築といった活動が取り入れられた。生徒は，低学年と高学年の2つに編制された。低学年では，生活規範の育成が重視され，生活を基盤に次の学習の基礎となる科目として英語，数学基礎，理科が教えられた。高学年は，興味関心と能力が明確になっていく時期であり，将来の職業について考えはじめる時期であるとされており，進路に応じた教育を受けた。進路には，大学など次の教育機関への進学や官吏任用試験を受けて公的機関へ就職するだけでなく，商業の世界へ進むことも含まれた。将来実業界に進む中流階級の子弟にはそれに応じた教育を提供しようとした。また，アボッツホーム校では，生理学や化学の実験など科学技術教育が重視された。同校のカリキュラムは，当時，パブリック・スクールでの暗記を中心とした古典語教育や一般教養教育と比して革新的と評価された。アボッツホーム校は，ビデールズ校やキング・アルフレッド校といった国内の新学校や，さらにドイツのヘルマン・リーツの田園教育舎やフランスのドモランによるロッシュの学校に影響を与えた。

　本項では，もう一つの新学校であるキング・アルフレッド校を紹介する。キング・アルフレッド校は，新教育に関心をもった保護者たちが教師とともに創設した新学校である。1898年に，田園都市運動の実践地であったハムステッド・ヒースに開設された。キング・アルフレッド校の特徴は，男女共学，非宗

派，そして生徒，保護者，教師の代表による自治にある。とくに，教師と保護者だけでなく，生徒の代表も学校の自治に参画した点は，それまでの新学校とは異なっていた。学校教育の根幹であるカリキュラムの承認も，三者の代表からなる自治によってなされた。

　キング・アルフレッド校は，郊外の自然豊かな地に創設されており，そうした学校の環境を生かした戸外での個別学習，演劇や自然観察がカリキュラムに組み入れられた。学習における生徒の自由が尊重され，個別学習や表現の自由が重視された。新教育は，暗記や座学中心の注入主義的な教授法を批判し，子どもの活動性や身体性に着目して子どもの自由な活動を保障しようとした教育思想であり，実践である。キング・アルフレッド校は，権力や抑圧から自由な教育を目指し，その方途の一つとして生徒を含む自治を採用した。同校は，現在も子ども中心という理念の下で教育を実践する学校である。

［2］　基礎学校における新教育の思想と実践

　20世紀に入り，基礎学校で新教育の思想と実践が試みられるようになる。まずは，新教育が乗り越えようとした基礎学校教育を確認する。

　イギリスの基礎教育では，1862年の改正教育令によって，視学官の査察と読み書き計算の試験結果に応じて補助金が支払われることとなった。こうした補助金支給のあり方は，出来高払い制といわれた。ここでの教師の役割は，生徒を年に一度の試験に合格させることに重点が置かれることとなった。教育内容は読み書き計算に偏り，暗記や反復によってその知識と技能を習得させるため教授法は画一的になった。教え込み，詰め込みの教育と批判された。1862年改正教育令で想定された基礎教育を受ける子どもは，自らの労働によって生計を支えている階層の子どもたちであり，かつ短期間の在学後すぐに労働生活に入らなければならない子どもたちであった。

　出来高払い制は1895年の試験廃止と段階的に実施された一括補助金支給によって1900年には完全に廃止された。とはいえ基礎学校では，20世紀に入っても依然として伝統的な教授法がとられていると批判された。元勅任視学官で後述する「教育の新理想」グループにおいて主導的役割を果たしたホームズは，教師が子どもの自発性や活動の自由を抑圧し，子どもに服従を強いる機械的な教授法を盲目的に続けていたと指摘している。1911年に刊行した『教育の現状と可能性』のなかで基礎学校の教育内容と試験を批判している。彼は，教育の外面と内面を区別し，教育の内面である教科の本当の知識をもっていなくても現状の試験方法では優れた記憶力さえあれば教育の外面である情報を伝えることができると非難した。

　教師中心，教科書，暗記，試験中心の既存の学校教育を批判し，子どもを中

▷6　エドモンド・ホームズ（Edmond Holmes, 1850～1936）
オックスフォード大学セント・ジョーンズ・カレッジで学び，古典学の学位を取得した。1874年にオックスフォードを去り，翌年に勅任視学官になっている。1905～10年には基礎学校のチーフ視学官を務め，1911年に辞任した。その後，「教育の新理想」グループでの活動を展開した。

心に据え，子どもの主体性，個性，興味関心を尊重し，遊びや活動を重視する思想や実践が基礎学校においても進展していく。子ども中心の思想は，ペスタロッチ以降の近代教育思想のなかですでにみられた。イギリスにおいても，ペスタロッチ，フレーベル，モンテッソーリの影響がみられた。オウエンをはじめとするイギリスの教育改革者たちが，ペスタロッチが開設したイヴェルドンの学校を訪れているし，そこで英語を教えていたグリーヴスが，帰国後ロンドン幼児教育協会を設立し，ペスタロッチの思想を広めた。また，フレーベルの教育方法をロンドンの基礎学校の教師であったルイーザ・ウォーカーが，モンテッソーリ・メソッドをリリー・ハチンソンが実践している。20世紀初めまでにペスタロッチ，フレーベル，モンテッソーリの教育方法を基礎学校で実践しようとする教師たちがいたのである。

　20世紀に入り，新教育の思想が政策のなかにもみられるようになってくる。1905年に教育院が刊行した『教師の学習手引書』では，教師は「子どもを知る必要があり，子どもに共感し理解しあわなければならない。なぜならそれが教育の本質であるからである」と説かれている。教授法についても，機械的に教えるのではなく，基礎学校の教師であっても「自ら考え，自分自身の力を最善の利益のために用いることができ，学校の特定の要求や条件に最適だと思われるような教授法を編み出す」ことが求められた。教授法における教師の自律性が認められた。

　また，基礎学校においても，新たな教育実践が行われるようになる。代表的な事例に，演劇教育に取り組み劇化教育法を考案した実践がある。サセックスの基礎学校で校長を務めていたジョンソン[47]は，教育内容に劇，芸術活動，手作業，読書などを取り入れた。教育内容を生徒の日常生活を基盤に編成しており，劇やごっこ遊びといった身体を動かす協同での活動を組み込んだ。そのほかに，グラマー・スクールでの実践ではあるが，ケンブリッジのパース・スクールの教師であったクック[48]が，学習の本質と方法に遊びを位置づけ，学習内容に遊びと演劇を取り入れている。生徒の経験と学習を重視し，日常の経験を演じることや遊びのなかで自己表現をすることを学習に組み入れた。このように自由，個性，活動，発達，自治を重視した新しい教育実践が教室で展開された。こうした実験的な試みから，教育内容や教授法，教室や学校建築についての学校改革の理論が進展した。

　この時期の基礎教育段階での先駆的な実践として，1914年に組織された「教育の新理想」グループの活動をあげることができる。それは，モンテッソーリ教育を推進しようとする人々を結びつけ，個別の実践を統合し，結果を共有したり議論したりする場を設けることを目的とした「モンテッソーリ会議」の開催に先だって組織された団体であった。前述の元勅任視学官のホームズとエン

▷7　ハリエット・フィンレイ＝ジョンソン（Harriet Finlay-Johnson, 1871 ～ 1956）
サセックスのサンプティングの基礎学校で1897年から教師を務める。そこで教育のなかに即興的な劇遊びを取り入れていた。1907年にこの学校をホームズが査察し評価した。1912年に『劇化教育法』を出版している。

▷8　コールドウェル・クック（Caldwell Cook, 1886 ～1939）
オックスフォード大学リンカーン・カレッジで英語・英文学を学び学位を取得後，教育学のディプロマも取得している。1911年から15年までと1919年から33年までパース・スクールで英語教師を務めた。1917年に『遊戯法』を出版した。

ソア[9]，リーズ大学副学長のサドラ[10]，労働者教育協会事務局長のアルバート・マンスブリッジ，政治家のリットン伯らによって組織された。彼らは，実践者たちが集まり意見交換をしたり，抱える課題や経験を議論すること，その実践を鼓舞することを目的としており，毎年研究大会を開催した。「教育の新理想」とは別に，エンソアが主導して，新教育の国際団体である「新教育連盟[11]」が1921年に組織された。新教育連盟は，雑誌『新教育の時代』を刊行したり年次大会を開催したりして新教育の理論と実践を発信し，教育の刷新を目標に掲げた。新教育の国際的なネットワークが構築された。

　この時期の新教育のもう一つの特徴として，新教育が教育学の科学化，教育学の確立と連動して進んだ点をあげることができる。その中心人物は，前述の2つの新教育の団体に中心的にかかわったロンドン全日制教員養成カレッジ[12]の教師であり，ロンドン大学教授であったナン[13]である。彼は，『教育——その事実と第一原理』を著し，この時期の教室で展開された新しい実践を新教育とし，その正当性を基礎づけた。当時最新の科学とみなされた生物学の知見，具体的には生物の進化の過程に基づいて，自由，個性，活動，発達，自治を重視する新教育の有効性を論証したのである。この時期，観察や実験によって子どもや教育現象を実証的に解き明かし，それに基づいて子どもへの働きかけを構想する経験科学的な教育学が登場した。ナンの教育思想はこうした教育学の科学化の流れのなかに位置づいている。また，ナンは教員養成カレッジの教師でもあり，教師教育の分野において新教育を擁護する立場にあった。彼の教育思想は，伝統的な教育内容や方法に代わる新教育を実践する教師の自律性と教職の専門性を高め，教師の地位の向上を期待するものでもあった。

　こうして子ども中心，自由や個性，活動を重視する教育内容や教授法が浸透し，政策文書においても承認されるようになった。1931年に教育院諮問委員会の刊行したハドゥ報告書では，基礎学校の目的は子どもたちに生き方を教えることであり，そこでの教育は子どもに服従を強いるのではなく子どもたちの共感や社会性，想像力に訴えかけるものであること，教育方法を子どもの経験や好奇心，発見能力や興味から出発するよう変えることが主張された。「カリキュラムは，獲得されるべき知識や蓄積されるべき事実よりも，むしろ活動や経験の観点から考えられるべきである」という点が強調された。

　しかしながら，教室での実践は複雑であった。新しい教育が多くの学校での教室での実践に影響を与えたとみることもできる一方で，伝統的な教授法をとる教師たちや新しい教育とされる実践に疑問を投げかける教師たちもいた。また，戦間期の不況のなかで実際には不十分な設備や劣悪な環境，定員以上の子どもたちが学ぶ伝統的な教室などの問題は依然として存在しつづけていたが，それが覆い隠されたとの指摘もある。

▷9　ベアトリス・エンソア（Beatrice Ensor, 1885～1974）
シェフィールド教員養成カレッジで家政学を教えた後，1910年から視学官，1914年から勅任視学官を務めている。また，1908年に神智学会に入った。

▷10　マイケル・アーネスト・サドラ（Michael Ernest Sadler, 1861～1943）
1885年からオックスフォード大学の大学拡張運動に事務局長として尽力した。ブライス委員会の委員を務め，1895年に報告書を出している。95年からは教育院の調査部でディレクターを務め，諸外国の教育制度を調査し，多くの報告書を刊行した。1903年からはマンチェスタ大学の教授を，1911年からはリーズ大学の学長を務めた。

▷11　新教育連盟（New Education Fellowship, 1921～66）
エンソアが新教育の活動家を一つにまとめることを目的に組織した国際団体である。各国に支部が組織され，国際的な新教育運動の中心を担った。『新時代の教育』を発行し，情報発信を行った。1966年に世界教育連盟（World Education Fellowship）となった。

▷12　ロンドン全日制教員養成カレッジ（the London Day Training College）
1902年にシドニー・ウェブによって設立された。ロンドン大学とロンドン州議会とが連携し，教員養成を行った。ナンは，1908年から大学教育レベルでの教員養成を主張しており，それが1932年に実現し，ロンドン大学教育研究大学院（Institute of Education, University of London）となった。

▷13 パーシー・ナン
(Percy Nunn, 1870〜1944)
ロンドン大学で学び，学位
取得後，1903年に新設され
たロンドン全日制教員養成
カレッジで科学と数学の教
師となった。2年後には副
学長となり，1922年からは
学長を務めた。1913年から
はロンドン大学の教育学教
授も務めている。

▷14　教育黒書運動
プラウデン報告書に示され
た教授法を批判して1969年
にコックスとダイスンに
よって刊行された『教育へ
の闘い』からはじまった教
育運動である。教育の平準
化とそれによる教育水準の
低下や総合制中等学校など
教育体制を批判したり，反
対したりした。教育黒書は
不定期に1977年まで5回発
行された。

　新教育の思想は，第二次世界大戦を経て，1960年代の教育改革につながって
いく。1967年に刊行されたプラウデン報告書において，学校は子どもたちが
「生きることを学ぶ共同社会」であり，子どもは学習の主体である。学校は，
子どもの個性の発見を重視し，直接的な体験を取り入れ協同学習を推進する。
子どもたちは学校で「いかに生き，いかに学ぶか」を学ぶべきであると論じら
れた。プラウデン報告書は60年代の初等教育段階の学校に影響を与えた理論の
多くを取り込んでおり，他方で教育の内容や方法の詳細については明確さに欠
けていた。また，同報告書が刊行された直後から子ども中心の教育に対する批
判が出され，教育黒書運動が展開された。ここにも教室での実践の複雑さがあ
らわれていた。

2　ドイツの新教育運動

1　「古い学校」への批判

　1871年のドイツ帝国成立後，学校教育にかかわる権限は帝国を構成する各邦
に委ねられたものの，基本的にはドイツ帝国の主導権を握ったプロイセンの政
策に準じるかたちとなった。カトリック派を中心にプロイセンへの反発が顕在
化したため，プロイセン首相ビスマルクは1872年に「学校監督法」を定めて，
教会ではなく国家が学校の監督権を担うことを明示した。同年に公布された
「プロイセン民衆学校の組織・任務および目的に関する一般的規定」（「一般的諸
規定」と略称される）では，単級学校だけでなく多級学校をも民衆学校とみなす
こととされた。民衆学校の教育内容から宗教を減らし，中・上級の教育課程で
は歴史，地理，物理，化学などを扱う実科が新設された。また，教育方法に関
しては暗記学習を否定し，実物・実験の活用や日常生活との関連づけが重視さ
れた。民衆学校教師に対する経済面での待遇改善も図られて，1888年には民衆
学校の授業料無償化が実現した。

　1889年にヴィルヘルム2世がビスマルク内閣に与えた「五月勅命」では，学
校において愛国心と信仰心を培うことや，最近のプロイセン史に重点を置く歴
史教育の実施などが指示された。一方で，ドイツ教員組合や社会民主党は，宗
派共同学校の実現，教師教育の充実などを要求した。1914年からの第一次世界
大戦に敗れ，1918年にドイツ帝国が崩壊すると，学校の自主的管理，宗教教育
の廃止，統一学校の創設など，徹底した自由主義的な方策が各地で打ち出され
たが，こうした動きへの反動もみられた。

　1919年に成立したヴァイマル共和制下では，すべての子どもたちに4年間の
男女共学の基礎学校への入学が義務づけられたが，それ以外の事項については

「妥協」的な施策がとられた。ヴァイマル憲法では，例えば，公立学校を前提としつつ私立学校も認められ，学校の超宗派性を示しつつ宗教を正規の科目に位置づけた。18歳までの義務教育と授業料の無償化を定めたにもかかわらず，結果的には財政難のために実現されなかった。このように19～20世紀転換期は社会変化とそれにともなう教育政策の変動の激しい時代であった。

19世紀後半に学校教育制度が整備されたことにより，ほとんどすべての子どもたちが学校に通い，初等教育を受けられるようになった。身分や性別によって就学機会に格差があった時代に比べれば，高く評価される状況である。だが，学校教育が拡充するにつれて，その弊害も指摘されはじめる。効率性を重視した学校の仕組みや教育方法が一方的で画一的であり，そのことによって子どもたちが抑圧され，苦しんでいるのではないか，と。

当時の学校や教育を「古い学校」「古い教育」と呼んで批判し，それに対するアンチテーゼとして「新しい学校」「新しい教育」を提唱したのが，ドイツにおける新教育運動（改革教育運動とも称される）を展開した人々だった。19世紀末から各地に出現し，第一次世界大戦後にピークを迎える新教育運動には，教育（学）研究者だけでなく学校に勤める教師も数多く参加して，それぞれの主張を繰り広げた。

新教育運動を展開した人々の拠り所となったのは，例えばケイの『児童の世紀』(1900年)に記されたような無垢な子どもへの信頼であった。世紀末の都市部にみられる退廃的な雰囲気や社会変化に対する不安を背景としながら，新しい社会を担う子どもたちへの期待が高まり，子どもへの賛美となったのであろう。と同時に，子どもの発達を細かく観察したり測定したりして，その特徴を明らかにしようとする科学的な関心も高まった。無垢性の礼賛と冷静な科学的分析という二側面からの子どもへのまなざしは，新教育運動における子ども観の特質といえる。

2　自然のなかでの共同生活と教育——田園教育舎

イギリスでレディが設立したアボッツホーム校に教師として勤めたリーツは，レディの理念を引き継いで，1898年にイルゼンブルク校を開設した。これを嚆矢として多数の田園教育舎系の学校がドイツ国内に設立されたが，そのコンセプトは田園教育舎という名称に端的に言い表されている。すなわち，大都市から離れた「田園」で，知育に限らず全人的な「教育」を，寄宿「舎」での家庭をモデルとした生活共同体を構成して展開したのである。

なぜ，「田園」「教育」「舎」の3つがキーワードになるのか。当時は工業化が進展し，交通機関や交通網が発達して，とりわけ都市部の人口が増大していた。こうした社会の大きな変化は，人々の生活スタイルを転換させ，街の雰囲

▷15　エレン・ケイ（Ellen Key, 1849～1926）
スウェーデンに生まれ，社会改革や婦人問題に関わる評論活動を行った。1900年に著した『児童の世紀』では，19世紀を女性の解放に一定の成果がみられた「女性の世紀」としながらも，それによって家庭がないがしろにされたと批判した。そのうえで20世紀を「子どもの世紀」と名づけた。ケイはルソーを参照し，また自由恋愛と優学学を手がかりとしながら，家庭と個性教育を重視する主張を展開した。

▷16　ヘルマン・リーツ（Hermann Lietz, 1868～1919）
友人レディが創設したアボッツホーム校の理念をドイツにもち込み，イルゼンブルク校を設立した。イルゼンブルク校は初等教育学校であったが，その後にリーツが設立したハウビンダ校，ビーバーシュタイン校などは中等教育学校である。リーツの影響を受けて田園教育舎を設立した人物としては，ゲヘープ（Paul Geheeb, 1870～1961）やヴィネケン（Gustav Wyneken, 1875～1964）が著名である。

気を変容させた。集合住宅が立ち並び，道路は舗装され，工場からの煙と騒音に悩まされた。人間関係が希薄化し，安全で文化的な生活が脅かされていると捉えられた。そして，市街地の退廃的な雰囲気に対抗するには，まず「都市」から距離を置くことが望ましいと考えられた（とはいうものの，心理的な距離はともかく，交通の発達のおかげで実質的にはさほど都市から離れていない場所に学校がつくられた）。また，旧来の古典語中心の教育を行う主知主義的な中等教育学校（ギムナジウム）に対抗するには，将来の生活に有用な自然科学，芸術などをもカリキュラムに組み入れることが求められた。こうした教育活動は，教師を両親に，生徒たちを兄弟に見立てた「ファミリー」での親密な関係を築き，生活をともにしながら進められたのである。

　田園教育舎で行われる授業では，実物をはじめ工夫された教材が用いられ，体験を生かした学習や生徒同士の話合いが重視された。芸術教育によって感性を育てることや，協同して作業に取り組むことで社会的連帯の意識を高めることが企図された。そのために，田園教育舎には大規模な運動施設や農場，作業室などが整備されていた。生活面では，あらかじめ大人が決めた規律に従うのではなく，自分たちの合議によって問題を解決していくことが求められた。このような生活全体を通じた教育により，新しい時代のなかで自律的に生活できる人間の育成が目指されたのであるが，その対象となったのはすべての子どもたちではない。田園教育舎が高額な授業料を課す私立学校であったことからもうかがえるように，新時代を主導するエリート育成が行われていた。

３ 「子どもから」出発する教育

　子どもを大人とは異なる存在とみなし，教育は子どもの自己活動を援助するためにあるという考え方は，ルソーやペスタロッチ以来，教育（学）の基本思想となっていた。この考え方を理論上だけでなく，実際に学校での教育活動に適用したところに，新教育運動の意義はある。数ある学校改革の試みのなかから，ここではシュタイナー学校と共同体学校を具体例として取り上げる。

① シュタイナー学校

　人間の発達を７年周期で捉えるシュタイナーによれば，第一・七年期（誕生から永久歯が生えるまで）には言葉を使って記憶力を養うよりも，身振り手振りでまねることが重要となる。そのため，まわりの大人たちには子どものモデルとなるよう配慮が求められる。第二・七年期（思春期まで）は感情が豊かになっていく時期であり，抽象的な知識を教えるのではなく，芸術体験やリズム運動が重視される。第三・七年期になるとようやく知性に働きかける教育が可能となる。

　こうした発達観に依りながらシュタイナーは1919年に自由ヴァルドルフ学校

▷17　ルドルフ・シュタイナー（Rudolf Steiner, 1861～1925）
ウィーン工科大学で自然科学や数学を学んだが，哲学や文学に興味をもっていた。雑誌編集者や教師を務めながら，自然科学を補完する立場から人智学を確立した。1919年にシュツットガルトに自由ヴァルドルフ学校を創設して，自らの社会観や人間観に基づく教育活動を行った。

を設立した。もともとは煙草工場に勤める従業員のために設けられた学校を委ねられるかたちで出発した自由ヴァルドルフ学校であったが，シュタイナーはその他の子どもたちも広く受け入れた。6〜14歳の子どもを対象とする民衆学校として，将来の職業にかかわらず「真に自由な統一学校」となることを目指したのである。

　毎日8〜10時には数週間にわたって同一教科を学級担任教師が教え，午後には音楽や体育などを専科の教師が指導するという時間割を編成し，教師・子ども・保護者の信頼関係に基づいた学校運営を行うなど，ヴァイマル共和国政府の「妥協」的な学校政策に批判的な姿勢を打ち出した。開校2年後には400人以上の在校生を有し，さらに入学希望者がいたため，自由ヴァルドルフ学校をモデルとする学校（シュタイナー学校）がドイツ各地にもヨーロッパ各地にも設立された。1930年代からのナチ政権下では弾圧されたが，第二次世界大戦後には復活し，世界各地に広がっていった。

　現代のシュタイナー学校にも，20世紀初頭の自由ヴァルドルフ学校以来の特徴がみられる。例えば，男女共学で落第のない12年間一貫教育が行われるが，その最初の8年間は同じ教師が担任を務め続ける。第二・七年期が終わるまでは一人の権威ある大人との信頼関係を構築させるためである。文字学習の前にいくつもの形や線を描く活動（フォルメン）をしたり，毎日の授業では午前中の2時間を使って4〜5週間かけて一つの教科に取り組んだり（エポック授業）する。芸術的な造形とリズムから成る身体運動（オイリュトミー）も多く取り入れられる。数値による評価を用いた通知表はなく，8年生まではテストも実施されない。こうした特色をもつシュタイナー学校は，公立学校に対するオルタナティブとして注目を集めている。

② 共同体学校

　田園教育舎が寄宿舎をもつ私立学校を都市から離れたところに設立し，主に中等教育改革を志向したのに対して，都市部の公立民衆学校において学校生活全体の改革に取り組んだ教師たちが存在した。20世紀初頭にハンブルクに設立された共同体学校（生活共同体学校）では，単に授業方法を改善するだけでなく，学校を子どもたちの生活の場とすることが目指された。

　ハンブルクでは19世紀末からハンブルク美術館長リヒトヴァルク[18]を中心に芸術教育運動が展開されていた。実際に芸術作品にふれることにより，柔軟で自由な文化的国民としてのドイツ人を育てようと考えたリヒトヴァルクのもとに集まった教師たちは，子どもの芸術鑑賞能力を高めるための活動に取り組んだ。こうした活動を出発点として，知的なものだけでなく，子どもの感覚や感情をも考慮しながら学校における教育実践を構想しようという関心が高まった。芸術教育運動に参加するなかで教師たちは，教材や教育内容よりも，それ

▷18　アルフレッド・リヒトヴァルク（Alfred Lichtwark, 1852〜1914）
1875年に民衆学校教師となったが，1880年からライプチヒで芸術史と経済学を学んで以降，博物館や美術館で芸術教育に取り組んだ。1886年にハンブルク美術館長に就任した後は，現代画の収集に努め，学校での芸術教育に関する講演を行い，ハンブルク芸術教育運動の中心的人物となった。

▷19 「子どもから」
「子どもから」という言葉は，ケイ『児童の世紀』の書評を記したリルケが最初に用いたとされる。当時，「子どもから」は新教育運動のキーワードとして多様に使用されたが，その意味はそれぞれ異なっていた。ハンブルク学校改革運動の場合，「子どもから」の教育とは，一人ひとりの子どもの固有性を認め，教師がその個性に応じた働きかけをすることを意味した。

▷20 ペーター・ペーターゼン（Peter Petersen, 1884〜1952）
1909年に中等学校教師となり，1912年にドイツ学校改革同盟の幹事に選出されて以降「新しい教育」思想にふれる。ハンブルク唯一の公立実験中等学校であったリヒトヴァルク校では3年余りを過ごし，文化科や現代外国語を重視する学校モデルを確立した。これらの経験を生かして，1923年からはイエナ大学教育学正教授として，附属実験学校での教育実践（イエナ・プラン）に取り組んだ。

▷21 エルンスト・モイマン（Ernst Meumann, 1862〜1915）
実験心理学者ヴント（Wilhelm Max Wundt, 1832〜1920）に学び，実験心理学の方法を導入することで教育学の科学化を図った。モイマンがライ（Wilhelm August Lay, 1862〜1926）とともに主張した実験教育学の立場は，後にペーターゼンの教育的事実研究へと発展した。

らを学ぶ「子ども」に着目した。芸術教育運動をはじめとして青年運動，労働者教育運動などの影響も受けながら，彼らの学校改革運動は「子どもから」[19]をスローガンとして展開された。

1919年以降にハンブルクに設立された共同体学校は，公立学校でありながらも実験学校として認可されたために，各校の裁量で教師を募集し，カリキュラムを編成することができた。学校運営は教師・子ども・保護者から成る委員会での合意をもとに行われた。夕方には保護者対象の学習会が開かれ，保護者をも巻き込んだ学校づくりが進められた。このようなハンブルク共同体学校の教育実践は，ベルリン，ブレーメンなどにも広まった。

ペーターゼンが校長を務めたイエナ大学附属実験学校で展開されたイエナ・プラン[20]も，ハンブルク共同体学校の影響を少なからず受けている。イエナ・プランにおいては，年齢別学年学級制をとらずに，男女共学の異年齢の子どもたちから成る基幹集団が組織された。細分化した時間割をつくらず，週単位での学習計画が組まれた。また，保護者の学校参加を促して，共同体としての学校づくりに取り組んだ。

［4］ 「新しい教育」を担う教師の役割

19〜20世紀転換期にドイツ各地で試みられた教育改革にはさまざまな思想や実践があり，事後的に新教育運動と総称されるものの，その特徴を包括的にまとめることは難しい。けれども，「新しい学校」で「新しい教育」を推し進めるために当事者たちの大半が主張したのは，「子どもから」出発する教育であった。では，「子どもから」出発する教育を行うために，教師は自らをどのような存在とみなしたのだろうか。

新教育運動に参加した教師たちは，日常的に子どもと接していた。子どもはそれぞれに思いがけない行動や発想をみせるものである。今，この子どもが何を考えているか，これから何ができるようになるか，を見極めなければ，教育活動を進めることができない。そうした状況に置かれた教師たちが，目の前に存在する子ども，想定外のふるまいをみせる子どもに対して，強い関心を抱くことは必然だろう。こうして子どもは，思考や行動のあらゆる側面において個別に注意深く観察され，記述される存在となった。

子どもについて研究する心理学への期待が高まるとともに，教育学にも変化がみられた。例えばモイマン[21]は，それまでの思弁的な教育学を批判して，観察や実験，統計を使って子どもの心身の発達について実証的に明らかにし，その知見に基づいて教育の方法を考える立場を打ち出した。この立場は実験教育学と呼ばれる。実験教育学は新教育運動を理論的に支える役割を果たすことにより，学問システムにおける教育学の地位の確立にも寄与した。

しかしながら，こうした研究成果として提供される子ども像は，子ども全般についての仮説として示されるにすぎない。教師の目の前にいる子どもの様子を把握するのに有益な場合もあれば，なぜ今，この子どもがこのような姿をみせるのかを説明できないこともある。それにもかかわらず，教育活動の出発点としての子どもに対する信頼と期待が揺るがなかったのは，教師自身の役割意識に由来すると考えられる。

　個別具体的な子どもから出発する教育を展開するのは，日々，実際に子どもたちに接して，子どもの変化を体感している教師たちである。心理学などの研究成果を参照しつつも，自らの教育観やこれまでの指導で得られた知見を踏まえて一人ひとりの子どもとかかわる教師は，学校教育に欠かせない。「子どもから」出発する教育を実現するには，子どもの様子を見取り，適切に働きかけようとする教師の存在が鍵となるのである。このことから，新教育運動における「子どもから」という考え方は，学校における教師の存在意義を高める機能を果たしたといえる。

⑤　現代に生きる「新教育」思想

　従来，ドイツの新教育運動は，ナチズムが台頭した1933年に終焉したと説明されてきた。1933年以降，シュタイナー学校は閉鎖され，ハンブルクの共同体学校は実験学校としての地位を失った。男女別学とされ，学校種・地域ごとに数多く存在した教員組合は一つの組織へと統合させられた。指導者への絶対的忠誠を強いる「指導者原理」を社会全体に貫徹させるべく，学校では身体の鍛錬，ドイツ語，歴史，生物学の授業が重視されるようになった。ナチ党の青少年組織であるヒトラー・ユーゲントにより，子どもたちの学校外での生活が統制された。こうしたナチズム期の一元的な状況は，多様な教育活動が自由に展開された新教育運動期と明確なコントラストを成している。新教育運動とナチズムとを対置することで，一層，新教育運動の自由主義的なスタンスが強調されたのである。

　しかしながら，新教育運動に対する批判も近年では散見される。新教育運動は「古い学校」における「古い教育」からの転換を主張したのであるが，その問題意識の発端は，急激な社会変化に学校教育が対応できていないことにあった。「新しい学校」における「新しい教育」は，国際競争が激化する20世紀前半の国民国家を積極的に支える人材の育成に寄与しており，新教育運動と総力戦体制との連続性が指摘されうる。また，「子どもから」というスローガンの下で個人の尊重が主張されたけれども，個人を全体に服従させるナチズムへの有効な抑止力になりえなかった点も批判される。

　このように新教育運動に対するアンビバレントな評価が存在するのは，今な

お新教育運動のなかで重視された理念がドイツに限らず，世界中で生き続けているからであろう。それは，子どもは自らの興味・関心をもとに自己活動するものであり，子どもの自己活動を適切に引き出す教師の働きかけにより教育活動が展開される，という近代的な教育観である。この教育観はルソーやペスタロッチ以来の教育思想において主流を占め続けているが，新教育運動の特筆すべき点は，近代的教育観を実際の教育活動として初めて展開したことにある。この教育観が人々の意識の根底にある限り，新教育運動の事例は，現代の教育（観）を見直す契機として大きな意味をもつ。

3　フランスの新教育運動

1　ドモランと中等学校の改革

　フランスでも19世紀になって今日までつづく学校教育制度の基本が形成された。前章でみたように，ナポレオン学制以来，リセ，コレージュという国公立の初等と中等教育の場として拡充整備されてきた伝統的な中等学校，さらに1880年代のジュール・フェリー改革によって再編成された公立小学校制度によって，中央集権的な教育行政システムの下，公立学校中心の学校制度が確立されたのであった。小学校では「プログラム」という全国統一の教育課程の基本が定められ，それに基づいて作成された教科書による知育中心の教育が行われるようになった。また，伝統的なリセやコレージュでは，実科的実用的な教育のコースもつくられはしたものの，やはり古典中心の伝統的な座学の教養教育が行われていたのである。こうした硬直気味の国公立学校の教育に対して，個々の私立学校の挑戦というかたちで展開したのが，フランスの新教育実践の特徴であった。それは，すでに時代の要請に応えきれなくなってきた中等教育に対する改革から開始された。

　社会学者としてイギリスの教育に強い関心を示し，なかでもレディのアボッツホームの新学校に強い影響を受けたドモランが，パリ郊外のロッシュに新しい中等学校を開設したことが，中等教育改革としてのフランスの新教育のはじまりであった。

　新興の学問であった社会学を学んだドモランは，この時代に目覚ましい発展を遂げたイギリスに早くから注目し調査研究を行うが，やがてその発展の根本に教育の力があり，そこにも新しい試みが登場していることに着目する。そのうちの一つ，ビデールズの学校には11歳になる自らの息子を留学させ，その教育についても調査報告するほどであった。さらに，アボッツホームに新学校を設立したレディに注目，彼と直接会見し，その学校での教育実践の調査も何回

▷22　エドモン・ドモラン
（Edmond Demolins, 1852
～1907）
フランスの社会学者で教育家。はじめ歴史研究を志すが，当時著名だった社会学者ル・プレに刺激され，社会学の研究に移る。社会観察法といわれた手法で研究を行うが，やがて教育に関心を抱き，とりわけイギリスの新教育に触発され自らフランスの中等教育改革，新学校の設立に乗り出した。

第**6**章 新教育運動の時代

も行った。こうしたドモランの関心と見聞調査の成果は、1897年に発表され広く注目された『アングロサクソン民族の優越は何に由来するか』にみることができる。

イギリスの繁栄とそれを支える新しい教育を結びつけて紹介したこの著作は、当時において中等学校に子どもを通わせることのできた中流以上の家庭の親たちの間に大きな反響を巻き起こした。ヨーロッパ列強諸国が競い合いをはじめた時代にあって、フランス国内にとどまらず、またたくまに英語、ドイツ語、スペイン語、ポーランド語、さらにアラビア語に翻訳された。この成功と反響が、単にイギリスの試みの紹介にとどまらず、それをフランスで自ら実践することへとドモランを突き動かしたのである。

自らの手でイギリス式の中等学校を設立し、従来の伝統的な中等教育とはまったく異なる新しい教育の内容と方法を実践しようと決意したドモランは、1898年、その教育上の主著となった『新教育——ロッシュの学校』を発表する。これは現行のフランス中等学校の教育への批判、彼の新学校の経営方針、予定される新たな教育内容の構想などとともに設立計画と準備状況を公表し、翌年の開校を宣言した書であるが、現在固有の教育史的意義をもつ「新教育」という名詞を、当時において初めて用いた書物としても知られている。以下、この書物に盛られたドモランの構想と特色をみてみよう。

まずは当時の伝統的な中等学校への批判であるが、これは教育の方法、とくに教師と生徒との関係のあり方、教える内容の両方にわたっている。当時のリセやコレージュでは、教師たちは授業のときだけ生徒たちの前に現れ、授業が終わればさっさと帰り、そこには教師と生徒の人格的なふれあいなどまったくないことが批判される。「今日の制度には、教師と生徒との間の人格的かつ継続的な関係が少しも含まれていない」と（ドモラン、1978、38ページ、以下の引用は本翻訳書）。ドモランはこうした教師＝生徒関係ばかりの学校では、人間形成ができないと批判する。こうした中等学校の現状は、大学入学資格でもあるバカロレア試験の合格を目指して、ラテン語や古典の知識ばかりの「詰め込み教育」によって「思考なき記憶」だけの教育をしているにすぎないと断定するのである。これに対して、イギリスの新学校は教師と生徒が授業はもちろん生活も共にする学校で、教師は授業でも、またレクリエーションも食事も入浴さえも生徒たちと一緒に過ごしている。こうした長時間にわたる教師と生徒の交わりこそ、「子どもたちの勉強、遊戯、毎日の生活にいつも変わらず参加している父親の関係に非常によく似た関係」（同前）をもたらしていることを強調する。これが、新学校のモデルとなるのである。

教育の内容については、当時のリセやコレージュで最も重きに置かれていたラテン語やギリシア語の教育を批判する。その教育に実際の効用はなく、わず

▷23 バカロレア
フランスの中等教育修了とともに大学入学のための資格を認める認証。もともとは大学の学位（学士）であったが、ナポレオン学制以降、文学部・理学部によって授与されるバカロレアが高等教育機関入学に必要な中等教育修了の認証となった。今日では伝統的な普通バカロレアのほか、技術バカロレア、職業バカロレアに細分化され、受験科目も異なっている。

かに聖職者になる少数の少年にとって役立つくらいであること，こんな教育を中等教育全体に課して，教育の大部分を占めていることが間違いである，と。しかし，ドモランは古典の学習そのものを全面否定しているわけではない。それらはラテン語原典で読まずとも，翻訳で読めばよいというのである。

こうしてドモランはイギリス新学校をモデルとして，新しい教育を行う新しい学校を構想する。その教育内容，具体的には教科では，上に述べたようにラテン語とギリシア語を死語として，その授業時間を大幅に削減し，その代わりにフランス語ならびに英語とドイツ語という現代語の時間をあて，さらに算数・数学，地理と歴史，物理・化学のみならず博物・デッサン，簿記と商業などの実学的教科を大胆に導入しようとした。こうした新しい教育内容の導入にあわせて教育の方法においても，観察や採集，見学，遠足など教室の外で生徒自身が主体的に学ぶことができるような工夫も構想されていた。一日の時間配分も，教科の学習は基本的には午前中に行われ，午後は戸外での実地活動（園芸と耕作，木工と金工，植物採集や測量や見学など）やスポーツと体育にあてるよう計画されていたのである。こうした活動が可能なように学校そのものも設置され組織されることとなる。

ドモランの学校は，広大な田園に設けられる寄宿制の6年制の男子学校であった。先にみたように，生徒と教師が生活を共にして一つの家庭的な共同体を形成する学校である。学校の課程は，大きくは前期3年間の一般課程と後期3年間の専門課程に区分される。

一般課程は，「すべての人が職業の如何を問わず保有すべき知識の全体」を教授する一般教育のコースである。そこではすべての子どもに対してまったく同一の教育が行われる。その具体的な教育内容としては，フランス語・英語・ドイツ語に代表される現代語，とくに外国語の教育が重視された。ついで地理と歴史，算数と数学，博物，物理に化学であった。これらの教科の学習は午前中に集中させ，午後はスポーツや体育，さきの実地活動などにあてられる。さらに夜の時間は，芸能とレクリエーションにあてられ，社交的な人間つまり「社交人」となることが期待されたのである。

一般課程に続く上級の専門課程は，4つの学科に分けられる。文科，理科，農業・拓殖科，工業・商業科である。この上級コースでは，やはりバカロレアを意識した教科群が登場する。ラテン語とギリシア語である。これは大学あるいは高等師範学校や理工科大学校などのいわゆるグラン・ゼコール進学という現実の問題に対応するためには仕方ないことであった。しかしその教育方法は，当時としては画期的なものとして注目されよう。伝統的かつ一般的であった原典からのフランス語訳を長々と続けるのではなく，思い切って対訳と突き合わせて，それを参考に長文の講読を行うやり方であった。こうした講読のな

▷24　高等師範学校

フランスのグラン・ゼコールの一つ。フランス革命が創設した師範学校をナポレオンが復活させたのがはじまりで，高等教育の教授資格のための準備教育を使命とした。高等教育の教員や科学技術者の養成など，フランスのエリートを養成している。

▷25　理工科大学校

フランスのグラン・ゼコールの一つ，エコール・ポリテクニークのこと。高等師範学校とともにグラン・ゼコールを代表する学校。同じくフランス革命期に起源をもち，ナポレオンによって再興。理系の専門家のみならず，フランスのエリートを養成している。

▷26　グラン・ゼコール

フランスの，大学とは別の高等教育機関。バカロレアを得て，さらに受験して入学が許されるエリート養成のための学校群である。高等師範学校（エコール・ノルマル・シュペリュール），エコール・ポリテクニーク（理工科大学校）のほか，パリ政治学院（通称シャンス・ポー）などがあり，歴代大統領など政界官界に多くの人材を輩出してきた。

かで，困難や課題を解決することを通して文法の学習も展開させようとしたのである。また，その他の教科の教育はさまざまな職業資格取得のうえで役立つものとされたのである。

学校建築・施設のうえでは，ドモランは「学校は子どもたちのものである」との信念の下，子どもたちが生活することのできる場としての施設計画をしている。学校は教室棟を中心に，放射状に寄宿舎を建設していった。この放射状の配置によって各寄宿舎の独立性を保持するとともに，共同使用の場へのアプローチの平等性も確保しようとしたのである。

以上のように，ドモランの計画した学校は直接にはイギリスのアボッツホームの学校をモデルとしているが，ドイツのヘルマン・リーツのイルゼンブルクの学校やヴィネケンの自由学校共同体，ゲヘープのオーデンワルトの学校などに代表される田園教育舎の流れに位置づけられる試みであったということができるであろう。

ドモランはこうした構想をまとめた『新教育』を公表した後，新学校創立のための基金をつくり，ノルマンディー地方ヴェルヌイユのロッシュという地に館と土地を購入した。その地は牧草栽培と牧畜業を中心とする地域と穀物栽培を中心とする地域の境界線にあたり，農業地帯であるとともに工業地帯でもあり，農場や工場をはじめとして，子どもたちを実生活のさまざまな営みに直接ふれさせることが可能であった。ドモランは地名をそのまま学校名とし，こうしてロッシュの学校は1899年11月の新学期から開校したのである。

開校当初，ロッシュの学校は8歳から14歳までの生徒50名を受け入れたが，その教育費用は寄宿費・海外研修費に旅費までも含まれ，かなりの高額であったという。それでも入学希望は定員を常にオーバーするほど，新学校は多くの中・上流家庭の親から支持されたのである。ドモランは，生徒と教師の共同体として開校したこの新学校で生活全体を通して行われる教育によって，生徒の性格形成とりわけ「自制と克己の精神」の形成を目指したのであった。ドモラン自身は1907年にこの学校において夭折するが，学校はその後も彼の遺志を継いだ協力者によって継続されたのである。

ドモランの著作や学校実践については，明治後半頃からわが国でも紹介されてきた。さきの『アングロサクソン諸民族の優越は何に由来するか』は，大英帝国に学ぼうとするフランスの立場に当時のわが国の立場を重ねて紹介され受け入れられたのである。戦後も，硬直した伝統的な詰め込み教育への挑戦として，後に展開する世界的な新教育運動の先駆けとして評価されてきた。その一方で，ヨーロッパ列強各国がはげしい競り合いを展開した時代背景ならびにドモラン自身の課題意識，改革の対象となった学校が伝統的にエリート養成の場であった中等学校であった点などに注目すれば，彼の学校構想とロッシュの学

校は，自らの意志と力で国際的な列強各国の競合に参加することのできる職業人や実務家を育成することで，帝国主義的な時代と国家の要請に応えるものであったということもできる。いずれにせよ，伝統的で硬直した教育に自縛され時代の要求に対応できないでいた当時の中等教育界に新風を巻き起こす試みであり，また，その斬新な学校組織のあり方は，後の中等学校改革の先駆けとなり，統一学校運動を先取りする試みであったと評価できるのである。

②　セレスタン・フレネの新学校──新しい小学校教育を目指して

　ドモランがロッシュの学校を開き，新しい教育に挑戦しはじめた頃，フランスではジュール・フェリー改革によって新たな国民統合を目指して初等教育のシステムも再編成された。無償・義務・世俗（宗教的中立）性を三原則としてすべての子どもたちに開かれた公立学校制度がスタートしたのである。この公立学校中心の初等教育も，やがて20世紀に入るとしだいに画一的で知育中心の主知主義的な傾向が強まり，硬直化していった。そうした公立学校の画一的教育に対する挑戦がはじまったのは，第一次世界大戦後の1920年前後のことであり，新たに挑戦したのが，フレネ（Célestin Freinet, 1896〜1966）とその学校（ヴァンスの私立小学校）であった。

　フレネの挑戦に前後して，フランスでも大戦後の世界的な新教育運動に影響された初等教育改善の動きがあった。どちらも教育行政にかかわる初等視学官によるものであるが，ロジャ・クジネの班活動の導入と，バルテルミー・プロフィの協同組合活動である。

　クジネはボーイスカウト運動に触発され1920年に小学校に班活動を導入したが，その根底には，子どもが成長するためには活動することが大切であり，学校においては子ども同士が協同し，協力し，相互に自らの考えを交換できるような環境を整えねばならないという考えがあった。学校教育の中心を子どもと子ども自身の学習に置き，それを協同的に進めようとした試みであり，広く児童中心主義の流れに位置づけることができよう。

　プロフィもまた1920年代に学校に「協同組合」の組織化を進めた。教科書による教育・学習に満足せず，具体的で実際的な事物を見せ，触れさせること，具体的には植物の採集や物理・化学の実験，小さな博物館づくりなどを通した教育を進めようとしたのである。協同組合とは，こうした教育活動のための資金を子どもたち自身で管理運営していくための，子どもたちの組織なのである。教科書など書物中心の教育への反発であり，子どもの主体性を重んじた試みであった。フレネが公立学校教育への挑戦をはじめる頃，このような試みが展開されていたのであり，これらもまた，フレネに影響を与えたのである。

　高等師範学校在学中に第一次世界大戦のために召集されたフレネは，戦地で

負傷したため重い肺機能障害を患ってしまう。ケガのため息切れがして声も出にくい状態で復員して地中海沿岸地方の小さな公立小学校の教師となった彼がみたのは、公立学校の伝統的な姿そのものであった。「ならべられたベンチに机、教師のための教壇、壁に固定されたコート掛け、移動式の黒板……窓は古い城の鄙びた広場、噴水、大きなプラタナスの木陰に面していたが、子どもたちの好奇心をさえぎるように高かった。灰色の壁面にはフランスの地図、メートル法の表……」（エリーズ・フレネ、1985、12ページ）。こんな教室のなかで行われていた授業は、できるだけ多くの子どもを学業修了試験[27]に合格させるためだけの、詰め込み式の伝統的な授業であった。フレネは自分自身の身体的なハンディを乗り越え、こうした伝統的で硬直した詰め込み教育に挑戦するのである。

　当時スイスで活躍していたフェリエールの『活動学校』[28]などに触発され、学校と授業のなかに子どもたち自身の活動を活かそうとして彼は学校のある村落のあちこち——織物屋、指物師、かじ屋、パン屋などを訪問させる散歩教室をはじめた。散歩と見学そのものが生きた授業となるとともに、戻った子どもたちにフレネは見学のまとめを板書させ、それを読ませ、ノートに写させたのである。こうした実践の過程で発案・導入されたのが、子どもたちに自分たち自身の活動を通して記録させ、それを残すための道具、印刷機を活用することで印刷された文章としての記録を作成させることであった。印刷機を使って子どもたち自身が、自分たちの観察結果やそれについての自分たちの考えを文章にして印刷する行為そのものが教育となると考えたのであった。これについてフレネ自身、次のように述べている。「そのプロセス——観察、思考、素直な表現は完璧なテキストになったのである。そのテキストはまず鉛版に流し込まれ、次に印刷された。そして作者はむろん見守る者総てが、以後かけがえのない証拠となる最初の素晴らしいテキストの出現に感動したのである」と（フレネ、1979、27ページ）。こうして登場したのが、「自由作文」であった。

　子どもたち自身で自分たちの教科書をつくる作業そのものが教育・学習活動となるのであり、教室では子どもたちが主人公となり、教師はその活動を支援するための脇役となるのである。しかし、重要なことは、表面的には脇役となる教師には、伝統的で画一的な授業——知識・技能の一方的な詰め込み——以上にたいへんな労力が求められていたことである。子どもたちとその活動を絶えず繊細な目で観察し、適切にして臨機応変な支援が必要となるからである。フレネ自身、子どもたちをいかにつぶさに観察することに努めたか、その妻にして協力者のエリーズが伝えている。「戦争中の日記のかわりに、フレネはメモ帳に、日々、注目した子どもたちの独自性を記録した。詩的な言葉、表現に富んだ動作、自発的な行為、子どもたちの行動の中にみられる、成長のメカニズムの本能的なものの意味をもっているすべてについて記録した。反対側の

▷27　学業修了試験
フランスではおよそ11歳で各地域に設置される卒業審査委員会に出頭して筆記試験と口頭試験を受け、これに合格すれば初等教育の修了証書を取得でき、これで就学の義務が終了したのである（梅根、1975、149〜150ページ）。

▷28　アドルフ・フェリエール（Adolphe Ferrière, 1879〜1960）
スイスの教育学者で新教育運動の指導者。生物学・心理学を学ぶが、後にドモラン、リーツの新学校・田園教育舎の運動に共鳴、1899年にはジュネーヴに国際新学校事務局を私人として設立し、新学校相互の情報収取と交換に従事する。1909年ジュネーヴ大学の講師、1912年に新設されたルソー学院（教育科学研究所）に参加、教育学と社会学の講義も務めた。

ページには，不発に終わったり，失敗したり，不安定などを物語る観察が記録された。そして，この否定と肯定の交錯の中で，パーソナリティーの総体について，かなり正しい知識を得るにいたったのだ」と（エリーズ・フレネ，1985，16〜17ページ）。

これはまさにルソー『エミール』の教えそのものに従った実践であったといえるだろう。このような教師の陰に隠れた努力に支えられた教育実践から，子どもたちの自由作文は生まれたのである。フレネはこの自由作文をほかの学校の同志と交換する学校間通信も開始し，これによってフレネの実践は一つの運動としてひろがりをみせるに至ったのである。

しかし，こうした実践は当然ながら既成の教科書の放棄，教科書による教育の否定につながり，さらにまたフレネ自身のマルクスへの傾倒ともあいまって，保守・右派から激しい批判にさらされることとなった。また第二次世界大戦を目前にした政治的不安定がそれにかさなり，フレネ夫妻はついに公立学校教師を辞職せざるを得なくなったのである。

1934年，すでにひろがりをみせていたフレネの学校印刷および通信の教育運動の支援者たちに支えられ，フレネ夫妻はヴァンスに小さな私立学校を開設した。ここが，いまもなおフレネ教育とその展開の拠点となっているのである。

フレネの思想と実践は当時の画一的に硬直化した初等教育に対する闘いであったと同時に，常に庶民の子どもの目線に立った教育を追求する，民衆のための新しい教育を模索するものであった。彼の実践した学校印刷（所）は，単なる技術ではなく，印刷に至るまでの子どもたちの観察や調査の活動，その成果に基づく印刷作業という自己表現活動，これら一連の学習活動の全体を通して，人間の解放のために世界を科学的に把握することが目指された新教育の方法なのであった。そしてそこには子どもの成長を願う溢れるような情熱があり，喜びがあり，かつ，「それまでの常識的なやり方を改革しないでは教育者として仕事を続けられなかった」という思いが込められていたこと，それは子どもたちのために自らの命をささげようとする教師としての熱い情熱にささえられた教育の方法であったことを忘れてはならないであろう。

4　アメリカの新教育運動

1　進歩主義教育の生成[29]

19世紀の後半から20世紀にかけてヨーロッパでは新学校や新教育思想があらわれたが，アメリカでは19世紀のはじめにペスタロッチ主義の影響を受け，新

▷29　進歩主義教育
新教育運動は，アメリカにおいては，その民主主義を基礎に1883年にパーカーによってはじまり，1896年のデューイのシカゴ大学の実験学校によってさらに前進し，経験主義・プラグマティズムを理論的支柱とした進歩主義教育運動として展開された。

第6章 新教育運動の時代

教育運動の萌芽がみられる。

1830年代のマンの12年報（第5章第4節の 1 ）には，早くも新教育の原理が明らかにされている。そして，1860年代から70年代にかけて発展したオスウィーゴ運動（第5章第4節の 3 ）は，人間の合自然的発展，直観教授，実物教育などを提唱するペスタロッチ原理を基礎としており，新教育運動の背景をつくりあげていった。そして，19世紀の終わりには，「アメリカ進歩主義教育の父」といわれるパーカー（Francis Wayland Parker, 1837~1902）があらわれた。

パーカーは南北戦争に従軍後，3年間のドイツ留学をへて，ヘルバルトやフレーベルの研究に従事し，帰国後1875年から1880年までの5年間，マサチューセッツ州でクインシー市教育長を務めた。彼は「教育におけるすべての運動の中心は児童である」「児童こそがどのような内容，方法を用いるべきかを決定する」として児童中心主義の立場を明確にした。彼は，子どもの精神発達の法則のなかで，子どもの生得的な力や外的刺激によって活動しはじめる本能的，自然的な心的な行為である自発活動を重視して，子どもの人間性自体に無条件の信頼を寄せ，個性や自由を無視した束縛から子どもを解放し，教室や学校を魅力的で楽しい生活の場所へと変革しようとした。例えば，社会科の授業では，学校が立地する地方の地理を未知の遠い国の地理より重視した。算数においては，日常生活の問題を解くことが抽象的な原理や難解な法則よりも重要視された。国語の授業においても，ことばを学問や分析のための材料として捉えるよりも，コミュニケーションの道具とみなした授業が展開された。また，子ども自身の活動を重視した工作の授業も導入された。このようにアメリカの学校が，子どもたちの頭のなかに雑然とした知識を詰め込んでいるのを非難し，子どもたちの活動と独創性を強調したのである。パーカーは，教育長として，児童中心主義のカリキュラムや教授方法への転換を主張するなど，いわゆる「クインシー運動」を展開した。その後パーカーは1883年から1899年までシカゴの近郊のクック・カウンティ師範学校の校長を務め，在任中の16年間に児童中心主義の教授方法を展開し，学生に教え続けた。エモンズ・ブレイン夫人の支援もあり，師範学校附属実習学校（通称「パーカー・スクール」）を1901年に開校し，パーカーの教え子のフローラ・クック校長の下で新教育の実験の拠点として卓越した成果をあげていった。

アメリカにおけるもう一人の進歩主義教育運動の推進者は，デューイ（John Dewey, 1859~1952）である。プラグマティズムの思想家としても著名な彼は，ジョンズ・ホプキンス大学で博士号を取得後，1894年にシカゴ大学に教育学科が新設されると同時に同学科に就任し，また1896年にパーカーらの協力を得て，実験学校（Laboratory School）を設立した。この学校は，はじめ16人の生徒と2人の教師によって開校された。ここでデューイは教育の中心を教師から

▷30 プラグマティズム
「実験」を基礎にして自然科学が発展したのにならい，人間の「行動」とその結果を基準にして，社会的出来事や行為を判断しようとする思想。

127

児童へと移し，児童中心の教育を行った。彼は，教育においては，子どもの活動を活発化し，これを促進し，組織化することが重要であると主張した。そして，この活動のもとになるものとして，子どもの内にある4つの本能——社会的本能，構成的本能（製作の本能），探究的本能，表現本能（芸術的衝動）をあげた。実験学校ではこれらの本能や衝動に基づく諸活動をカリキュラムに編成したのであった。この活動の中心となるものとして，「仕事」ないし「作業」といわれる工作・料理・裁縫・織物作業を重要視した。この学校は，のちにシカゴ大学附属小学校として，デューイの教育思想発展の実験的素材を与えると同時に，進歩主義教育運動の中心となった。この実験学校の実践とその理論的裏づけは，1899年に著された『学校と社会』にまとめられている。

　「われわれの学校の各〻をそれぞれ一個の胎芽的社会生活たらしめること，すなわち，より社会の生活を反映する諸〻の典型的な仕事によって活動的であり，そして，芸術・歴史および科学の精神がすみからすみまで滲透している，胎芽的な社会生活たらしめることを意味する」（デューイ，1957，40ページ）。デューイにとって，教育とは，児童の生活上の諸活動の組織化，意義づけであった。1916年，デューイはその教育哲学をまとめて『民主主義と教育』を著した。彼は，教育を経験の連続的改造ないし再組織と定義した。すなわち，民主的社会の発展のためには「絶えず児童経験を連続的に改造し組織し直さねばならぬことを主張し，この改造は社会的意義内容を増進し，かつこの改組織の指導者としての個々人の能力を増殖するやうな性質のものでなくてはならぬと述べた」（ジョン・デュウイー，1950，352ページ）のであった。教育を通じた子どもの経験の再構成，それが結果として社会改良につながり，最終的に人類の進歩に至るという構図を考えていた。彼の思想は，アメリカ教育界のみならず世界中に大きな影響を与えた。

　以上のようなパーカーおよびデューイを中心とする，この進歩主義教育運動は，やがて，第一次世界大戦後の民主主義の時代にあってさらなる進展をみることになるのである。

2 進歩主義教育の進展

　1920年代以降，注入主義的教育を打破するために，進歩主義教育運動のなかで「プロジェクト・メソッド（Project Method）」「ドルトン・プラン（Dalton Plan）」「ウィネトカ・プラン（Winnetka Plan）」など，さまざまな教授プランや方法が新たに考案された。これらの意義は，書物からの反復的で形式的な学習を打ち破り，個々の子どもに注意を向け，目的ある活動を通じた学習を強調し，健康で，情緒的に適応性のある人格と性格を発達させることを目指している。以下，これらのプランや方法について概観していく。

第一は，キルパトリックの提唱した「プロジェクト・メソッド」である。デューイの弟子である，コロンビア大学のキルパトリック（William Kilpatrick, 1871〜1965）は，1918年，「プロジェクト・メソッド」という論文を著した。プロジェクト・メソッドは問題解決学習の典型的な様式の一つであり，デューイのいわゆる「なすことによって学ぶ（Learning by Doing）」という学習原理を具体化したものである。

プロジェクト[31]の最大の特徴は，学習者自身の課題・目的意識を出発点とし，それに支えられた活動であるという点にあった。学習者の課題・目的意識は，内発的な動機づけによる学習活動を誘発し，学習過程における学習者と課題や活動対象との相互作用を充実化し，学習成果の達成を確保し，さらに子どもの興味の幅を広げ，最終的に個人の性格の一部として定着すると捉えられた。キルパトリックは，プロジェクトを4領域に分け，カリキュラムの領域とした。すなわち，タイプⅠはボートをつくる，手紙を書く，演劇をするなど，ある着想を具体化すること，タイプⅡは物語を書く，交響楽を聞く，絵を鑑賞するなど，美的経験を楽しむこと，タイプⅢは，知的な困難を解決すること，例えば，ニューヨークはなぜフィラデルフィアを追い抜いたかというような問題を解決すること，タイプⅣはフランス語の不規則動詞を暗記するような，技能と知識の習得を指す。プロジェクトの実施過程は，(1)目的立て（purposing：目的の選択・選択），(2)計画（planning：学習活動の実施方法の計画），(3)遂行（executing），(4)判断（judging：活動を通しての進歩と最終的な成果の評価）で構成され，この4つの過程を経て，生活（経験）学習をすればよいとしている。キルパトリックは，こうした目的のある活動であるプロジェクトを主体とした学校教育が，教育と生活を一元化するのであり，こうした活動は，民主主義社会における市民の生活の基本を形成すると述べたのである。

第二は，個人差に応じる学習法であるパーカーストの「ドルトン・プラン」とウォッシュバーンの「ウィネトカ・プラン」である。この2つのプランはほぼ同時期に発表され，国際的にも広く知られることになった。

パーカースト（Helen Parkhurst, 1885〜1973）は，イリノイ州の農村の単級小学校の教師をしていたとき，苦心して個人差のある子どもに対する個別教育の方法を案出していた。彼女はイタリアのモンテッソーリにも師事して，自らの教育方法に改良を加え，1920年にドルトン市のハイスクールで実施した。その方法は，以後，「ドルトン・プラン」の名で世界的に知られるようになった。

その方法は，教科を主要教科（国語，数学，理科，歴史，地理，外国語など）と副次的教科（音楽，美術，体操，家庭など）とに分け，主要教科に関しては，カリキュラムを難易度に従って3種類に分ける。児童生徒の能力に対応したものを用意するためである。児童生徒には，果たさなければならない内容のすべて

▷31 **プロジェクト**
プロジェクトとは「社会的環境のなかにおいて，行われる全心をこめた目的活動」であり，もともとは生産や生活の向上を目指す教育方法として生まれた，職業学校や職業教育の実践場面における手工・技術教育の実習方法だったが，キルパトリックにより教育一般の方法として捉え直され，その後単元学習の一つの方法理論として学校教育に広く普及した。

（1か年分）を提示し，それを1か月単位に分割して，アサイメントとする。このアサイメントの履行は，教師と児童生徒との間の契約の形をとる。児童生徒は教科ごとに分かれた実験室（laboratory）に行き，そこで専門家の指導の下に，アサイメントについての学習を進めていく。小学校の場合，一人の教師が全教科を担当する必要はなくなり，各自得意とする教科に専念することができるようになる。実験室には，参考図書，計量器，実験用器具および地図や地球儀等の備品類などの学習用リソースが集中的に備えられている。そして，児童生徒の学習進度は，進度表によってチェックされる。進度表としては，教科ごとの児童生徒の進度をチェックする「児童生徒教師の実験室進度表」，全教科にわたる児童生徒各自の進度をチェックする「児童生徒進度表」，学級内の全児童生徒の進度を比較，対照するための「学級進度表」の3種類が用意される。これらを手段としてたえずバランスのとれた学習となるよう教師の指導が行われる。なお，主要教科の学習は午前中に，副次教科の学習は午後に集団指導の形で行われる。

　ドルトン・プランを構成する基本原理として，パーカーストは「自由」と「協同」の原理をあげている。「自由」の原理とは，学習は生徒の自主性に立脚すべしということであり，与えられた一定の枠内ではあるものの，基本的には子ども自身が学習内容や方法で自由を行使できるということである。パーカーストによると，「ドルトン実験室プランは，彼ら（子どもたち）のエネルギーを解放して，自分の研究を自分なりに進め，組織する方法を教える」方法とされる。「生徒が勉強に没頭しているときは，その教科が何であっても，決して妨害しないで，自由にどこまでも継続させるようにしなければならない。なぜならば，興味がわくと精神はいっそう鋭敏になり，いっそう敏活になって，その研究の途中に起こってくるどんな難問題も克服することができるのだから。この新しい方法ではベルをならして，生徒の勉強時間をこま切れにきって，他の教科に向かわせたり，別の教師につかせたりしない。……生徒を自由にして，自分の速度で知識を習得するようにさせなければ，到底，ものごとを徹底的に学ばせることはできない。自由とは，自分の必要なだけの時間をとることなのである」（パーカースト，1974，27～28ページ）。ドルトン・プランにおいて，学習が教師と生徒の契約に基づきアサイメントという形で行われるのは，あくまでも生徒の自主的な活動を尊重するからである。ドルトン・プランでは，学習課題について到達すべき標準を子どもに提示し，その後は，子どもが適切と思う方法で，自分自身のペースで，課題に取り組ませる。その結果に対して子ども自身が責任をもつということは，子どもの潜んでいる知的能力を発揮させるだけでなく，さらに彼の判断力，性格をも発達させることにつながると考えられたのである。

そして第二の原理である「協同」の原理では「集団生活の交流」が目指されている。「ドルトン実験室プランは，生徒自ら楽しんで，自然に社会の一員として行動するような条件をつくり出す。……学校でもおとなの社会と同じような法則が働く。この法則を有効ならしめるためには，強制は禁物である。……社会生活の価値は，それがその社会を構成する自由な各個人を，たえず社会の一員であることを意識して，その全体のために責任を負って，共働する人たらしめることに役立つところにある」と述べている（同前，29ページ）。

このように，「自由」の原理，「協同」の原理とも，集団に所属したときに，勝手な権威的行為が押しつけられるのではなく，所属した社会集団や他集団との接触を通して，集団のもつ価値や規範への同調，適応をしていくうちに，自らの限界を認識していくことの重要性を示している。

一方，ウィネトカ・プランは，1919年に，ウォッシュバーンにより，シカゴ近郊のウィネトカで実施された実験である。ウォッシュバーン（Caleton Wolsey Washburne, 1889～1968）は，母がデューイの友人であったために，幼少時より進歩主義教育を受けて育った。1914年スタンフォード大学卒業後，サンフランシスコ州立師範学校教師を経て，1919年から1945年までイリノイ州ウィネトカ市で教育長を務めた。1919年以降，市内の公立小学校とジュニア・ハイスクールで，いわゆる「ウィネトカ・プラン」を実施した。そのプランは，一斉授業の廃止，個人の能力の自由な発展と協同的集団活動による社会的訓練の重視，教師は教授者の立場をとらず，児童の学習の相談相手となることなどであった。具体的には，(1)共通基本教科と社会的創造的活動の二領域からなり，(2)共通基本教科には，国語，算数，地理，歴史，理科が含まれるが，それは小単元に分かれ，小単元ごとにアチーブメント・テストを行う，(3)その結果，学習者の自己診断と個人別進度記録により，各児童の学習の速度に応じて教育の個別化を図る点に特徴があった。

このようにデューイの実験学校での成功は，各地にそれにならった進歩主義的学校を輩出した。その運動を基礎にして，1919年には，進歩主義教育協会（Progressive Education Association：PEA）が結成された。初代会長には，ハーバード大学のエリオット総長，1926年にエリオット会長の死去を受けて，デューイが後任の会長となった。同協会にはパーカースト，ウォッシュバーンらが会員に名を連ねており，1930年代はじめには，会員数は1万人に達した。これに対して，1930年代には，進歩主義教育を批判し，教科の系統性や教育内容に含まれる本質的要素（essentials）を強調する者も現れた。彼らは，エッセンシャリスト（essentialist）と呼ばれ，生活単元学習（問題解決学習）か系統学習かで激しい論争を展開した。

▷32　一斉授業
教師が一人で，大人数の児童生徒に対して授業する授業形態。

[3] 職業教育の進展

1900年代のはじめから，化学・電気・自動車の工業部門が，いちじるしく発達し，第一次世界大戦によって，その生産施設の拡張と熟練労働者が急激に求められるようになった。こうした状況を受けて全国産業教育促進協会や全国マニュファクチュア協会などの産業界から，より実際的な中等教育課程を求める声があがった。1908年の産業教育委員会の報告書は「アメリカの子どもを，万能な一人前の熟練工」の地位に就けることが「われわれが支持するところの真に実用的な産業教育である」と述べた。全米教育協会（NEA）は，公立の商業・工業学校の設置を是認した。このように世紀転換期には，工業，商業，農業などの産業中等教育への関心が急速に増大していったのである。

この状況を反映して，1917年には，連邦政府による公立中等学校の職業教育に対する援助を規定したスミス・ヒューズ法（正式名称：「職業教育振興法：農業や商業，工業職の教育の振興，職業教育教科の教員養成において州と連携し，資金を支出し，経費を規定する法律」）が成立し，中等職業教育を普及させる大きな契機となった。同法は，「公的監督あるいは統制下にある」中等学校レベルの職業教育に対して補助金を支出すると規定し，具体的な財政援助および支出の対象として，㋐農業科，工業科および家政科の教員等の給与，㋑農業科，工業科および家政科の教員養成，㋒連邦職業教育委員会（Federal Board for Vocational Education）に必要な費用（研究・調査・報告の費用や人件費等）をあげている（第2条～第4条および第7条）。

こうして，各州に中等学校職業教育振興のための連邦補助金が交付され，補助金管理および職業教育関係指導機関として，連邦政府内に連邦職業教育委員会が設置されたのであった。

5　ソ連邦の新教育運動

[1] 臨時政府による教育政策

第一次世界大戦の長期化にともなって，食糧不足が深刻になると，戦争を継続するツァーリ（皇帝）による専制への不満が民衆の間で高まっていった。こうしたなか，各地で労働者や兵士による大規模なストライキや反乱が発生し，1917年2月（ロシア旧暦），ツァーリが退位すると同時に，リヴォフを首相兼内相とした臨時政府が樹立された。この権力体制の転換は，二月革命と呼ばれるが，一方で，労働者や兵士が，自らの意思を集約・代表するソビエト（評議会）を組織し，軍に対する一定の影響力を保持するなど，二重権力の状態に

▷33　臨時政府
二月革命によって倒されたツァーリ政府に代わり，ブルジョワ自由主義者らが憲法制定会議を招集して新しい国家体制を決定するまでの暫定的政権として設立された。

あった。

　臨時政府は，立憲民主党（カデット）や十月党（オクチャブリスト）の自由主義者を中心に構成され，言論・出版等の自由や身分・宗教・民族による制限の撤廃などを目指していた。その教育政策は，学校教育の民主化を進めようとするものであり，例えば，初等教育については，ロシア正教会を統括する宗務院の管轄下にあった教区学校等を国民教育省に移管し，教育の世俗化と普通教育の導入を進めることが構想された。中等教育については，都市部の中産階級（ブルジョワジー）の教育機会を拡大するため，8年制のギムナジアと7年制の実科学校の修業年限をそれぞれ4年間に短縮し，入学資格を高等小学校卒業に引き下げるなどの措置が講じられた。高等教育については，大学ならびに工業系高等教育機関の新設・拡充や大学への自治権の付与等が実施された。

　こうした臨時政府は，中等教育を受ける機会の拡大にともなう教員需要の高まりに対応する観点から，教員セミナリアと師範学校の増設を基本方針とした教員養成政策を立案していた。また，教育の世俗化を進めるため，教員養成教育の課程から「神の法」をはじめとした宗教に関する授業科目を削除したり，師範学校の要望を踏まえて，師範学校の大学への昇格や自治権の付与などを実現したりすることが計画されていた。ただし，臨時政府は，その存立期間が短かったこともあり，立案した教育政策のほとんどを実現・実質化することができなかった。

▷34　師範学校
商人，職人およびその他の都市住民を対象とする郡学校や，それを再編した高等小学校の教員の養成を目的とした学校として設けられた。3年制の中等教育機関であり，臨時政府に対して，高等教育機関への昇格を要望していた。

2　ソビエト政権による教育政策

　戦争継続の方針を示した臨時政府は，労働者や兵士の激しい抗議デモに直面し，1917年5月以降，労働者と兵士によるソビエトに影響力をもつメンシェヴィキや社会革命党（エスエル）の社会主義者を加えた連立政権となった。しかし，1917年10月（ロシア旧暦），ペトログラードで起きた労働者や兵士の武装蜂起を発端とした十月革命により，臨時政府は消滅するに至った。

　こうしたなか，かねてから予定されていた第2回全ロシア労働者・兵士代議員ソビエト大会がボリシェヴィキの主導で進められ，労働者，兵士および農民によるソビエト政権の樹立が宣言された。さらに，大会は，ソビエト政権の政府として，議長のレーニンと国家の行政分野それぞれを所掌・管理する人民委員から構成される人民委員会議を組織することを決定した。教育人民委員に任命されたルナチャルスキーは，1917年10月29日，「教育人民委員から」と題した声明により，ソビエト政権による教育政策の基本方針を明らかにした。その内容は，「非識字と無学」の解消が国民教育分野におけるソビエト政権の最優先の課題であり，義務性，無償性および世俗性の原則を踏まえた普通教育学校を設立するとともに，その教師を養成する師範大学と教員セミナリアを設置す

▷35　ボリシェヴィキ
ロシア社会民主労働党の分派であり，レーニンを指導者とした少数精鋭の革命家が，農民や労働者の前衛として活動する集団（党）の組織を目指した。本来，1903年の第2回党大会で，革命路線の対立によって形成された「多数派」の意味であり，「少数派」であるメンシェヴィキとの分裂により，独立した党となった。十月革命で中心的な役割を果たし，その後，ロシア共産党となった。

133

るというものであった。これは，臨時政府の下で計画された学校教育の民主化の推進により，ソビエト政権に対する支持を広く市民に訴えた声明であった。

　また，1918年7月10日に採択された「ロシア共和国憲法」は，労働者と農民の独裁によるソビエト権力の確立，他者からの搾取の禁止，階級分断と国家権力が存在しない社会主義社会の建設を基本目標とし，教育に関しては，「完全に全面的で無償の教育を労働者と農民に提供する」と定めていた。ただし，「ロシア共和国憲法」が定める基本権が，個人ではなく，労働者と農民の階級（プロレタリアート）の全体に認められていたため，教育に関する権利は，権力からの自由に基づいた「学習する権利」ではなく，社会主義社会の建設に必要な資質・能力を身につける権利として，国家から与えられるものと捉えられていた。

③　統一労働学校の法制と教員養成

　ソビエト政権は，社会主義社会の形成者である市民を育成する観点から，教育によって再生産されてきた搾取-被搾取の関係性を打破し，それを根源とする社会のさまざまな不平等の解消に向けた初等・中等教育制度の構築を喫緊の課題としていた。具体的には，新しいタイプの学校である統一労働学校の設立が目指されることとなり，1918年9月30日付で「ロシア共和国統一労働学校規程（以下，統一労働学校令）」が制定された。

　統一労働学校は，「8歳から13歳までの子どものための第1段階（5年制）と13歳から17歳までの子どものための第2段階（4年制）」を備えた学校であり，その教育の無償，子どもの就学義務，男女共学，宗教教育の禁止などが定められていた。これらの規定は，学校の民主化を図るものであり，幼稚園から大学に至る学校体系が一つの連続した段階を形成し，すべての子どもが同じタイプの学校に入学して，同じように学習するだけでなく，最上位の段階まで進学する権利を有していることを表していた。

　さらに，「統一労働学校令」は，学校生活の基本に生産労働を位置づけ，教授-学習活動と密接かつ有機的に結びつけられることを規定していた。教授-学習活動は，単なる手工業の訓練でなく，最も重要で基本的な形態の労働の方法を子どもに身につけさせる総合技術教育（ポリテフニズム）[36]であり，第1段階では，手工業的な性格をもつ労働過程が，教科等の枠を越えて教育され，第2段階では，工業労働や農業労働が，科学の系統的学習を通して直接的に教育されると説明された。その際，子どもの身体の発達を促すと同時に集団行動の能力や助け合いの精神等の発達を助長する体育と，感覚器官と創造的能力の系統的発達を促す美育が重視された。

　統一労働学校の実現には，その原理や教育方法を理解し，適切に総合技術教

▷36　総合技術教育（ポリテフニズム）
教育と生産労働の結合を通して人間の全面的発達を目指す教育思想であり，生産の基礎となっている自然科学の原理や法則を理解させるとともに，生産労働に必要な技能や態度を総合的に身につけさせる教育とされる。こうした思想は，ルソーやペスタロッチなどにもみられるが，マルクスらによる直接的な指摘を踏まえて，ボルシェヴィキの党教育綱領やソ連邦の教育政策に取り入れられた。

育を実践することのできる教師の養成が不可欠であった。そのため，ソビエト政権は，1919年9月，国民教育の各分野におけるすべての教職員を一元的に養成する国民教育大学を設立した。この国民教育大学は，3年間の理論課程と1年間の実践課程からなる4年制の高等教育機関であり，少なくとも，就学前教育，統一労働学校第1段階，統一労働学校第2段階，学校における労働過程および校外教育の教職員を養成する5つの学科が置かれるとされた。この学科構成は，統一労働学校を中心とした国民教育の各分野の教職員に求められる資質・能力が，担当する教育段階や領域によって本質的な差異がなく，その育成には，高等教育レベルの教育が必要との考えに基づいている。

　ただし，国民教育大学は，その多くが，統一労働学校第2段階の教師を養成する学科を除いて，十分な数の学生を確保できなかったため，2年間の教育活動をもって，後述する教員テフニクムや教育大学・教育学部に解体・再編された。

4　グース教育プログラムの提示

　ソビエト政権は，国内外での軍事的衝突が収束する1920年代になると，資本主義よりも高度な社会的な経済制度をつくり出すため，労働生産性の向上とそれに関連した労働の組織化に向けた取り組みに着手した。その際，アメリカのテーラーが提唱した科学的管理法の研究が進められ，そこでの成果を生産現場に適用することが試みられた。これにより，学校が，労働や生産活動を総合的に理解できる熟練労働者の創出を目指し，労働生産性の向上と同時に，社会主義社会の構築とその形成者の育成を行っていく使命・役割を担うことが明確に示された。

　このことについて，教育・研究に関する問題を審議する国家学術会議（グース）の教育科学部を指導したクルプスカヤ[37]は，国民の労働生産性を高めるため，社会主義社会の形成者すべてに「労働する能力」を身につけさせることの必要性を指摘した。「労働する能力」とは，明確な目標を設定する能力であり，設定された目標を小目標に分解・分割して認識し，それを達成するために最も合目的的な手段を選択する能力とされた。そこには，自他の力量を含めた労働の条件を考慮する能力やすでに実施したことを総括する能力が含まれ，単に労働するだけでなく，あらゆる労働に正しく取り組み，一つひとつの仕事を合目的的に遂行することを教える総合技術教育が不可欠であると主張した。

　こうしたなか，1923年12月に人民委員会議が承認した「統一労働学校規約」は，統一労働学校について，8歳から17歳までの子どもを対象とした9年制の学校であり，「自らの個人生活ならびに労働に従事する社会での生活を合理的に組織するために必要な知識と習熟を子どもに身につけさせることを目的とする」と定めていた。また，統一労働学校の教育内容等については，国家学術会

▷37　ナヂェージダ・クルプスカヤ
（Nadezhda Konstantinovna Krupskaya, 1869～1939）レーニンの妻であり，十月革命後に組織された教育人民委員部の中心メンバーの一人として，ルナチャルスキーなどとともにソ連邦の教育政策をリードした。教育と生産労働の結合を通して人間の全面的発達を目指す総合技術教育を新しい学校教育のあり方として位置づけるなど，社会主義社会の建設を支える教育の理論化と実践に大きな足跡を残した。

議の教育科学部により，アメリカ新教育の方法であるドルトン・プランやプロジェクト・メソッドに注意を向けつつ，新しい教育プログラム（グース教育プログラム）が提示された。グース教育プログラムは，社会主義社会の建設へ自覚的・能動的に参加する人間の育成——とりわけ組織的，計画的に活動する能力の育成という課題に対応できる教育内容・方法の計画・組織化を促すものであった。

クルプスカヤによれば，ソビエト政権による学校が「労働学校」と称しているのは，労働または労働活動が，学校生活の構成部分や教育方法に用いられるだけでなく，児童・生徒に「労働する能力」を身につけさせることのできる学校の教育活動の全体を展開していくために必要不可欠となるからであった。そのため，グース教育プログラムは，学校生活の基礎に労働活動の学習が置かれることにより，コンプレックス・メソッドを利用した話し合いのテーマや各教科目の間に内的な連関がつくりだされることを求めていた。実際の授業では，地域の産業構造や使用教材の適切性などを考慮し，具体的な教育プログラムが作成されなければならないことから，教員による組織的な調査・研究活動が，教育行政機関や工場・農場の代表者など当該地域のさまざまな分野の専門家と協力して行われなければならないとされた。

グース教育プログラムの概要では，統一労働学校で行われる学習の中心となるテーマ（コンプレックス）が提示された。第1段階用については，「子ども」「村／町」「郷・郡／市」「世界」といった学習テーマがあり，それぞれに教材の配置に関連した「人間の自己保護」「自然」「労働」「社会」といった視野の広がりを表す課題が置かれた。さらに，知識の個別分野としてではない「言語」「算数」と，当該年児の体験を組織・表現する「芸術」の枠が設けられていた。第2段階用については，「自然，その資源と力」「人間の労働活動」「社会生活」といった学習テーマが置かれた。クルプスカヤによれば，社会主義社会の構築に向けた第2段階では，生徒が，時間とエネルギーを節約する労働を組織していくことが必要であり，学校生活において，労働と休息を自ら配分することにより，「労働生産性の向上」について主体的に学習することが重要であった。

5　総合技術教育の実践者としての教員養成

国家学術会議の教育科学部は，グース教育プログラムの作成によって，統一労働学校で行われる教育活動の基本的方向が定められたとして，次の課題である教員養成の問題に重点的に取り組む方針を明らかにした。クルプスカヤは，グース教育プログラムを実践する教師の養成には，教員養成機関の学生を工場や農園等に派遣し，労働者や農民らとともに生産活動に従事させることによ

り，社会的な機能としての労働そのものを理解させることが不可欠としていた。さらに，学生が，地域の教員集団とともに，さまざまな教育活動に参加したり，研究協議会を組織したりすることによって，理論と実践の統合を図り，将来の教師に必要となる資質・能力を身につけていくとした。

　これを踏まえて，人民委員会議は，1923年5月，ロシア共和国における「労働生産性の向上」という観点から，社会主義社会の構築に寄与する人材の育成に携わる教員の役割を重視し，すべての教員養成機関に工業または農業にかかわる「産業的傾斜」をともなわせ，学生の生産実習を組織化する決定を行った。

　当時の主要な教員養成機関として，教員テフニクムと教育大学・教育学部があげられる。教員テフニクムは，就学前教育機関，統一労働学校第1段階，子どもの家および政治啓蒙機関の教師・指導員の養成を目的とした4年制の後期中等教育機関であり，7年間の普通教育またはそれと同等の教育を修了した者に入学資格が認められた。教育テフニクムの前半2年間では，統一労働学校第2段階の教育内容とともに，ソ連邦における教員の使命や地域における教育問題などに関する理解を深める知見の獲得が目指された。教育大学・教育学部は，統一労働学校第2段階など中等教育段階の学校を担当する教師の養成を主な目的とした4年制の高等教育機関であり，9年間の普通教育またはテフニクムの前半2年間の教育を修了した者に入学資格が認められた。教育大学・教育学部は，物理–工学，自然科学，経済–社会学，言語学などの専門分野に関する学部・学科から構成された。

　これら教員テフニクムと教育大学・教育学部では，設置地域の産業構造に応じて，工業的傾斜または農業的傾斜をともなった教員養成教育が行われた。

　工業的傾斜については，工場等で行われる生産実習が，教員テフニクムや教育大学・教育学部の実験室，講義室および作業場での活動と結びつけられることにより，教材研究の中心に位置づけられなければならないとされていた。そのため，生産現場での活動は，学生を政治–経済，教育および文化–啓蒙に関する研究活動に導くものであると性格づけられた。農業的傾斜については，教員テフニクムや教育大学・教育学部での農業経済・農業技術の学習をともなう教育活動のすべてと，地域の農業生活の構築に向けた実践的な活動への参加が組み合わさったものと捉えられた。その際，ソビエト政権下における農業経済の発展に寄与する教師の養成という方向性を直接的に反映し，農村部の「非識字と無学」な成人に対する啓蒙活動に従事する校外教育の専門家としての資質・能力を育成することが強調された。

　国家学術会議は，1924年7月，「産業的傾斜」をともなう教育大学・教育学部の教授プランの基準を提示し，専門分野に関する学部・学科の教育課題が，それぞれの「知識や能力の総体」を学生に身につけさせることであるとした。

「知識や能力の総体」とは，例えば，物理-工学部・学科では，「農業技術または工業技術に関連づけられた物理，化学，数学および宇宙論の基本要素」とされた。このことは，産業的傾斜をともなう教授プランの基準が，学生の専門分野にかかる知識や能力を工業または農業の問題と有機的に関連づけることによって総体化し，グース教育プログラムの実践者を育成しようとするものであったことを表している。

　また，教員養成機関における教育方法については，知識・技能の伝達を図る講義形式の授業を学生の主体的な活動に基づくものに転換していくことが期待され，講義，演習，実験による授業の間の関連性に注意を向けることが求められた。そのため，教育人民委員部は，教員テフニクムと教育大学・教育学部に対し，ドルトン・プランの一種である「実験室-班別法」の導入を推奨していた。この教育方法は，3〜5名程度の作業グループを形成した学生が，指導・助言者である大学教員によって運営されるテーマ別の「実験室」において，自らが設定した課題の分析・解決にかかる研究を行うものであった。「実験室-班別法」は，「作業班-実験室法」等とも呼ばれ，教員養成機関だけでなく，高等教育機関における標準的な教育方法として普及した。しかし，この教育方法は，1932年9月19日付のソ連邦中央執行委員会決定「高等教育機関ならびにテフニクムにおける教育プログラムと体制について」により，知識の系統的な学習を阻害する「不適切な導入」であったと批判されるに至った。

Exercise

① イギリスの新教育の思想と実践の特徴をまとめよう。

② イギリスで新教育運動が展開された理由とその社会的背景をまとめよう。

③ イギリスのアボッツホームの学校，ドイツの生活共同体学校，フランスのロッシュの学校，それぞれ共通点と相違点をまとめてみよう。

④ デューイらの進歩主義教育の思想は，現代のわが国の教育にどのような影響を与えているだろうか。考えてみよう。

⑤ 国家理念の転換が，どのようにソ連邦の学校教育や教員養成教育に反映され，制度化されていったかについて，総合技術教育（ポリテフニズム）の趣旨を踏まえながら考えてみよう。

📖次への一冊

ナン，P.，三笠乙彦訳『自己表現の教育学』明治図書出版，1985年。

1920年に刊行されたパーシー・ナンの『教育——その事実と第一原理』の翻訳書である。手に取って読んでみよう。

カニンガム，P.，山﨑洋子・木村裕三監訳『イギリスの初等学校カリキュラム改革——1945年以降の進歩主義的理想の普及』つなん出版，2006年。
　　進歩主義教育の理想と実践のための理念の普及を明らかにすることを目的とした著作である。

ロウ，R.，山﨑洋子・添田晴雄監訳『進歩主義教育の終焉——イングランドの教師はいかに授業づくりの自由を失ったか』知泉書館，2013年。
　　教師が教室での実践，つまり教育内容と教授法を決定していた状況から教師の外にある力によってそれらが決定されるように変化していく過程に存在するポリティクスの実態を明らかにしている一冊である。

子安美知子『ミュンヘンの小学生』中央公論社，1965年。
　　現在も独特な教育で注目を集めるシュタイナー学校についての古典的な入門書。著者が自らの子を当時の西ドイツのシュタイナー学校に入学させ，その体験を綴ったもので，後のシュタイナー・ブームの火付け役となった。

ドモラン，E.，原聰介訳『新教育——ロッシュの学校』明治図書出版，1978年。
　　ドモランが自らの新学校構想をまとめた原典。イギリスの新学校をモデルとして紹介しつつ，自らが構想する新しい学校の教育方針，カリキュラムや教育の方法，設立計画を語っている。

フレネ，C.，石川慶子・若狭蔵之助訳『フランスの現代学校』明治図書出版，1979年。
　　フレネ自身が自分の新教育の取り組みについて述べている原典。自らの教育の基本方針と原理のみならず，実際の授業や教室の場面，子どもたちの反応など，生き生きとした描写がなされている。

フレネ，E.，名和道子訳『フレネ教育の誕生』現代書館，1985年。
　　フレネの妻で協力者であったエリーズが，フレネ自身の生き様とともに，その実際の教育活動の展開をあたたかい筆致でつづっている。フレネ教育の原点を探るうえで基本的な文献である。

デューイ，J.，宮原誠一訳『学校と社会』岩波書店，1957年。
　　本文でも紹介したが，デューイが1899年に著した *School and Society* の邦訳である。デューイが創設したシカゴ大学附属実験学校の実践とその背景となる理論的裏づけがまとめられている。進歩主義教育を理解するうえでの必読書。

梅根悟監修『世界教育史大系16　ロシア・ソビエト教育史Ⅱ』講談社，1976年。
　　1917年の十月革命からのソ連邦教育が，通史的・網羅的に取り上げられている。

川野辺敏監修『ロシアの教育・過去と未来』新読書社，1996年。
　　ロシア・ソビエト教育制度の成立と展開について，ソ連邦時代を通した教育制度の基本構造と今日的な課題が明らかにされている。

引用・参考文献

ベリング，R.，望田幸男・対馬達雄・黒田多美子訳『歴史のなかの教師たち——ドイツ教員社会史』ミネルヴァ書房，1987年。

バッツ，R. F.・クレミン，L. A.，渡部晶・久保田正三・木下法也・池田稔共訳『アメリカ教育文化史』学芸図書，1977年。

カニンガム，P.，山﨑洋子・木村裕三監訳『イギリスの初等学校カリキュラム改革──1945年以降の進歩主義的理想の普及』つなん出版，2006年。

ドモラン，E.，原聡介訳『新教育──ロッシュの学校』明治図書出版，1978年。

デューイ，J.，宮原誠一訳『学校と社会』岩波書店，1957年。

デュウイー，J.，帆足理一郎訳『民主主義と教育』春秋社，1950年。

フレネ，C.，石川慶子・若狭蔵之助訳『フランスの現代学校』明治図書出版，1979年。

フレネ，E.，名和道子訳『フレネ教育の誕生』現代書館，1985年。

市村尚久編集『現代に生きる教育思想──アメリカ』ぎょうせい，1981年。

今井康雄編『教育思想史』有斐閣，2009年。

岩本俊郎・奥平康照・福田誠治・古沢常雄編著『近代西洋教育史』国土社，1984年。

岩崎次男・志村鏡一郎・池田貞雄編『西洋教育思想史』明治図書出版，1987年。

川野辺敏監修『ロシアの教育・過去と未来』新読書社，1996年。

子安文『私のミュンヘン日記』中央公論社，1985年。

子安美知子『ミュンヘンの小学生』中央公論社，1965年。

栗原浪枝「コールドウェル・クックにおける演劇教育の展開過程」『教育学研究』第72巻第3号，2005年。

教師養成研究会『近代教育史（新訂）』学芸図書，1999年。

ロウ，R.，山﨑洋子・添田晴雄監訳『進歩主義教育の終焉──イングランドの教師はいかに授業づくりの自由を失ったか』知泉書館，2013年。

眞壁宏幹編『西洋教育思想史』慶應義塾大学出版会，2016年。

宮野安治・山﨑洋子・菱刈晃夫『講義　教育原論──人間・歴史・道徳』成文堂，2011年。

溝口貞彦『教職のための教育史 西洋篇　新装改訂版』東研出版，1993年。

長尾十三二『西洋教育史（第二版）』東京大学出版会，1991年。

パーカースト，H.，赤井米吉訳，中野光編『ドルトン・プランの教育』明治図書，1974年。

Ф.Г.Паначин, Педагогическое Образование в СССР, Педагогика, 1975.

レーブレ，A.，広岡義之・津田徹訳『教育学の歴史』青土社，2015年。

高田喜久司「F・Wパーカーの児童観」『上越教育大学紀要』第7号，1988年。

田代直人『米国職業教育・職業指導政策の展開』風間書房，1995年。

梅根悟監修『世界教育史大系10 フランス教育史Ⅱ』講談社，1975年。

梅根悟監修『世界教育史大系12 ドイツ教育史Ⅱ』講談社，1977年。

梅根悟監修『世界教育史大系16 ロシア・ソビエト教育史Ⅱ』講談社，1976年。

梅根悟監修『世界教育史大系17 アメリカ教育史Ⅱ』講談社，1976年。

山﨑洋子「ベアトリス・エンソアと新教育連盟──1910-32年の活動をてがかりに」『教育学研究』第63巻第4号，1996年。

山﨑洋子『ニイル「新教育」思想の研究──社会批判にもとづく「自由学校」の地平』大空社，1998年。

山﨑洋子「「教育の新理想」と新教育連盟に関する考察──1920年代イギリス新教育運動の実態解明にむけて」『日本の教育史学』第41巻，1998年。

山﨑洋子「E・ホームズの「教育の新理想」としての「自己実現」概念──〈well-being〉と〈wholeness〉の探究にもとづいて」『教育哲学研究』81号，2000年，92〜111ページ。

第7章
現代の学校制度と教員養成

〈この章のポイント〉

　本章では，現代の欧米各国の学校制度と教員養成制度を概観し，それぞれの特徴を紹介・解説する。イギリス・フランス・ドイツ・アメリカ・ロシア，それぞれの学校制度の特徴をつかむとともに，近年の改革動向もあわせて学ぶ。またそれぞれの国で，とくに初等教員養成のシステムはどのようになっているのか，ヨーロッパでの高等教育の共通化の動きなどを背景にした教員養成の大学院レベルへの移行などの動向も理解しておこう。

1　イギリス——多様化・選択と競争・質保証の教育改革

［1］　1988年以降の学校教育改革——中央政府・地方教育当局・学校・保護者

　1979年に保守党サッチャー政権が誕生し，市場原理の導入と財政の効率化を掲げ，国有企業の民営化などの改革を断行した。改革は，教育においても進められた。サッチャー政権は，1988年教育改革法を制定した。同法は，現在まで続く学校教育の基盤を形づくっている。本項では，1988年教育改革法による学校教育改革を中心に現代までの教育改革を概観する。

　1988年教育改革法の最大の特徴は，全国共通カリキュラムであるナショナル・カリキュラムと全国統一テストであるナショナル・テストの導入である。ナショナル・カリキュラムでは，英語，数学，科学がコア3教科に，さらに歴史，地理，技術，近代外国語（11歳から），音楽，美術，体育をあわせて10科目が基礎科目として位置づけられた。いずれも必修科目とされた。これにより，伝統的な教科中心カリキュラムを生徒に保障し，学校間格差や地域間格差の是正を図った。一方で中等教育段階では伝統的なグラマー・スクールのカリキュラムを提供するものであるという批判もだされた。

　ナショナル・カリキュラムは，学習プログラムと学習到達目標で構成された。学習プログラムでは，生徒が習得すべき知識，技能，理解力が示された。ナショナル・カリキュラムは，知識の獲得を重視し技術や能力の開発を軽視しているとの批判もある。

▷1　ナショナル・カリキュラム
現在もイングランドのすべての地方当局が補助金を支給する学校は，ナショナル・カリキュラムの学習プログラムに従わなければならない。ナショナル・カリキュラムはこれまで1999年と2007年に改訂されている。現行のナショナル・カリキュラムは，一部を除いて2014年9月に導入された。英語と算数・数学がすべての年齢で施行されるのは2016年の9月である。

表7-1　キー・ステージ別の到達レベル

キー・ステージ	生徒の年齢	学年	教育段階	標準到達レベル	標準以上の到達レベル	例外的レベル
1	5-7歳	1-2	初等教育	2	3	4
2	7-11歳	3-6		4	5	6
3	11-14歳	7-9	中等教育	6	7-8	9

　学習到達目標はレベル1から10までの段階で示され，表7-1のとおり，各キー・ステージ修了時に水準に到達していることが期待されるレベルが規定された。例えば，キー・ステージ1終了時の標準到達レベルは，レベル2である。1988年教育改革法では，生徒一人ひとりの学習到達目標の達成度を測定し，評価を実施することが規定された。評価は，各キー・ステージの最終年齢時に，教師が授業中に行う観察評価と外郭団体が実施する教育到達度評価試験（SAT）によるナショナル・テストの2つで構成された。ナショナル・テストでは，キー・ステージ1で英語と数学の試験が，キー・ステージ2と3でコア3教科の試験が実施された。キー・ステージ4は，中等教育修了一般資格試験[42]（GCSE）が用いられた。ナショナル・テストの結果は，キー・ステージ1を除いて学校ごとに公開された。この試験結果をもとに作成された学校ランキングをリーグ・テーブルという。

　1988年教育改革法では，保護者の学校選択権の拡大が図られた。すでに1980年教育法によって通学指定校制度が廃止されており，保護者に学校選択権が与えられていた。ただしそれは，地方教育当局が教師と生徒の比率等によって入学者数を制限していたため実質的には機能していなかった。1988年教育改革法では，公立セクターの学校は，標準入学定員を物理的に可能な範囲の上限値に設定し，それを順守し，最大限の生徒を受け入れなければならないと規定された。これによって，選択のための「空き席」が生じることとなり，保護者はよりよい学校を選択し，学校を移動することができるようになった。

　1988年教育改革法のもう一つの特徴は，学校の運営権限の拡大と学校の多様化である。学校の運営についての変化は，1980年教育法からはじまっていた。同法によって各学校に保護者，教師，校長，地方教育当局，地域の教育専門家などから選ばれる理事で構成される学校理事会が設置された。さらに1988年教育改革法によって，予算内での自主的財政決定権や教職員の採用や解雇などの人事権が学校理事会に付与された。学校理事会による自律的経営の仕組みが導[43]入されたのでる。それは学校の自律性を拡大する一方で，学校が結果責任も負う仕組みでもあった。というのも，学校財源が生徒数に比例した配分になっていたため，保護者の学校選択権と相まって，生徒数の増減が学校経営に直接影響を与えることになったからである。

▷2　中等教育修了一般資格試験（General Certificate of Secondary Education: GCSE）
1988年からはじまった試験制度。中等教育の修了から大学・高等教育へつなぐ試験と職業資格試験をあわせたもの。教師によるコースワークの評価と，外部試験機関による中等教育修了の試験の2つで評価される。

▷3　学校の自律的経営（Local Management of Schools）
地域学校経営とも訳される。学校への権限の移譲を促進した。

1988年教育改革法によって新たな学校も導入された。それは，中央政府から直接運営資金を給付され，地方教育当局の管理統制を受けない国直轄の国庫補助学校である。どの学校も，保護者の多数が賛成すれば，地方教育当局の管轄から「離脱」し，国庫補助学校に変わることができた。その際学校の基本財産が学校理事会に委譲され，かつ財政的優遇を受けることができた。生徒の選抜も可能となった。

1988年教育改革法によって，中央政府は教育内容と水準を決定し，教育への統制を強めた。学校は自律性を高めたが，競争にもさらされることとなった。保護者は学校を選択すると同時に，学校理事会の理事となり教員の採用を含めた学校運営に関与できるようになった。一方，地方教育当局や教師は，これまでのカリキュラムへの統制権を縮小された。さらに地方教育当局は，学校間の教員配置の権限を抑制されるなど学校管理運営権も制限された。中央政府，地方教育当局，学校，保護者の関係が大きく変化した。

1988年教育改革法によって構築された新たな学校教育制度は，学校の情報を提供する手段としての評価システムの確立を要請した。それは，ナショナル・カリキュラムの遂行状況や学校の自律的経営の効果的な実施に対する国家と保護者の関心の高まりによる当然の帰結であった。具体的には，1992年教育法によって，教育水準局（OFSTED）が設置され，新たな学校査察体制が導入された。公的セクターの全学校を対象に，学校教育の質，生徒の到達水準，予算の効果的な使用等が調査された。査察官の人数や査察日数は学校の規模によって異なった。査察官は，授業参観，教職員および生徒へのインタビュー，職員会議等の参観，生徒の成績および活動記録の分析などを行った。査察は当初4年に一度実施され，結果が報告書として公表された。報告書は，誰でもみることができた。

学校は，査察の結果，生徒に許容できる水準の教育を提供していない「失敗」校と判定された場合，特別措置を宣告された。若干の追加予算を交付されるが，改善のために特別な工夫を行うよう要請された。その後も毎年査察を受け，それでも改善されない場合には，教育科学大臣が閉校を命じることができた。こうした教育水準局による査察は，保護者の学校選択を促進させ，中央政府に学校管理と閉鎖の手段を担保することとなった。

1980年代以降の一連の学校教育改革によって，学校の自律性の拡大と保護者の自由学校選択による学校間の競争，選択されなかった学校の自然淘汰といった教育への市場原理の導入，地方教育当局による学校監督管理権の縮小と新たなタイプの学校の導入が進んだ。さらに，新しい査察の導入，査察結果の公表と学校の序列化，中央政府による失敗校の閉鎖，これらにより中央政府が教育を直接提供するのではなくモニター的役割を担う「品質保証国家」の枠組みが

▷4　国庫補助学校（Grant Maintained School）
国庫維持学校ともいう。学校の経営を学校理事会の決定に基づき校長が行う形の自立経営する学校である。1998年教育法によって廃止された。新たに設置された地方補助学校（Foundation School）か，従来のコミュニティ・スクールもしくはボランタリ・スクールのいずれかに移行する選択肢が与えられた。

▷5 フリー・スクール
2010年に誕生した保守党と自由民主党の連立政権によって導入された新たな学校。教師，慈善団体，保護者グループ，宗教団体といった「新たな参入者」たちに公費維持学校を設立する機会を開いた。フリー・スクールは，ナショナル・カリキュラムを教えなくてもよいカリキュラムの自由，無資格教師を採用できる教師の雇用の自由，学期，授業日，授業時間の設定の自由などアカデミーと同じ自律性を有する。地方当局から独立した学校である。

▷6 公費維持学校
公設・公営の学校であり，大半が地方当局が監督し，維持管理される学校である。公費維持学校には，コミュニティ・スクール，ボランタリ・スクール，地方補助学校がある。公立セクターの学校である。アカデミーは，地方当局の監督から独立しており，公費維持学校でもない。

▷7 教員資格（Qualified Teacher Status：QTS）
有資格教員の地位や正教員資格とも訳される。QTSは，教員養成課程を修了し，教師のスタンダードを満たすことを示すものである。教師のスタンダードは，期待される実践の最低水準であり，教師が新任時点で獲得しているべき知識，理解，技能を示している。日本の教員免許とは異なり，学校種や教科によって分かれていない。

▷8 私立セクターの学校
公費をまったく受けない私立・独立学校（independent school）のこと。パブリック・スクールやプレパラトリー・スクールが含まれる。ナショナル・カリキュラムを教える必要はなく，

出来上がったといわれる。

　こうした改革の方向性は，1997年に誕生した労働党政権，つづく2010年の保守党と自由民主党の連立政権によっても基本的に変わらなかった。よりいっそう伸展したのは，自律的運営を強化した学校タイプの多様化である。労働党政権下ではアカデミーが，連立政権下ではフリー・スクール[45]が導入された。

　アカデミーは，主として都市部の貧困地域や学校評価の低い地域といった教育困難地域の教育水準の向上を目的に，公立セクターの中等学校を転換すべく導入された学校である。アカデミーは，従来の学校より多くの自由を有している。広範なカリキュラム編成権や開校日や授業時間を決める裁量権といった教育内容や方法に関する自由，教職員の賃金や雇用条件，学校理事会の規模や構成に関する自由をもつ。アカデミーのもう一つの特徴は，公益会社として位置づけられる点にある。そのため，個人，企業，宗教団体，慈善団体，大学などの多様なスポンサーを有することができ，民間資金や経営手法を活用できる。中央政府から直接補助金を交付され，地方当局から独立した学校である。

　2016年にアカデミー法が改正され，困難や問題を抱える学校への国家の介入が強化された。査察の結果，成績不振ならびに特別措置を要する従来の学校に対して，国務大臣がアカデミーに転換するようアカデミー命令を発しなければならないと規定された。一方で，アカデミーのうち，査察の結果，特別措置後にも改善がみられない学校に対して，国務大臣はアカデミー協定を取り消すことができる。学校の多様化と経営の自立・自律化が同時に進められ，地方当局から学校へ権限を移譲する学校制度改革が進行している。

2　教員養成ルートの多様化

　本項では最初に，現在のイギリスにおける教師資格を確認しよう。公費維持学校[46]の教師は，教員資格[47]（以下，QTS）を有している必要がある。QTSは，認定を受けている教員養成課程を修了し，英語，数学，情報コミュニケーション技術の技能テストに合格することで取得できる。教職1年目は，初任者研修期間としてチューターによる観察，助言，評価を受ける。初任者研修期間に教員スタンダードを満たしているかの評価を受ける。合格しなかった場合，公費維持学校の教職には就けない。私立セクターの学校[48]ならびにアカデミーの教師には，QTSの取得は義務づけられていない。

　次に，20世紀以降の教員養成機関の変遷をみていこう。1910年代には見習い[49]教師は減少し，教員養成は教員養成カレッジと大学によって担われるようになった。教員養成カレッジは，1960年代に再編され，教育カレッジとなった。教育カレッジでは教員養成課程が3年制に拡張され，一般教育も提供されるようになった。また教育学士号が導入され，QTSと学位の取得が可能になった。

こうした変化は，教員養成を訓練から教育へと転換するものであった。

一方大学には，4年制の教育学士コースと，他の第一学位を取得した学生のための主として1年間の大卒教師資格コースの2つの教員養成コースがあった。教育カレッジと大学での教員養成のうち，初等学校教師の養成は前者が担っていた。

1970年代に入り，教育カレッジが高等教育カレッジに再編され，さらに教員養成課程が教育学士課程に統一された。QTSのみを付与し，学士を授与できない教員養成課程はなくなった。そのため，1980年代には教職は大卒者が就く専門職になったかと思われた。

しかしながら，1990年代に入り，学校での教員養成の重視と教員養成ルートの多様化によってこうした状況は変化した。1990年に認定教師計画がはじまった。これは，26歳以上で，英語と数学でGCSEのグレードC以上の成績をもち，全日制の高等教育機関で2年以上教育を受け高等教育資格を取得している教職志望者が，配属された学校に2年間勤務し，ベテランの指導教師による指導を受けて十分な成績で勤務を修了した場合にQTSを付与されるという教員養成プログラムであった。教師の採用の困難さと定着率の悪さが課題となっており，とくにロンドンのような大都市を中心に数学，近代語，科学，技術の教師が不足していた。認定教師計画の目的の一つには，これら教科担当の教師を配属することにあった。認定教師計画は，教職志望者の学業資格を下げ，学士学位をもたない教師の採用を認めたものであった。

また，1993年から学校ベースの教員養成ルートが導入された。学校における教員養成（以下，SCITT）である。SCITTは，複数の学校がコンソーシアムを組織し，学卒者の教職志望者を対象に1年間学校内で訓練を提供する教員養成課程である。学生は，修了後にQTSを取得できる。多くのSCITTは大学と連携しており，PGCEを授与することも可能である。

学校ベースの教員養成は，教室での教授と実践的な訓練を組み合わせた養成課程であり，少なくとも2つの学校で経験豊かな同僚から学ぶことができる点が強調される。SCITTでも実践的指導力の育成が目指されており，学生は学校ベースの訓練として22〜24週の間に2〜4校の異なる協力校に配属され，各学校のチューターによる指導の下で実践的な訓練を段階的に受けることになっている。SCITTでは，学校が学生の選抜，カリキュラム開発，学生の訓練・助言・メンタリング・指導・評価，運営や財政を独自に行うことができる。SCITTは，教員養成における大学と学校の関係を変容させた。大学の側からみると，地元の学校を実習校とする独自の教員養成課程とSCITTとが併存するかたちになった。SCITTは，現在も続く学校主導型の教員養成である。

2012年に導入されたもう一つの学校主導型の教員養成は，スクール・ダイレ

地方当局の監督や査察による国家の統制も受けない。

▷9　教員養成機関の変遷
2年制の教員養成カレッジ（Teacher Training College）から3年制の教育カレッジ（College of Education）への移行は，その名称からも教員養成を訓練trainingから教育educationへ変更するようせまるものとみなされた。

▷10　大卒教師資格（Postgraduate Certificate in Education：PGCE）
大卒教師資格は，第一学位取得者が大学で1年あるいは2年間の教員養成教育を修了したことを示す資格（academic qualification）である。学位ではない。また，QTSとは異なり教員になるために必ず取得しなければならない資格ではない。PGCEコースは，その養成課程をいう。大学によっては，PCGEの取得後に追加して決められた必要な単位（credit）を付与することで学生に修士学位を授与することができる。

▷11　認定教師計画（Licensed Teacher Scheme）
認定教師計画は，雇用ベースの教員養成課程である。1997年に学卒教師プログラム（Graduate Teacher Programme）に変わり，2012〜13年まで続いた。現在はスクール・ダイレクトになっている。

クトである。スクール・ダイレクトは，リード・スクール，パートナー・スクール，教員養成プロバイダー（大学あるいはSCITT）とがパートナーシップを結んで，リード・スクールが中心となって教員養成を実施するものである。リード・スクールになるためには，教育水準局の査察で優あるいは良の全体評価を得ている必要がある。スクール・ダイレクトは，優れた成果をあげている学校が教員として必要な実践的な訓練を行うことを企図したものである。

スクール・ダイレクトでは，学生ではなく訓練生という。コースは1年間であり，訓練生は訓練が修了すればQTSを取得できる。大学と連携している場合は，PGCE取得も可能である。スクール・ダイレクトには，QTSをもたずに3年以上学校で働いている人を主として対象とした有給のプログラムもある。

スクール・ダイレクトは，教員養成プロバイダーではないという点でSCITTと異なる。複数の教員養成プロバイダーとパートナーシップを結び，教科等に応じてプロバイダーを選択することができる。そのためリード・スクールは，各教員養成プロバイダーをその特質に応じて選択できるといった利点がある。またスクール・ダイレクトは，小規模でも教員養成を提供でき，たとえ訓練生が1人であってもプログラムを開講できる点が特徴的である。

スクール・ダイレクトの導入は，教員養成における大学ベースと学校ベースの区分以外に，新たにプロバイダーと非プロバイダーという区分^{▷12}をもたらした。これにより，教員養成における大学と学校の関係がさらに複雑になった。また教員養成の質保証においても課題が指摘されている。

イギリスにおける教員養成は，19世紀後半の見習い教師の徒弟モデルから，教員養成カレッジでの訓練モデル，教育カレッジや大学等高等教育機関での教育モデルを経て，またSCITTの訓練モデルから有給スクール・ダイレクトによる徒弟モデルへと変遷したとみることができる。

2　フランス──学校教育制度と教員養成

1　現代教育改革の歩み

フランスにおいては，第三共和政下で確立された公教育三原則，すなわち義務性，無償性，および世俗（宗教的中立）性を基盤として学校教育が構築されている。このことを踏まえつつ，本節では現代フランスにおける教育改革と学校教育制度，および教員養成制度の要点を示すこととする。^{◁13}

① 1975年アビ法──統一コレージュの設置

フランスにおける義務教育年限は，10年である。義務教育が14歳から16歳ま

▷12 **教員養成の区分**
現在は，大学主導の教員養成（university-led training）と学校主導の教員養成（school-led training）に分けられる。大学主導の教員養成には学部養成とPGCEコースがあり，学校主導の教員養成には学校における教員養成SCITT(School-centered Initial Teacher Training)，スクール・ダイレクト（School Direct Training Programme），ティーチ・ファーストがある。
2017～18年にいずれかの教員養成コースに入った者は，3万2710名であった。そのうち，大学主導の教員養成は，1万7755名であった（内訳は，学部養成が4815名，PGCEが1万2940名）。学校主導の教員養成のコースに入った者が1万4780名（内訳は，SCITTが3410名，スクール・ダイレクトが7280名，スクール・ダイレクト（有給）が2790名，ティーチ・ファーストが1300名）であった。大学主導の教員養成の割合が高い。

▷13　フランスにおいては2000年に教育に関する法律がすべて「教育法典（code de l'éducation）」として一体化された。それ以降の法律は，「教育法典の一部を改正する法律」として位置づけられている。以下，法律の引用は断らない限り，Loi n° 75-620 du 11 juillet 1975 relative à l'éducationなど，フランス語原典からである。

146

で２年間延長され，現在の10年間と確定されたのは，1959年の「義務教育延長に関する1959年１月６日付け大統領令」（いわゆる「ベルトワン教育改革」）においてであった。

現在に至る学校教育制度の小学校５年，コレージュ（中学校）４年，リセ（高等学校）３年，および大学３年という５−４−３−３制が最終的に確立したのは，戦後最初の教育基本法である「1975年７月11日付け教育法」（当時の国民教育大臣ルネ・アビ（René Haby）の名をとって，通称アビ法）においてである。アビ大臣は，学校観の見直しを主張した。すなわち，従来知識の伝達をその使命としてきた学校を，知育だけではなく，人格形成や職業教育を担う場として位置づけたのである。

アビ法をはじめとするアビ改革のなかでとくに注目されるのは，前期中等教育機関を４年制のコレージュとして統一したことである（統一コレージュ）。それまで，コレージュには複数のコースが存在しており，各コース間は移動などが想定されない，それぞれのなかで完結するものであった。アビ改革ではその複線型の学校体系から脱却し，中等教育の機会均等が目指されたのである。

しかしながら，アビ改革による複線型の学校体系の廃止は教育の大衆化に大きく貢献する一方で，大量の「学業失敗（échec scolaire）」を顕在化させることとなった。従来と異なり一つの学級に学力や社会的出自の異なるさまざまな子どもが混在することになるにもかかわらず，アビ改革は，それに対する特別な配慮や，教員に対して多様な子どもたちに対応しうる教育などの十分な準備をともなっていなかったのである。

その後，社会党のミッテラン（François Mitterrand）政権下で1984年に国民教育大臣に就任したシュヴェーヌマン（Jean-Pierre Chevènement）は，1968年に導入されアビ大臣下で定着した三区分教授法[14]を廃止するとともに知育中心のカリキュラムを復活させ，1985年には同一世代のバカロレア水準到達率を80％とする数値目標を初めて掲げた。1980年代を通して激化した学校への不信や批判を背景に，この知育を中心とした教育改革の方針は好意的に受け入れられることとなった。

② 1989年ジョスパン法——最優先事項としての教育

1988年５月の大統領選で再選されたミッテラン第二期政権下で国民教育大臣を務めたのは，ジョスパン（Lionel Jospin）である。ジョスパンは，「1989年７月10日付け教育基本法」（通称ジョスパン法）を成立させ，その年の９月の新学期より適用となった。

ジョスパン法は，学校教育だけではなく，教師教育や生涯学習までをもその射程とした。その第１条において，「教育は，国家の最優先課題である。教育という公役務は，児童生徒及び学生を中心に構想され組織される。それは機会

▷14 三区分教授法
教育課程を基礎教科，目覚まし活動，体育・スポーツの３つに区分して実施するものであり，1960年代末に導入された。子どもの生活リズムを考慮し，午前中は基礎教科，午後は目覚まし活動と体育・スポーツにあてられた。

の平等に貢献する」と規定し，教育を国家の最重要事項として位置づけ，子どもを中心に据えた平等主義的理念を標榜したのである。

　また，同じく第1条では，「各保育学校，小学校，コレージュまたはリセにおいては，児童生徒および当該学校において，またはそれと関係をもって児童生徒の教育・訓練に寄与しているすべての人びとが，教育共同体（communauté éducative）を構成する」とも規定している。アビ法において提示された，「学校共同体（communauté scolaire）」という概念が，教員，保護者，児童生徒の三者で構成されていたことと比べれば，ジョスパン法においてはその対象が大きく拡大されたといえる。教育は教育に直接かかわる教師，保護者，児童生徒だけではなく，多くの人びとを動員すべき重要事項であるとの認識がうかがえる。

　また，ジョスパン法第3条は，「国は，今後10年間において，同一年齢層のすべての者が，少なくとも職業適格証または職業教育免状の水準に，かつ同一年齢層の80％の者が，バカロレア水準に到達することを目標として定める」と規定している。資格取得が職業と密接にかかわっている資格社会フランスにおいて，最低限の資格を取得したうえで学業を終えるとともに，シュヴェーヌマンの下で掲げられたバカロレア数値目標が，正式に法律として規定されたのである。

③　2005年フィヨン法──学校の使命の再定義と「共通基礎」の制定

　ジョスパン法は，その後も1990年代を通して教育改革の指針とされたものの，2002年5月の大統領選で保守派のシラク（Jacques Chirac）が大統領に再選されたことを契機として，保守政権下での教育改革が進められることとなった。ジョスパン法制定から10年以上が経過しながらもその目標は十分には達成されておらず，また学校への要求が多様化し，校内暴力や学力不振などへの対応に依然として学校現場が苦心していたことなどから，新たな教育法の制定が求められたのである。

　このような背景の下，シラク政権下でフィヨン（François Fillon）国民教育大臣により制定されたのが，「2005年4月23日付け学校の未来のための基本計画法」（通称フィヨン法）である。

　本法律の特徴としてあげられるのは，(1)「共和国の学校」の使命を再定義した点，そして，(2)義務教育修了段階に習得しておくべき学力が規定された点である。(1)について，フィヨン法第2条は，「国は，児童生徒に知識を伝達し，かつこれに共和国の諸価値を共有させることを学校の最高の使命として定める。教職員は，職務の履行においてこの価値を実行する」と規定している。従来学校に求められてきた「知識の伝達」に加えて，「共和国の価値」の児童生徒への伝達が学校に対して「最高の使命」として課せられたのである。

(2)は，「共通基礎知識技能[15]（socle commun de connaissances et de compétences）」（以下，「共通基礎」）として示されることとなった。「共通基礎」とは，義務教育段階で身につけるべき基礎的な学力として，フランスが児童生徒に対して保障すべき教育内容であり，これを義務教育修了時にすべての児童生徒が習得することが求められる。この「共通基礎」は，「政府が初めて定めた義務教育における基礎学力の定義」（細尾，2017，149ページ）であり，この制定を契機として「コンピテンシー[16]に基づいた教育が，義務教育全体で推進」（同前）されていくこととなったのである。

フィヨン法第9条は，「共通基礎」について以下のように規定している。

　　義務教育は，就学を成功裏に達成し，教育を継続し，人格および職業にかかわる将来を構築し以て社会生活に成功するための習得が不可欠な知識技能全体から成る共通基礎知識技能の獲得に必要な手段を，児童生徒に最低限保障しなければならない。共通基礎知識技能には，次に掲げる次項を含む。

　　①フランス語の習得
　　②数学の基礎原理の習得
　　③市民権を自由に行使できるようにする人文的科学的教養
　　④1つ以上の現代外国語の実用
　　⑤情報通信に関する日常的な技術の習得

その後，フィヨン法を受けた翌年の政令により，上記5項目を含む形で以下の7つの技能（compétences）が「共通基礎」として正式に制定されることとなった。

　　①フランス語の習得
　　②1つの現代外国語の実用
　　③数学の基本的要素の習得および科学的・技術的教養
　　④情報・通信に関する日常的な技術の習得
　　⑤人文的教養
　　⑥社会的公民的機能
　　⑦自律性および自発性

この「共通基礎」は，各学校段階の学習指導要領において具体化されることとなるが，「共通基礎」の制定と同時に進められたのが，「教育成功個別プログラム（programmes personnalisés de réussite éducative：PPRE）」の実施（フィヨン法第16条）と，「前期中等教育修了国家免状（diplôme national du brevet：DNB）」

▷15　「知識とコンピテンシーの共通基礎」などと訳されることもある（細尾，2017）。

▷16　コンピテンシー
一般的に，ある業務において優れた業績・成果を継続して実現している人の行動特性と定義されている。業務の遂行に直接影響するものであり，細分化された能力ではなく，必要な知識や技能や価値観などをトータルに捉えた総合的な特性として理解される。そうした特性のうち，あらゆる業務に共通して求められる部分が，キー・コンピテンシーと称されている。

の受験の義務化（同第32条）である。前者は，義務教育期間終了までに完全習得が求められる「共通基礎」について，その達成が困難な場合に実施される個別指導である。また，後者は，それまで受験が任意であった国家資格である「前期中等教育修了国家免状」を，「共通基礎」の習得状況を認証するものとして位置づけ，2005年度末以降はその受験が義務的なものとなった。このようにして，義務教育段階ですべての児童・生徒に対して保障すべき教育内容とされる「共通基礎」が，中学校修了時の試験を通して評価されることとなったのである。

④　2013年ペイヨン法──「共和国の諸価値」の可視化と「共通基礎」の改訂

　シラク退陣ののち，同じく保守派のサルコジ（Nicolas Sarközy）が大統領に就任するが，そこでも基本的にはフィヨン法に基づく教育改革が継続されることとなった。しかし，2012年5月の大統領選では，サルコジにかわり社会党のオランド（François Hollande）が政権を奪取し，この政権交代を背景として新たな教育法の制定が模索されることとなる。

　オランド政権下で初代国民教育大臣を務めたペイヨン（Vincent Peillon）により，2013年に「2013年7月8日付け共和国の学校の再構築のための基本計画法」（通称ペイヨン法）が公布された。ペイヨン法は，フィヨン法で再定義された学校の使命と新設された「共通基礎」に関して，以下のような改革を行っている。

　まず，「共和国の諸価値の伝達」という学校の使命に関連して，ペイヨン法第3条は，「共和国の標語，三色旗，および欧州旗は，小学校と中等教育段階の公立学校および契約私立学校の校舎の正面に示される。1789年8月26日の人間と市民の権利宣言は同じく校舎内に目立つ方法で掲示される」と規定している。これらの掲示については従来フランスの学校で行われてきたことではあったものの，共和国の諸価値の明示を法的に義務化し，それらを可視化することによって児童生徒への共有促進が目指されたといえる。加えて，共和国の諸価値の一つであるライシテ原則については，2013年に，全15条からなる「学校のためのライシテ憲章（Charte de Laïcité à l'Ecole）」が作成され，その校内での掲示も同様に義務づけられることとなった。

　また，「共通基礎」については，その内容が改訂された。同法第13条は，「共通基礎」の目的を，以下のように規定している。

　　義務教育は，児童生徒一人ひとりに，学校教育を通して実施される教育がその獲得に貢献する，共通基礎知識技能教養を保障する。共通基礎は，進学，個人および職業に関する将来設計，また市民性の行使のための準備を可能としなければならない。

第**7**章　現代の学校制度と教員養成

　これにより，「共通基礎」の正式名称が，以前の「共通基礎知識技能」から「共通基礎知識技能教養（socle commun de connaissances, de compétences et de culture）」へと改められることとなった。その後，ペイヨン法を受けた2015年の政令により，新しい「共通基礎」が以下のように改訂され，2016年度より実施されることとなった。

▷17　「知識・コンピテンシー・教養の共通基礎」などと訳されることもある（細尾，2017）。

　　領域 1 ：考え，伝達するための言葉
　　領域 2 ：学ぶための方法と手段
　　領域 3 ：人および市民の形成
　　領域 4 ：自然体系と技術体系
　　領域 5 ：世界の表象と人間活動

　2006年政令によって示された「共通基礎」は，習得すべき 7 つの技能であったが，2015年政令によって示された新「共通基礎」は， 5 つの領域（domaines）として示されることとなった。例えば，「領域 1 ：考え，伝達するための言葉」については，「フランス語」「外国語または地域語」「数学・科学・プログラミング言語」「芸術・身体言語」の 4 種類がその対象とされている。2006年政令で， 7 技能を構成するものとしてそれぞれ示された「①フランス語の習得」「② 1 つの現代外国語の実用」を，より抽象度を上げて再編したものといえる。

⑤　今後の方向性

　2017年 5 月の大統領選では，国民戦線のル・ペン（Marine Le Pen）候補をおさえ，「共和国前進」のマクロン（Emmanuel Macron）が大統領に就任した。マクロン大統領は， 1 学級あたりの児童生徒数を減らし，教育現場の独立性を確保することなど，教育分野においていくつかの公約を掲げた。また，2018年 3 月には，義務教育の開始年齢を，現行の 6 歳から 3 歳へと引き下げるとの方針を示している。これらの改革が実行に移されるのはこれからであるが，2000年代以降の改革の中心となっている「共和国の諸価値」や「共通基礎」に対して，マクロン政権下でいかに手が加えられるのか，それをもとに「共和国の学校」がどのように位置づけられるのかが，今後明らかとなるだろう。

2 　現代の学校教育制度の仕組み

①　5 - 4 - 4 - 3 制の学校教育制度

　フランスの学校教育制度は，小学校 5 年制，中学校 4 年制，高等学校 3 年制，大学 3 年制をその基本構造としている。就学前教育は，保育学校（école maternelle，日本の幼稚園に相当）で行われており， 3 年制となっている。フラン

151

スにおいては，3歳児就学率はほぼ100％を誇っており，幼児教育の充実度は高いといえる。現在では，教育困難地域における3歳未満の子どもの受け入れの強化などが図られている。

　小学校は日本と同じく学級担任制を採っている。小学校と保育学校は「初等学校（école primarre）」として併設されている場合も少なくない。

　前期中等教育にあたるコレージュ（collège）からは，教科担任制となる。その合格は高等学校進学の必須要件ではないものの，「共通基礎」の習得を図る目的で，前項で示した「前期中等教育修了国家免状」を，コレージュ修了時に受験することとなっている。

　後期中等教育にあたるリセ（lycée）は，普通リセ，技術リセ，および職業リセに大別される。前項で示したとおり，フランスにおいては6歳から16歳までの10年間を義務教育としているため，一般的にはコレージュ卒業後1年間，すなわちリセの1年目までが義務教育ということになる。リセ最終学年には，中等教育の修了と大学入学資格の付与の両方の認定を兼ねる国家試験であるバカロレア試験を受験することとなる。バカロレア試験に合格すると，基本的には無試験でどこの大学にも進学できることとなる。バカロレア試験は，普通バカロレア試験，技術バカロレア試験（1968年設置），および職業バカロレア試験（1985年設置）の3種類があり，上述の3つのコースそれぞれに対応している。

　高等教育は，大学と，いわゆるエリート養成機関であるグラン・ゼコールで行われている。フランスの大学は国立がその多くを占め，私立大学は一部である。大学には，ボローニャ宣言を背景としたボローニャ・プロセスを適用し，2002年に学士課程3年制（L, bac + 3），修士課程2年制（M, bac + 5），博士課程3年制（D, bac + 8）という，いわゆる LMD と呼ばれる欧州共通の学位制度が導入された。一方，エリート教育の代表格として知られ，多くの政治家や官僚，企業家を輩出するグラン・ゼコールには，バカロレア試験終了後2年間のグラン・ゼコール準備級を修了後に進学することとなる。

② 学習期

　ここまで，就学前教育から高等教育までの仕組みをその学校段階ごとに示したが，フランスには学校段階と学年以外に，「学習期（cycle）」がある。学習期とは，複数の学年をひとまとまりとした時間的区切りであり，ジョスパン法第4条に基づいて設置されることとなった。

　この学習期は，表7-2に示すように2010年代半ばに改訂されている。新旧学習期を比較してみると，旧学習期が保育学校と小学校をまたいで設定されていたのに対して（第2学習期），新学習期は小学校とコレージュをまたいで設定されている（第3学習期）。この点を踏まえれば，幼小連携から小中連携へとその力点が移動していることがうかがえる。

▷18　ボローニャ・プロセス
1999年にヨーロッパの29か国の教育関係大臣会議において調印されたボローニャ宣言に基づき，国ごとに構築された高等教育における学位認定の質と水準を同レベルのものとして扱うことができるように整備するプロセスを意味する。これにより，ヨーロッパ高等教育圏がつくり出されることとなり，ロシア連邦は，2003年より参加している。

第**7**章　現代の学校制度と教員養成

表7-2　学習期

学校段階	学年	旧学習期	新学習期
リセ	最終学年	最終期	
	第1学年		
	第2学年	進路決定期	
コレージュ	第3学年	進路指導期	第4学習期 ※2 （深化学習期）
	第4学年	中間期	
	第5学年		
	第6学年	適応期	第3学習期 ※2 （統一学習期）
小学校	中級第2学年	深化学習期 （第3学習期）	
	中級第1学年		
	初級第2学年		第2学習期 ※2 （基礎学習期）
	初級第1学年	基礎学習期 （第2学習期）	
	準備学級		
保育学校	大クラス	初期学習期 （第1学習期）	第1学習期 ※1 （初期学習期）
	中クラス		
	小クラス		

※1：2014年度より適用。※2：2016年度より適用。

　学習期の改革と時を同じくして，2015年には小学校とコレージュの学習指導要領が改訂された。学習指導要領は学年，あるいは学校段階ごとではなく，学習期ごと，すなわち第2～第4学習期に分けて示されている。

　フランスにおいては，原級留め置きと飛び級がそれぞれ制度として認められている。したがって，同一学年の年齢構成は，同一学年がほぼ同一年齢である日本に比べれば多様であるといえる。しかしながら，原級留め置きとすることによる負の影響が指摘され，現在は同一学習期内では基本的には原級留め置きとせず，各学習期の最終学年（3年目）に判断されることとなる。

　以上のように，学習期は単なる時間的区切りにとどまらず，学校教育制度を大きく規定するものであるといえる。

③ 現代の教員養成制度

① 統一前の制度

　1989年のジョスパン法以前，教員養成は初等教員と，中等教員で別々に行われていた。すなわち，前者は各県に設置された師範学校で行われ，その入学に際してはバカロレア取得者を対象に選抜を行っていた。それに対し，後者は学士課程修了者を対象として選抜を行い，地域教育センター（centres pédagogiques régionaux：CPR）や大学がその養成を担っていた。

　このような複線型の教員養成制度とそれに応じた教員資格が付与されるのに対応して，初等教員と中等教員との間には歴然とした格差が存在していた。初

153

等教員が「教諭（instituteur）」，中等教員が「教授（professeur）」とそれぞれ異なる呼称があてられていたことは象徴的である。このような初等教員と中等教員の間にみられる序列的な関係性を解消することを目的としてジョスパン法によって行われたのが，教員養成制度の一元化であった。

② 大学附設教師教育部（IUFM）創設による制度の一元化と教員資格の修士化

ジョスパン法第17条に基づき，1990年度から公施設法人である大学附設教師教育部（institut universitaire de formation des maîtres, 以下 IUFM）が，各大学区に1校設置されることとなった。この改革にともない，従来「教諭」と呼ばれてきた初等教員も，中等教員と同じく「教授」の身分を有することとなり，長年両者の間にみられた序列的な関係性は解消されることとなった。

このような初等教員と中等教員の養成を一元化することに加えて，IUFM 設置でもう一つねらいとされたのは，教員養成の長期化をともなう教員の資質向上であった。IUFM への入学要件は学士課程修了以上とされ，入学後2年間が養成期間とされた。IUFM 1年目は教員採用試験の準備期間として位置づけられ，教員採用試験を受験し合格した後の2年目は公務員の身分が保障され，給与も支払われる試補教員となる。この期間に担当する授業時間数は正規の教員に比して少なく，正式に任用されるまでの見習い期間といえる。

この IUFM は学士課程修了後に位置づくものの独立機関であり，学位の授与にかかわるものではなかった。しかし，2005年のフィヨン法第45条により，IUFM を大学の一部をなす内部組織として大学に統合することが規定されるとともに，2008年には当時大統領であったサルコジが教員採用試験の受験資格を修士課程修了とする方針を示し，2010年度より実施された。いわゆる教員資格の修士化が図られたのである。

③ 教職教育高等大学院（ESPE）への改組

このように，ジョスパン法制定以降大きく改革された教員養成制度であるが，2013年のペイヨン法により，さらなる改革が実施されることとなった。IUFM が，教職教育高等大学院（écoles supérieures du professorat et de l'éducation, 以下 ESPE）へと改組されたのである。

ESPE の1年目では，450〜550時間の座学と4〜6週間の実習を行い，1年目の修了時に採用試験を受験する。その合格者は，2年目には座学と非正規の公務員としての実習を250〜300時間行うとともに，修士論文を執筆する。1年目と異なるのは，ESPE の2年目が座学と実習が交互に組み合わされた交互教育（formation en alternance）として実施される点である。この教員養成改革では理論と実践のさらなる接続が目指されており，この形式はそれを体現した結果といえる。その後，「教職・教育・養成に関する修士課程（métiers de l'enseignement, de l'éducation et de la formation：MEEF）」修了として認められると

ともに，正規の教員として勤務することとなる。

④　教師に求められる14のコンピテンシー

　最後に，フランスにおいて求められる教師の資質についてふれておきたい。「共通基礎」が制定された2006年，教員に関しても「10のコンピテンシー」が規定され，ESPE が創設された2013年にはそれが14へと増加した。そこでは，「共和国の諸価値を共有させる」「児童生徒の多様性を考慮する」「教育の道のりにおいて児童生徒に付き添う」等の項目があげられている。この「コンピテンシー」は，その習得の有無が採用試験において評価の対象となっている。義務教育修了段階で習得すべき「共通基礎」を示したが，児童生徒だけでなく教員についても「コンピテンシー」が規定され，その習得が図られることとなったのである。子どもだけではなく，教員に対してもまた，コンピテンシーベースでの評価をともなった改革が行われている。

3　ドイツ──学校制度と教育養成

1　ドイツにおけるグローバリズムと教育改革の特徴

　現在のドイツ連邦共和国（以下，ドイツ）の教師教育を理解する場合，以下の2つのトピックを概観する必要がある。それは東西ドイツ統一[19]と，その後も維持された理念としての文化高権（Kulturhoheit）である。これらは教育分野だけではなく他の文化領域や政治体制においても影響を及ぼす事柄であるが，ここでは大学などでの教員養成や学校等での教師教育に限定したうえで両者について概観していく。

①　東西ドイツ教師教育の諸特徴とその「統一」

　1989年11月民衆の手によって破壊された「ベルリンの壁」は分断国家ドイツを象徴していた。同一民族を地理的・政治的に分け隔てた東西ドイツでは，戦後それぞれまったく異なる教員養成の仕組みが発展した。

　第二次世界大戦後，戦勝国のうち資本主義国家の管理下にあった地域はやがて西ドイツとして独立する。西ドイツの大学では，理論と実践とが分離された教員養成が制度化されていた。中等教育機関の一つであるギムナジウム卒業後，教職志望者は総合大学において教職のための知識を学習する。その後，国家試験をパスした者だけが試補として勤務し，第一次国家試験後に任官までの仮採用期間があり，試補として各学校で勤務しながら実践的トレーニングを積む（天野ほか，1998，286ページ）。わが国の卑近な例でいいかえれば，大学在学期間には小中高等学校で教育実習をすることはなく，初任者研修ののち改めて職業的適性の有無をはかり採用を決定する試験[20]を課す仕組みが採用されてい

▷19　1990年に行われた資本主義国家であるドイツ連邦共和国と社会主義国家であるドイツ民主主義共和国の統一をさす。

▷20　ドイツの場合は国家試験である。

た。

他方，旧ソビエトの占領下にあった東ドイツでは，勤める学校に応じて期間と機関とが異なる複線型教員養成モデルが採用されていた。旧西ドイツとは異なり前期中等教育まですべての子どもが就学する一般技術総合学校の教師のうち低学年を担当する教員は教員養成所出身者であり，それ以上の学年を担当する教師には，総合技術学校進学コースに続く総合大学および技術大学卒業の資格が求められた（天野ほか，1998，288ページ）。[21]

憲法にあたる基本法において東ドイツが「編入」された現在の統一ドイツでは，上記の教員養成所は総合大学に吸収され，総合技術学校上級学年から教員養成の教育課程において重視されていた理論と実践の統一すなわち大学教育課程に各科教授法や一般教授学を位置づける試みも継承されることはなかった。また旧東ドイツの場合すべての教師に義務づけられた卒業後の継続的な職能開発は，教師の自由意志にゆだねられることにもなったのである。

② 各州および都市の文化的自立の原理としての文化高権

文化高権は文教政策における地方（州）の優位を示すことばである。それゆえこの概念は都市国家や君主国の統一を歴史的背景とし現在は16の州から構成される連邦国家ドイツの教師教育を理解するために必要な概念である。次項で詳述する PISA ショック以降の教育改革を理解するうえでも重要な考え方であるので，日本とドイツの教員養成のための教育課程と採用方法を比較しながら，その性格を明確にしてみたい。

日本では学校教員の養成は大学で行われる。文部科学省から教職課程認定を受けた大学，学部および学科で開設される教育職員免許法に定められた科目の単位を修得することによって，学校で教育活動を行う資格である教員免許状が学生に付与される。[22] 本書がテキストとして用いられうる科目は，呼称の差異はあるものの「教育の基礎理論に関する科目」のうち「教育の理念及びに教育の歴史と思想」に関する科目であり，これは教員になる全国の学生が学ぶ科目となる。

既述したように他方ドイツでは学校における教育資格はわが国の医師や弁護士と同様に国家試験で認定され，大学における教員養成のための教育課程は，20世紀末まで州ごとに作成されていた。ドイツにおける教職課程すなわち高等教育機関における教員養成のためのカリキュラムが一括して特徴づけられないのはこのためであり，加えて，卒業後に取得する教員資格ごとに取得しなければならない科目や単位数が異なるためでもある。基礎学校（小学校）の教員志望者には他の学校種の志望者よりも教育科学の割合を多くすべきであることが承認された1990年の文部科学大臣会議の決定は，ドイツにおける教員養成が複雑な資格付与体系をもつことを示している（天野ほか，2006，400ページ）。

▷21　5〜10年生すなわち日本の小学校高学年から中学校にあたる学年である。

▷22　教育職員免許法では免許管理者が教育委員会と規定されている（第2条第2項）。実際の手続きでは，大学が発行する卒業や単位修得等に関する諸書類を受理した都道府県教育委員会が免許状の発行を行っている。

第7章 現代の学校制度と教員養成

各州が実施する採用選考の前に二度の国家試験が学生に課せられるドイツでは当然ではあるが教員になるには長い時間を要する。したがって，試補制度に象徴される「専門職としての養成」と比べ，わが国の教員養成は「現場での養成」に力点が置かれる。また先に述べたようにドイツでは現職期間中の研修が個人の自由に任されるのとは対照的に，日本では雇用主体である教育委員会にも教育主体の教師にも法的に研修が義務づけられている。[23]

日本国憲法，教育基本法，教育関連法規および統一的な共通基準である学習指導要領に基づく教育課程を実施するわが国とは異なりドイツでは，文化高権の下で各州に文部大臣が置かれ各学校の教育課程が規定されている。教育目標や内容の変更が州ごとに行われるのであるから，教員養成のためのカリキュラムと制度がそれに連動して改変される仕組みは，ドイツという国の歴史では自然なことなのである。

このようにみてくると，東西統一後のドイツにおける教員養成は二重の課題の同時解決という性格を有している。多様性を維持しつつ異なる発展を遂げた教員養成の仕組みを「統一」する国内的課題は，グローバリズム拡大の一翼を担う EU への参加により変化する。すなわち，21世紀初頭からヨーロッパ地域における多様性の尊重と統一的枠組の形成をも展望した解決が求められるようになるのである。[24]

2 PISA ショックと教員養成スタンダード

OECD（経済協力開発機構）による PISA（Programme for International Student Assessment：文部科学省訳 生徒の学習到達度調査）はドイツ教育界に大きな影響を及ぼした。文化高権を断念し国家レベルで統一的に推進された教育改革のうち，ここでは教員養成と継続教育の基準としての教員養成スタンダードについて説明する。

① 教育におけるグローバル・スタンダードとしての PISA とドイツの状況

すでに当該の世界的調査が従来の到達度調査と異なることなどは多くの論者によって論究されているので，ここでは教育政策評価の基準として地球上で普及している状況に焦点をあてて概説する。

この調査を実施する国および地域が増加していることに，まず注目しなければならない。開始当初は OECD 加盟国のみが参加した調査に2015調査では倍以上の地域・国が参加している。[25] この事実は国連加盟国の３分の１強の国々で学校において習得された知識・技能を活用する能力＝リテラシーが教育政策評価の基準として広がっていることを暗示している。

次に注目すべきことはそれが客観性や妥当性が十分に議論されていない評価方法論だということである。戦後の教育実践および教育研究において活発な

▷23 教育基本法第９条第２項には「前項の教員（法律に定める学校の教員：引用者注）については，その使命と職責の重要性にかんがみ，その身分は尊重され，待遇の適正が期せられるとともに，養成と研修の充実が図られなければならない」と規定されている。また，教育公務員特例法第21条では研修について，また第23条と第24条では初任者研修および中堅教諭等資質向上研修について定められている。

▷24 1999年に締結されたボローニャ宣言では，ヨーロッパにおける大学教育制度の共通化が求められた。具体的には「大学間の移動の自由化，資格の共通化，学士と修士からなる二段階学位システムの構築，習得単位制度の導入」がそれにあたる（鈴木他，2011，241ページ参照）。

▷25 参加国および地域の数は『朝日新聞』2016年12月７日付朝刊，25面の PISA特集記事を参照している。2015 年 の PISA（一般に PISA2015 と略記）は，読解力，科学的リテラシーを継続調査とし，数学的リテラシーを中心に調査が行われた。

▷26 汐見稔幸によれば戦後わが国の「学力」論争の代表的なものは，次の4つの時期に行われた。1950年代初め，1960年代初め，1970年代中盤および1990年代初めである。いずれの論争も社会構造や経済基盤が大きく変化する時代の転換点において交わされたと，汐見は総括する（汐見，2008）。

▷27 日本版「PISAショック」を受けて開始されたのが文部科学省・国立教育政策研究所による「全国学力・学習状況調査」である。すべての小学校第6学年と中学校第3学年を対象にしたこの調査では，主に国語・算数・数学の教科で前年度までに習得した基礎・基本（A問題）とそれらを活用する力（B問題）によって「学力」が測定され，この達成度と児童生徒の学校内外の生活（児童質問，生徒質問および学校質問）との関連が夏休み以降，各教育委員会および学校に教育改善の資料として通達される。

「学力」論争[26]が交わされたわが国ですら，部分的にしか公開されないPISAに類した調査問題を使った学力テストが実施されている[27]。「学力」との因果関係を探る子どもの生活調査も教師の経験則の域を出ていない。

　最後に指摘しなければならないことは，教育政策への社会的関心の惹起である。上述のわが国の学力テストと同じように，PISAも成績による参加国等の「順位」に拘ることを不必要なものとしている。しかし，調査結果間の統計学的な同質性に関心が払われることなく，以下に述べるようにいくつかの国々では順位の高低が学校教育の有り様への多様な関心を集めたのである。

　ではドイツの調査結果はどうだったのであろうか。

　2000年と2009年の主要調査であった読解力の順位は20位前後であった。また2003年と2012年調査で主な対象となった数学的リテラシーは15〜19位のスコア。科学的リテラシーを主な調査対象とした2006年およびPISA2015では科学的リテラシーも数学的リテラシーとほぼ同様な国際的位置にとどまった。

　1995年に実施されたIEA（国際教育到達度評価学会）のTIMSSの低迷が明らかになったドイツでPISA2000の結果は「PISAショック」として多くの人々に衝撃を与えた。その後実施された国内の拡大調査（PISA-E）であきらかになった州ごとの結果も踏まえ，以下に指摘する要因が「学力低下」議論で検討された。

　第一に，学校間格差である。州によって若干の違いはあるが4年間の基礎学校修了後，卒業後主に大学に進学することのできるギムナジウム，職業教育学校へ進学する実科学校，職業訓練に進む基幹学校および総合制学校（一部がギムナジウム上級段階に進学）と複数の課程をもつ学校（実科学校と基幹学校を統合したもの）へと中等教育は複線化されている。2009年までの間に読解力スコアの平均は上昇してはいるものの，ギムナジウムと他の学校との得点格差は依然としてみられ，とくに基幹学校との格差が指摘されている（久田，2013，6〜7ページ）。

　次に，移民問題を背景とした社会階層間の格差である。保養者の就労形態とPISA成績は労働に占める知的活動の量と正に相関し，移民背景にも同様の傾向が認められた。移民歴の有無，誕生から現時点までのドイツ生活歴および学校種ごとの移民背景をもつ生徒の割合が調査結果と密接に関連したのである。移民第一世代が減少し移民背景をもつ生徒の読解力が改善された2009年調査でも，トルコからの移民を中心として読解力の不足が指摘されている（久田，2013，8〜9ページ）。

　PISAショックが浮き彫りにした教育における「格差」の是正は，複線型学校制度のもつ生徒の早期分離システムの改善ではなく，結局のところ「PISA型学力の向上ならびにそのための教育スタンダードの設定とこれにもとづく成

果検証，成果検証にかかわる教師の専門性の改善，移民背景をもつ生徒の言語能力を中心にした向上，午前中の授業だけの半日学校から終日学校への転換」（久田，2013，9ページ）を州文部大臣会議主導の主な教育政策として進行している。

　既述したように教育における各州の自治を認めた文化高権という伝統をかなぐり捨て，ドイツでは学習指導要領作成の際の「基準」としてナショナル教育スタンダードが設定された。基礎学校修了時等の学校段階の節目において生徒が獲得する能力＝リテラシーが明示された。数学や理科などの教科でも PISA に類した教科内容が採用され，能力の一つひとつが移民背景をもつ生徒を含めすべての生徒に獲得されたか否かが学校教育の成果として可視化されるようになった。次に述べる教員養成のスタンダードは，高等教育および継続教育における教員養成の成果を評価する基準として，この教育改革政策の一翼を担うものなのである。

② 教員養成スタンダードの実際

　教員養成スタンダードは，前世紀末から州ごとの教員養成の制度および内容の差異を調整して発表されたいくつかの「連邦としての教員養成の改革を図る提言」のうち PISA ショック後に各州文部大臣会議が公表した教師に求められるコンピテンスの一覧である。

　コンピテンスは「授業，教育，評価，刷新の4領域」からなり，「各領域に2ないし3の具体的下位コンピテンス」が配置され全部で11の「できること」によって教員養成の成果を評価する基準＝スタンダードを形成している。さらにこのスタンダードは「理論的な養成部分に関する」ものと「実践的な養成部分に関する」ものとに分けられ，大学での教員養成や試補教員研修所での試補勤務における「期待される学習結果，養成の到達点を説明」するものである。

　このコンピテンス領域である授業は次の3つの下位コンピテンスから構成される（渡邉・ノイマン，2010，292〜293ページ）。

　コンピテンス1　教員は専門的観点から正しく，適切に授業を計画し，それを実際的・専門的に，正確に実施する。
　コンピテンス2　教員は学習状況を形成することによって，生徒の学習を支援する。教員は生徒の動機づけを行い，生徒が学んだことを関連づけ，学習したことを活用できる力を与える。
　コンピテンス3　教員は，生徒が自己決定して学び活動する能力を促進する。
　　コンピテンス——すなわち能力——2の理論的な養成の部分に関するスタンダードは次の3つである（渡邉・ノイマン，同上）。

①修了生は学習理論や学習の様式を知っている。

②修了生はどのようにして学習の目的を授業の中で積極的に関係づけ，理解と伝達を支援するか分かっている。

③学習の成果達成への動機付けの理論を知り，授業でどのように応用されるかを知っている。

このコンピテンスの実践的な養成部分に関するスタンダードは次の３つである（渡邉・ノイマン，同上）。

①修了生は学習の様式を活性化させ，それらを支援する。

②修了生は，知識と能力の獲得についての知見を考慮して，教授—学習過程を構成する。

③学習集団を導き，随伴する。

各州で展開された教員養成，ドイツの場合は総合大学における教職課程と試補のトレーニングに携わる教員セミナー等の機関のすべてが，スタンダードを観点として従来のプログラムを整理する動きが広がっているのである。

３ 教師教育における根本問題と教師教育改革の可能性

州ごとに細部の差異はあるとはいえ，ドイツ連邦の教員養成ではかねてから理論と実践の分離傾向が指摘されてきた。前世紀末から今世紀初頭にかけ，この問題は，わが国における教育実習に類似した学士課程での「学校実践的学修」の導入と修士課程にも及ぶ「教員養成スタンダード」による学生の能力評価を両輪として解決されようとしている。このような動向から，教職実践演習の導入や教職大学院への移行によって「優れた教師」の育成を目指すわが国の教育改革の歴史的位置をも，ここでは検討していきたい。

教員養成スタンダードは，教職に求められる能力を可視化し明確な達成基準を提示することを通して学部での教育に関する知識の習得と現場での実践に関する反省とを密接に結びつける可能性を有する。しかしながら，この統一には，教育実践が授業や学級集団の現在の状況を変革する営みであり，理論に支えられた方法を「瞬時に」かつ「洗練されたかたち」で駆使することでのみ教育的タクト（ヘルバルト）が教師に形づくられるという認識が不可欠である。

ところでPISAで求められるリテラシーは「対話的で深い学び」によって獲得されるといわれる。ここで教師に求められるタクトはたわいのないおしゃべりを合意形成や討論へと変革する「ゆさぶり」である。これは戦後わが国の授業研究における先進性を理論的に学び，多様な立場にある人々の指導の下で全人格をかけて発動されることで若い教師にも上述の状況変化を体得させることのできる授業研究キーワードである。自らの設定した目標に実践を方向づけた

▷28 教職実践演習は「教職課程の他の授業科目の履修や教職課程外での様々な活動を通じて，学生が身に付けた資質能力が，教員として最小限必要な資質能力として有機的に統合され，形成されたかについて，課程認定大学が自らの養成する教員像や到達目標等に照らして最終的に確認するものであり，いわば全学年を通じた「学びの軌跡の集大成」として位置付けられるものである」と文部科学省からは説明されている（中央教育審議会『今後の教員養成・免許制度の在り方について（答申）』（文部科学省ホームページより））。

教師のみが，より深く教材を吟味し討論のスキルを理論的に学ぶことをわれわれは教育の歴史と理論によって再確認すべきである。

また学部での理論的学修と現場での実践的経験の最終目標がスタンダード＝基準によって明確化されることは，教職を志望する学生の意欲と関心を高め，かつてドイツで教師に求められたような人格の形成に寄与することが期待できる。このためには，基準達成のための支援が学生や試補に施されると同時に，コンピテンスが多面的に評価される必要がある。教育的行為（人為）は，生活経験や教育実践の染みついた教師の身体を介して子どもの発達（自然）へ働きかけるためである。

生徒の活動や思考に「かかる」ゆさぶりには多様な方法的形式が存在する。多様な教材を教室に持ち込む，学級通信に生徒へのメッセージを載せる等のバリエーションを自己の方法に持ち込むことに開かれた教師は教材解釈と子ども理解の重要性を知的に把握している。またリテラシーの獲得に有効であるとされる教科横断的な学習を学校で実現するためには，現代的な課題（環境や福祉）に関する知識と認識が教師間で共有されなければならない。さらにドイツでも最近重視されはじめた教師相互の協力・協同は，組織を構成するメンバーが個性的であればあるほど教育課題への豊かで効果的な取り組みとなる。

解決困難な社会的課題——例えば貧困や差別が持ち込まれる現在の学校には，基準によって統一化された能力と多様な経験や専門性の両方を備えた「優れた教師」が求められている。このように考えると，ドイツの教員養成スタンダードには教師教育に突きつけられた課題へアプローチする可能性が存在しているのである。

4　アメリカ——アカウンタビリティ重視の教育改革と教師教育

1 学校制度の概要と特質

アメリカは，世界に先駆けて，単線型学校体系の学校制度を整備した。教育は州の専管事項であるため，学校制度も州により異なるが，全国的な動向は以下に述べるとおりである。なお，現在の学校体系は，図7-1のようになっている。

就学前教育機関には幼稚園や保育学校があり，通常3歳から5歳を対象とする。小学校には一般的に入学前の1年間，就学前教育を提供するための幼稚園クラス（第K学年）が付設されている。多くの子どもたちは，5歳で幼稚園クラスに入学し，1年後小学校に入学している。

義務教育に関する規定は各州で定められており，義務教育期間は州により異

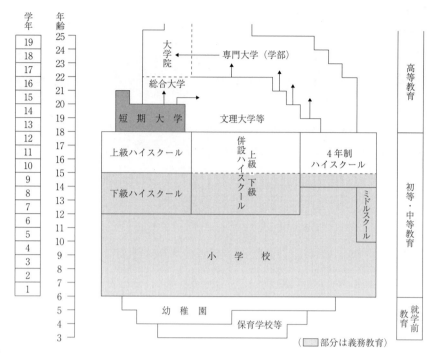

図7-1 アメリカ合衆国の学校系統図
出所：文部科学省ホームページ（http://www.mext.go.jp/b_menu/shingi/chousa/shougai/015/siryo/attach/1374962.htm）。

なる。基本的には6～7歳を就学義務開始年齢として，教育年限は9～12年である。

初等中等教育については，就学期間は12年になっている。どのような学校制度を採用するかは州や学区により異なるが，伝統的な8-4制，6-3（2）-3（4）制，6-6制を採用しているところもあるが，現在は，5-3-4制や4-4-4制が主流である。1960年代後半から，前期中等教育機関として「ジュニア（下級）・ハイスクール」に代わり「ミドルスクール（Middle School）」が登場した。6-3-3制の下でのジュニア・ハイスクールは文字どおり教育課程や指導方法等においてハイスクールのジュニア版というような特徴を備えていた（第5章第4節の 2 参照）。一方でミドルスクールは，全教科担任制から各教科担任制への漸次的移行，学際的な教科の統合，柔軟な時間割等にその特徴があり，この年齢層の生徒に適切な教育内容，方法，形態等を提供している。小学校（5年制）からハイスクール（3年制）への移行をより円滑にする役割を担うため，その「中間」に位置する学校として急速に広がった。

ところで初等中等教育における「修了」とはハイスクール修了を意味しているが，ハイスクールの修了要件としては，通常指定された教科目について単位を取得することになっている。しかし近年では，州が指定する学力テストの合格を修了要件としている州が増えている。

ハイスクール修了を入学資格とした高等教育機関には，総合大学，リベラルアーツ・カレッジ（文理大学），専門大学（学部），短期大学（コミュニティカレッジ，テクニカルカレッジなど）がある。高等教育の修了者には学位が授与される。短期大学修了者には准学士が，総合大学やリベラルアーツ・カレッジで4〜5年間の課程を修了した者には学士が，総合大学や専門大学の大学院の1〜2年の課程を修了した者には修士が，修士課程よりも上級の課程では博士が授与される。

2 教育行政制度の概要と特質

連邦政府には教育省が置かれている。元来，教育は州の専管事項であるため，連邦政府の教育への関与は限定的であった。しかし，「合衆国の共通の防衛と一般の福祉」を目的とする課税を認めた，合衆国憲法第1条第8節第1項のいわゆる「一般福祉条項」を根拠として，「福祉」という概念を広義に捉え，連邦政府は教育に関与してきた。とくに1957年のスプートニク・ショック[29]以降，連邦政府の教育に対する関心はますます高まり，公教育の普及・発展に大きな影響を及ぼす法律，1958年の国家防衛教育法，1964年の経済機会法，1965年の初等中等教育法，高等教育法，1975年の障害児教育法が制定され，大規模な連邦補助金計画が実施された。こうした連邦政府所管の教育事業の増大により，教育事業の整合性を維持し，州や学区をはじめとする多様な教育行政による教育活動をより合理的，効果的に援助することを目的として，1979年に教育省設置法が制定され，1980年5月，教育省が創設された。

現在，教育省は，大統領による教育政策の立案，連邦議会により制定された法律の実施を補佐し，連邦の教育政策立案，教育援助の監督，調整を行っている。連邦教育省の最高責任者は教育長官であり，大統領の閣僚として，連邦の教育にかかわる政策やプログラム等に対する大統領の主要な助言者となっている。長官は，大統領により任命され，上院の承認を受けなければならない。教育省の権限は，主として，教育サービス的なことに限られ，大きく「各種補助金事業および奨学金事業」と「教育情報の収集・分析・提供および研究・開発活動」の2つに大別される。

州政府は教育を担う主体として，初等中等教育と高等教育にそれぞれ教育行政機関を置いている。初等中等教育については州教育委員会が公立学校に関する教育方針や教育制度の制度的枠組みを設定し教育政策を策定する。その教育政策を執行するために州教育長と州教育局が置かれる。州教育長は，首席教育行政官として州教育局を統括する。高等教育については，州立大学理事会や州高等教育調整委員会が，州立大学の管理・運営や州の高等教育政策の立案ならびに実施を行っている。

▷29 スプートニク・ショック
1957年10月4日のソビエト連邦による人類初の人工衛星「スプートニク1号」打ち上げ成功でアメリカが受けた衝撃のこと。教育面では，とくに科学教育の重要性が再認識されることになり，国家防衛教育法は，ソビエトに対するアメリカの科学技術面での立ち遅れを取り戻す目的で制定された。

州の下には，初等中等教育行政を専門とする学区が置かれている。学区は，準公共団体という法的地位をもった，公立初等中等学校を所管する教育行政の基礎単位として，市やタウン等の一般行政から独立し，州憲法や教育法に従い，地域住民の教育要求に応じて，学区自ら公立初等中等学校の設立・維持・管理を行っている。第二次世界大戦時に約10万あった学区は，戦後教育行政の合理化，効率化のため大幅な整理統合が行われ，現在約1万4000弱となっている。ちなみに現在，多くの州で，障害児教育や職業教育，図書館情報サービス，教職員の能力開発等，学区単位で実施困難な教育事業に対処すべく，カウンティ単位で複数の学区を所管する中間学区が置かれている。

③ 教員養成制度の概要と特質

アメリカにおいて教員になるには原則として教員免許状の取得が必要である。教員免許状は，州によりその名称等は異なるものの，一般には初任者免許状（3～5年間有効，更新不可），標準免許状（5年間有効，更新可），上級免許状（5年以上有効，更新可）がある。

教員免許状の付与は州の固有の教育事務となっている。また，すべての州では初等中等教員の免許状取得に学士号を要求している。そこで，大学は，州が求めるコースワークや学習領域を組み込み，州教育当局から審査・認可を受けた教員養成プログラムを設置している。

一方で，大学の教員養成プログラムは資格認定（アクレディテーション）機関から認定を受け，そのプログラムの質的保証を示すことも求められる。アメリカでは，歴史的に大学等の自治を保証すべく，さまざまな教育内容やプログラムの資格認定制度が発達しており，教員養成プログラムや教育内容についても，1954年に「全米教師教育資格認定協議会（National Council for Accreditation of Teacher Education：NCATE）」が創設され，また1997年には「教師教育資格認定協議会（Teacher Education Accreditation Council：TEAC）」が組織された。これらの資格認定機関が，各大学の教員養成教育プログラムの評価と養成機関としての資格認定を行ってきた。2010年にはNCATEとTEACの統合が決定し，2013年には新組織「教員養成資格認定協議会（Council for the Accreditation of Education Preparation：CAEP）」が発足し，2016年からCAEPの開発した新しい専門性基準に基づく資格認定が行われている。このように，教員養成プログラムは，前出の州教育当局による審査・認可に加えて，資格認定によって教員養成の質保証がなされる仕組みになっている。

また，現在多くの州において教員免許付与条件として「教師能力テスト」を州法で課している。「教師能力テスト」は，民間テスト会社による標準テストが使用される場合と，州が独自に教師に期待される領域とレベルにおける知識

を問う試験を開発し使用する場合とがある。民間会社による標準化されたテストとしては，「教育テストサービス（Educational Testing Service：ETS）」によるプラクシス・シリーズのテストが有名である。多くの州で「教師能力テスト」を導入している。これは，読み，書き，計算の基礎的技能の評価，教科の内容とそれに関連した教授法に関する知識等の評価に活用される。「教師能力テスト」の活用方法は，教職課程への進学者選抜，教員免許付与の要件，免許更新の要件など非常に多様である。「教師能力テスト」導入の背景には，児童生徒の学力低下の問題に直面して「大学はどれだけ有能な教員を輩出しているか」「養成プログラムは修了しても十分な専門的知識や技能を修得して教職に就いているか」等，大学における教員養成に対する疑問や批判，不信が存在していたのである。

　以上，正規の教員免許状を取得するには，基本的に「学士号を取得」し，「州認可の教員養成プログラムを修了」し，そして「教師能力テストに合格」することが求められるのである。

　一方で，大学における教員養成プログラムを修了していない学士号取得者を対象として，特別の課程を履修し教員の資格認定を行う「オールタナティブ教員資格認定制度（Alternative Route to Teacher Certification）」がある。この制度は，教員不足，とくに都市部の教員不足，理数科教員不足，マイノリティ教員の減少等を解消する目的で1980年代以降導入されてきた。オールタナティブ教員資格の認定制度は各州により異なる。この制度を活用した全米規模のプログラムとして有名なのは1990年設立の教育NPO[30]である「ティーチ・フォー・アメリカ（Teach for America：TFA）」によるものである。TFAは，マイノリティ児童生徒の低学力と，諸課題を抱える困難校の改善を目的に，教員免許状をもたないが，教育水準（学歴）の高く，リーダーシップと情熱のある新卒の学生を選抜的な方法で採用し，２年間の契約で困難校に派遣している。派遣された学生は，教員資格取得に向けて，派遣地域で実施されているオールタナティブな教員資格認定プログラムを受講することが求められる。現在，ニューヨークに本部を置き，高い成果をあげ，その活動は全米に広がっている。2002年施行の「落ちこぼれ防止法（No Child Left Behind Act：NCLB）」においてオールタナティブなルートを通して得られた教員資格も正規の教員免許として認められることになった。

　一方教員は，採用後も教員免許状の更新や上進（より上位の免許への更新）をしていく。各学区で書類審査や面接等により教員は採用される。新規採用の教員は通常は任期付の契約として雇用され，その後免許状を更新・上進していく。更新や上進の条件は州により異なるが，州教育当局は，更新や上進にあたって大学・大学院で取得必要な単位数，あるいは職能成長のための単位や受

▷30　NPO（Non-profit organization，非営利団体）営利を目的とせず公益的な市民活動を行う民間団体。とくに政府や企業などではできない社会的な問題に取り組む。

講時間等を設定している。

　教員免許状の更新制，上進制は，社会的経済的地位が低く志願者を十分集められない教職に対し，教職に就いた者に教師としての適性判定や資質能力のレベルアップの機会を提供し，教師としての力量を生涯にわたって向上させていくという意図で策定された制度である。現職時に受けた研修が免許の更新や上進と連動しており，さらにはそこで取得した単位や学位が教員の給与等，教員の待遇に明確に反映される仕組みとなっている。

4　教育改革の動向

　1983年の『危機に立つ国家[31]』以降，連邦政府にとって最重要の教育課題は学力向上であった。そうしたなか2002年1月8日には，当時のブッシュ大統領の署名により，「落ちこぼれ防止法（NCLB）」が成立した。本法は，1965年「初等中等教育法（ESEA）」の改正法であり，その目的として「どの子も置き去りにしないように結果責任，柔軟性，選択により学力格差を縮めること」をあげ，人種や社会階層に関係なく，すべての子どもの学力の底上げを図り，学力の保証を図ることを意図していた。

　NCLB法は，(1)結果に対するアカウンタビリティの強化，(2)州，学区，学校の地方の権限と柔軟性の拡大，(3)科学的に立証された教育実践の重視，(4)親や生徒の選択権の拡大の4つの基本理念に基づいている。これらの基本理念のうちで最も重要なのは，(1)の結果に対するアカウンタビリティ[32]の強化であり，学力向上を図るために，州，学区，学校に対してアカウンタビリティを強く求めている。そこで，連邦政府は各州に対してアカウンタビリティシステムの構築を要求している。具体的には，州政府に対して，重要科目と指定された第3〜8学年の「読解力」と「算数・数学」に関する教科課程基準と到達点としての習熟（proficiency）レベルを設定し，その基準を満たすための「年間到達目標（adequate yearly progress：AYP）」と測定のための年次テストの策定を義務づけている。そこですべての公立学校は州政府が定めたAYPを達成する義務があり，達成できない場合には「要改善（"in need of improvement"）」と指定される。もし2年間達成されない場合，「改善を要する学校」に認定され，学校は，保護者，教職員，学区教育委員会と協議し，2か年の改善計画を作成する。当該学校の児童生徒には，学区内の他の公立学校もしくはチャーター・スクール[33]に転校する資格が与えられる。3年間達成されなかったら，当該学校に留まる生徒に対して新たに学校の補習教育サービスを受ける権利が与えられる。4年間達成できなければ，上記の措置に加え，一部教職員の入れ替え，新しいカリキュラムの完全実施など必要な是正措置を講じる。そして5年間達成できなければ，学校はリストラクチュアリングの対象とみなされ，州への学校

▷31　危機に立つ国家（A Nation at Risk）
レーガン政権の下で教育長官であったベル（T. H. Bell）が設置した諮問機関「教育の卓越に関する全国審議会（National Commission on Excellence in Education）」が1983年4月に提出した報告書。強いアメリカ復活に向けてアメリカの教育が抱える危機的な状況を指摘し，改善のための提案を行った。この報告書は全米的な教育改革を引き起こす契機となった。

▷32　アカウンタビリティ
説明責任。自らの教育に対する結果責任。成果に対する責任。

▷33　チャーター・スクール
公費を受けて，保護者，教師，公私の団体等が自らの考えで新しく創り，自分たちで運営できる契約認可型公立学校。設置認可者は，契約内容を厳格に評価し，評価結果により契約更新，あるいは閉校となる。

経営権の委譲, 公立学校経営に実績のある民間企業等との契約, チャーター・スクールへの転換, 抜本的な教職員の入れ替え等, 必要な措置を講じることも可能となる。このように各州で「読解力」と「算数・数学」に学力基準が設けられ, それを達成したかどうかをテストで評価し, 十分な達成がなされない学校には, 達成のための改善策を実施することが明確に求められている。NCLB法施行後,「読解力」と「算数・数学」のテスト得点においては, 平均得点からみると一定の成果がみられたが, AYPを達成できない, 極めて学力の低い学校があるなどの課題もみられた。

2009年1月にオバマ (Barack Obama) が大統領に就任し, 2月には「アメリカ復興再投資法 (American Recovery and Reinvestment Act)」が成立した。この法律では7870億ドル規模の財政支出がなされ, 7月には, これを原資とした「頂点への競争 (Race to the Top：RTTT)」プログラムが発表された。このプログラムに応募した州は, 連邦が提示した改革項目に沿って革新的アイデアを提示し, 高評価を得た州は, 報奨として補助金を受給できるというものである。従来の固定的な基準や評価法に柔軟性をもたせ, 補助金をめぐり州間で競争させ州の教育改革を促進させるようにしたのである。そして2010年3月, これらの教育施策に沿った形で『改革への青写真——初等中等教育法の再公認』が発表された。これは, NCLB法の理念・目標は継承する一方で, NCLB法以上に連邦政府による財政支援を増やし, 州や学区の自主的な裁量権に委ねるという内容であった。しかし, 2008年のリーマンショック後の経済の立て直しなどもあり, NCLB法の改定は先送りとなる。その後, 民主・共和両党の超党派的な法案としてNCLB法の改正法である「全児童・生徒学業達成法 (Every Student Succeeds Act：ESSA)」が, 2015年12月に成立した。同法は, 州による学力テストの実施義務と学力の低い学校への改善の義務づけについては継続する一方, 学力テストが準拠する学力レベルやその評価方法の制定は州の自由裁量とし, 学力の低い学校の改善計画に連邦の介入を認めないことで妥協が成立した。すなわち州に対する学力テストの実施は求めるものの, 学力低下校への連邦政府の介入は認めず, 各州の自主性を尊重するというものであった。なお同法は, 2016年10月1日から全面的に施行されている。

2017年1月オバマ大統領からトランプ (Donald John Trump) 大統領へと政権交代がなされたが, 今後のESSA法の具体的な展開が注目される。

5 ロシア連邦——国民の教育人権に基づく学校制度と教員養成

1 国家理念の転換と「教育への権利」

ロシア連邦では，社会主義に基づく政治経済体制を志向したソ連邦の崩壊（1991年12月）以降，民主主義と市場経済を基軸とした国家づくりが志向されている。その枠組みは，1993年12月12日に採択された「ロシア連邦憲法」において，(1)連邦構成主体である共和国，地方，州，連邦的意義を有する市，自治州および自治管区からなる連邦制，(2)大統領・連邦政府，連邦議会および裁判所による権力の分立，(3)自然権思想に基づく基本的人権および自由の尊重，(4)私的所有権および企業活動の保護などとして表されている。

「ロシア連邦憲法」には，すべての国民が，「教育への権利」を有するとされている。「教育への権利」とは，学習者の「教育を受ける権利」にとどまらず，民主的な教育行政を行う観点から，学習者や親（保護者）の「教育を受ける形態を選択する権利」や「学校の管理運営に参加する権利」などが含まれる。

教育制度の全体構造は，連邦法「ロシア連邦における教育について（以下，ロシア連邦教育法）」によって定められている。「ロシア連邦教育法」は，1992年に示された旧法の趣旨や基本的な枠組みを継承しつつ，社会の変化やこれまでの改革との整合性を図る視点から，2012年12月に制定された。

「ロシア連邦教育法」において，教育とは，「公共の福祉に基づき，個人，社会および国家の利益のために目的をもって組織される訓育と教授の統一的なプロセスであり，獲得されるべき知識，技能，習熟，価値観，活動経験および一定のコンピテンシーの総体であり，個人の知的，精神的・道徳的，創造的，身体的および職業的な発達と，教育にかかるニーズや関心に対応した複合体である」と定められている。この概念は，個人の教育への権利と自由が，他者，社会および国家の利益との関係から，ある程度の制約を免れない一方で，そこに生じる矛盾や衝突が，実質的公平の原理に則って調整されることにより，制約を受ける個人の利益にも還元されるということを意味している。つまり，国家には，個人の教育への権利と自由を実現していく観点から，「教育分野におけるさまざまな社会的関係」を調整していく責任と役割が求められている。

2 学校教育制度の特色

ロシア連邦の学校教育は，大きく普通教育と職業教育の課程に分けられる。普通教育の標準的な課程は，9月1日時点で6歳6か月に達した児童が入学する初等教育（第1学年〜第4学年），10歳から15歳の生徒を対象とした基礎普通

▷34　連邦構成主体
ロシア連邦憲法によって定められたロシア連邦を構成する主体（単位）であり，地域または民族の概念によって区分される。ロシア連邦大統領が指名する首長（共和国大統領，知事）と国民の選挙で議員を選ぶ議会による二元代表制をとる。連邦構成主体がもつ自治権の範囲は，連邦との取り決めにより，連邦構成主体ごとに異なっている。

教育（第5学年〜第9学年），基礎普通教育の修了者を対象とした後期中等普通
教育（第10学年・第11学年）から構成される4−5−2年制となっている。職業教
育の課程は，その水準によって，中堅技能者を養成する初級職業教育（修業年
限2〜3年間），実践的な専門家を養成する中級職業教育（2〜4年間），大学の
学部レベルに相当する上級職業教育（4〜5年間），大学院に相当する高等後職
業教育（2〜5年間）に分類される。ロシア連邦では，大学が上級職業教育を
提供する機関とされ，教員をはじめとした高度な職業資格を有する人材の育成
を任務としている。

　「ロシア連邦教育法」は，すべての国民に「性別，人種，民族，言語，社会
的出自，経済的，社会的および職業的な地位，居住地，宗教に対する態度，信
条，社会団体への帰属，その他の状況」にかかわりなく，「教育への権利」が
保障されると定めている。これは，教育の機会均等の原則を規定するものであ
り，学習者本人の能力に応じて，教育を平等に保障しようとする考えに基づい
ている。このことを踏まえ，ロシア連邦では，学校教育の義務性と無償性の原
則が明示されている。

　義務教育は，普通教育の11年間が標準となっている。ここでの「義務」と
は，学習者の「就学する義務」や親（保護者）の「就学させる義務」を意味す
るものではない。「ロシア連邦教育法」は，教育が一個の人間としての成長発
達に資する国民の権利であることを明確にしつつ，学習者や親（保護者）が，
学校に限らず，「家庭教育や自己学習」といった教育を受ける形態を選択する
ことを認めている。

　就学前教育，初等教育，基礎普通教育，後期中等普通教育および初級職業教
育は，「ロシア連邦教育法」により，すべて無償と定められている。中級職業
教育，上級職業教育および高等後職業教育は，当該段階の教育を初めて受ける
場合，選抜試験に合格し，入学が認められれば無償とされている。これによ
り，ソ連邦時代より続けられている教育の無償性の原則が，すべての教育段階
で維持されている。

　「ロシア連邦教育法」は，教育政策の基本方針として，「個人に対する教育へ
の権利の保障ならびに教育分野における差別の禁止」等とともに，「教育に人
道的な性格をもたせ，全人類に普遍的な価値，個人の生活・健康ならびに人格
の自由な発達——市民性，労働愛，個人の権利と自由に対する尊敬の念，身の
まわりの自然・祖国・家族に対する愛情を育むことを優先する」ことを掲げて
いる。

　これを踏まえた学校の教育内容は，連邦政府が作成する「連邦国家教育スタ
ンダード」と呼ばれる教育課程基準によって明らかにされている。その趣旨
は，教育内容・方法の決定にかかる，国家の教育権力から国民の教育人権への

▷35　カリキュラムの標準化

ロシア連邦におけるカリキュラムの標準化は，学校教育へのコミュニティの参加などとともに，アメリカを中心とする対外経済戦略の基本的な方針として示された，旧ソ連邦・東欧諸国の市場経済体制への移行に対する援助・支援の条件となる「政策パッケージ」を踏まえた制度の一部であった。

▷36　学習する能力

ロシア連邦では，「普遍的学習行為」と呼ばれ，科学的知識の基礎や国民の基本的価値（伝統・文化）にとどまらず，未知の状況に対応するために必要な社会的経験を意識的・能動的に獲得することにより，自らを主体的に成長・発展させようとする行為までを含めた力量を意味する。

法制上の転換をともない，カリキュラムの標準化[35]を通じ，連邦全体で児童生徒に身につけさせる資質・能力の水準を明らかにしつつ，学校が，自らの教育活動を主体的に立案・遂行していくためのものとして制度化された。標準化されたカリキュラムの基準は，普通教育の修了を認定する統一国家試験の導入と関連して，個々の学校における教育の水準を客観的に評価し，公財政支出を増減させたり，地域住民に対する説明責任を果たすための根拠として用いられる。

2015年度に導入された「連邦国家教育スタンダード」では，科学的知識の基礎や国民の基本的価値（伝統・文化など）を身につけるだけでなく，未知の社会的経験を意識的・能動的に獲得することによって自らを成長・向上させる主体としての力量を発達させることが目指されている。こうした力量は，新しい知識の主体的な習得や，そのプロセスの組織化を含めた能力の形成を保障する学習者による行為の方法であり，学習者が，他者や外的環境との相互作用を通じ，知識等を内化・獲得していく「学習する能力[36]」と捉えられている。これは，学習者である児童生徒による主体的な学びのプロセスを重視し，学校に対して，学習者への知識伝達というよりも，学習対象への理解・活用に配慮した指導を行っていくことを求めるものである。

3　教員養成制度の構造と特色

「ロシア連邦教育法」は，教育政策の基本原則の一つとして，「文化と教育の領域において連邦としての統一性を保持する」と同時に，「教育制度の維持・発展を通じて，多民族国家としての民族文化，地域の文化的伝統およびその特色を継承・発展させる」と定めている。そのため，学校教育の直接の担い手である教員の養成と研修は，原則として連邦構成主体の責任とされ，連邦政府が定める基準を踏まえつつ，域内の社会・経済・文化・民族構成などの実情に応じて実施されることが期待されている。

ロシア連邦の教員は，11年間の初等中等普通教育の修了者を主な対象として，教育専門学校（教育カレッジ），教育大学・教育学部および総合大学（一般学部）において養成される。こうした教員養成機関には，連邦政府が定める基準に則った教職課程が設けられ，その修了により教員資格を得ることができる。教職課程の修了証明となるディプロマには，「初等教員の資格を有する」等の文言が記載される。教員として勤務するためには，勤務校の教育段階・教科等に相当するディプロマの保有が求められる。

教育専門学校（教育カレッジ）は，修業年限3～4年の中級職業教育機関であり，幼稚園教員，全教科を受けもつ初等教育教員（第1学年～第4学年担当），体育，美術および音楽などを担当する専科教員を養成している。教育専門学校（教育カレッジ）を卒業した者は，選抜試験を経て，教育大学の第2学年・第3

学年に編入することができる。

　教育大学・教育学部は，修業年限4〜5年の上級職業教育機関であり，幼稚園教員，初等教育教員，専攻の教科を受けもつ中等教育教員（第5学年〜第11学年担当）を養成している。また，規模の大きなところでは，中堅技能者を育成する初級職業教育や実践的な知識・技術を有する専門家の育成を目的とした中級職業教育の担当教員が養成されている。初等中等教育段階にあるすべての学校の教員を養成していることから，現行の教員養成体系の中核に位置づけられている。

　総合大学（一般学部）は，通常5年の修業年限を有する上級職業教育機関であり，各学部の学問領域に対応した専門家の育成を第一義とした教育を提供している。そのうち，所定の課程を修了した者には，中等教育教員の資格が授与

表7-3　極東国立人文大学初等・就学前・障害児教育学部カリキュラム

授業科目	単位	授業科目	単位
人文・社会・経済学系科目	35	（専門科目）	
うち連邦指定科目		うち大学設定科目	
歴史	4	課題解決演習	5
哲学	4	ロシア語・ロシア文学モジュール	
外国語	7	ロシア語	5
経済	2	ロシア語演習	2
言語表現	3	ロシア文学史	3
数学・自然学系科目	8	数学・自然科学モジュール	
うち連邦指定科目		数学	7
情報技術	2	自然科学	7
自然科学	2	教授法モジュール	
情報数学	2	ロシア語・ロシア文学教授法	19
専門科目	165	算数科教授法	17
うち連邦指定科目		まわりの世界教授法	6
生活の安全	3	技術科教授法	5
教育学モジュール		図工科教授法	4
教育学概論	4	児童の生活指導法	3
教育工学	4	障害者教育学モジュール	
教育制度	4	障害者教育学・心理学	3
心理学モジュール		言語障害学概論	3
心理学概論	5	学習障害	4
発達・教育心理学	5	自由選択科目	39
社会心理学	2	体育（体育理論／体育実技）	10
指導法モジュール		実習（教科実習／実践実習）	24
初等クラス指導法	2	卒業論文・試験	6
児童の学習指導法	4		

され，後期中等教育（第10学年・第11学年）を中心に，初級職業教育や中級職業教育を担当する教員を養成している。なおロシアも2003年からボローニャ・プロセスに参加している。

　教員養成教育の基本的な内容は，教員の種類・担当教科や取得学位・資格ごとに連邦政府が作成する「教員養成教育スタンダード」によって定められている。このうち，教育大学・教育学部に設置される初等教育教員の養成課程については，240単位（1単位＝36時間）を標準とした4年間の学士課程のなかに位置づけられ，「人文・社会・経済学系科目」「数学・自然科学系科目」「専門科目」の領域に分けられる授業科目群のほか，「体育」「実習」「卒業論文・試験」から構成されるカリキュラムに基づいた教員養成を行っている。具体的な授業科目名や授業時間数等は，教育大学・教育学部ごとに設定されるが，カリキュラムの基本的な構造・枠組みはおおむね共通している。

　例えば，極東国立人文大学は，初等・就学前・障害児教育学部において，初等教育教員を養成している。修業期間は4年間であり，計248単位の学修が課されている（表7-3）。

　「人文・社会・経済学系科目」には，連邦が指定する「歴史」「哲学」「外国語」「経済」「言語表現」を含む計35単位が配分されている。「数学・自然科学系科目」には，連邦が指定する「情報技術」「自然科学」「情報数学」を含む計8単位が配分されている。これら2つの領域は，すべての学士課程に求められる教養科目と位置づけられている。

　「専門科目」は，日本の「教科及び教職に関する科目」に相当する領域であり，連邦指定科目（計33単位）と大学設定科目（計132単位）の授業科目群から構成され，全体の約65％に相当する学修時間が配当されている。連邦指定科目は，教育学モジュール，心理学モジュールおよび指導法モジュールに分類される授業科目等から構成される。大学設定科目は，ロシア語・ロシア文学モジュール，数学・自然科学モジュール，教授法モジュール，障害者教育学モジュールおよび自由選択科目に分類される授業科目等から構成される。

　さらに，「体育（10単位）」「実習（計24単位）」および「卒業論文・試験（6単位）」が設定されている。このうち「実習」には，専攻・取得資格に対応した「教科実習」と学外の諸機関で行われる「実践実習」があり，全体の約10％に相当する学修時間が配当される。「教科実習」は，大学における模擬授業や実習校における観察などが含まれる。「実践実習」は，地域の学校で実施する「教育実習」，社会教育施設における「文化-啓蒙実習」，サマーキャンプなどの指導を行う「夏期教育実習」，学生自らが設定した課題に基づく「最終学年実習」に分けられる。極東国立人文大学では，「教育実習」と「最終学年実習」にそれぞれ2か月間が配されている。なお，実習中の指導は，実習校・機関の

教員・指導員によって行われる。

［4］ 教員養成制度の課題

　ロシア連邦は，「ロシア連邦教育法」に定められた「外国の教育制度との対等で互恵的な接続に必要な条件整備」を進めるため，2003年より，ヨーロッパ高等教育圏の実現を目指すボローニャ・プロセスに参加している。これにより，ロシア連邦における大学教育は，ソ連邦時代からの学位課程であった5年間の専門職課程から，11年間の初等中等普通教育に続く4年間の学士課程を基本とするものに変更された。そのため，教育大学・教育学部等における教員養成についても，従来の専門課程よりも修業期間が短い学士課程で行われることになり，学生が自己課題を見出し，その解決策を検討するための学修時間の確保といった点で問題が生じているとされる。

　こうした動向は，養成段階の引き上げをともなう「教員養成の高度化・実質化を推進する」方向にある日本と大きく異なっている。

　ただし，ロシア連邦において，教員の資質能力の向上が重要な課題と認識されていないわけではない。現在，連邦政府により，複数の教員資格を取得できる教職課程の実現が推奨されており，異なる専攻・資格取得課程の学修を相互に結びつけながら理解していく学修プロセスを確保することで，教員の資質能力を総合的に高めていく方向性が示されている。また，先進的な教員養成系大学・学部による共同プロジェクトとして，これまで以上に実践的な内容・方法を取り入れた教員養成プログラム（学士課程）の開発など，「教師教育の現代化」を進める取り組みも実施された。

　このような方向性は，教職課程を開設する大学に対して，何をもって「教員養成の高度化・実質化」と捉えるかという点を十分に検討したカリキュラムの編成や指導体制の構築等を求めるものである。そのための具体的な措置の一つとして，ロシア連邦では，教員養成に携わる大学教員に初等・中等教育段階の教員資格の取得や教員養成教育に関する専門的な学修歴などが必要とされており，該当者の再教育・研修が進められている。

Exercise

① イギリスの1988年以降の教育政策の動向をまとめよう。

② フランスの教員養成の仕組みと日本の制度を比較して，共通点と相違点をあげてみよう。

③ 戦後のわが国の学校制度や教員養成制度は，アメリカの制度をモデルにしてつくられている。わが国の現在の制度をアメリカと比較し，そこにみられ

る共通点と相違点をあげてみよう。

④　教員養成における大学の役割の変化を社会背景を踏まえてまとめよう。

⑤　みなさんが履修している教職課程の目標を大学のホームページ等で調べて
みよう。またその目標に近づくための過程にはどのような評価基準があるか
も検討しよう。

⑥　「教員養成の高度化・実質化」とはどのようなものであるかを検討し，教
員として，自らの資質能力の向上を図っていくために必要な手立てについて
ディスカッションしてみよう。

📖次への一冊

オルドリッチ，R., 山﨑洋子・木村裕三監訳『教育史に学ぶ──イギリス教育改革から
の提言』知泉書館，2009年。
　　本書は，教育史の解釈，教育のポリティクス，教育改革者，カリキュラムと水準，
　　歴史教育，学校外の学習と教育を扱う教育の周辺の6部で構成される論文集であ
　　る。第4部のカリキュラムと水準を読んでみよう。

北野秋男・吉良直・大桃敏行編『アメリカ教育改革の最前線──頂点への競争』学術出
版会，2012年。
　　本書は，アメリカにおける教育改革の最前線を明らかにするべく，3部構成となっ
　　ている。第Ⅰ部は初等中等教育法の制定からRTTT発表までの連邦教育政策に，
　　第Ⅱ部はNCLB法制定以降のテスト政策に，第Ⅲ部は教員政策にそれぞれ焦点が当
　　てられている。

清田夏代『現代イギリスの教育行政改革』勁草書房，2005年。
　　1980年代以降の教育行政改革を分析し，サッチャー保守党政権とブレア労働党政権
　　の教育政策の間の連続と断絶，ブレア労働党政権の特色とその意義について考察し
　　ている。多元化社会における公教育制度のあり方を検討した一冊である。

ウィッティー，J., 堀尾輝久・久富善之監訳『教育改革の社会学──市場，公教育，シ
ティズンシップ』東京大学出版会，2004年。
　　1980年代以降の新自由主義的な改革が，カリキュラム，教師，保護者，学校，教育
　　政策に何をもたらしたのかを実証データに基づき検証している。第8章では，労働
　　党政権における教育政策のポリティクスについて論じている。

リッジ，T., 中村好孝・松田洋介訳『子どもの貧困と社会的排除』桜井書店，2010年。
　　本書は，イギリスにおける貧困状態に暮らす子どもたちに対するインタビューを用
　　いて，彼らの生活と経験を明らかにしている。子どもの貧困と学校内外の生活にお
　　ける社会的排除がどのように結びついているかを探っている。

久田敏彦監修，ドイツ教授学研究会編『PISA後の教育をどうとらえるか──ドイツを
とおしてみる』八千代出版，2013年。
　　近年のドイツにおける学校教育改革の動向をコンパクトにまとめた一冊である。本
　　論では扱いきれなかった具体的な事例が豊富で，わが国の「学力向上」施策を相対
　　化するきっかけともなる。

フランス教育学会編『現代フランスの教育改革』明石書店，2018年。

　　現代フランスの複雑な学校制度や用語をわかりやすく簡潔に解説したフランス教育の入門書である。日本のフランス教育研究者が集結するフランス教育学会の研究成果でもある。

日本教育経営学会編『現代教育改革と教育経営』（『講座　現代の教育経営学』第1巻），学文社，2018年。

　　日本ならびに諸外国における1990年代以降の教育改革の動向やそこに認められる特色・課題が明らかにされている。

引用・参考文献

А.Г.Асмолов, Г.В.Бурменская, И.А.Володарская и др., Как проектировать универсальные учебные действия в начальной школе: от действия к мысли, Просвещение, 2008.

赤星晋作『アメリカの学校教育──教育思潮・制度・教師』学文社，2017年。

オルドリッチ，R.，山﨑洋子・木村裕三監訳『教育史に学ぶ──イギリス教育改革からの提言』知泉書館，2009年。

オルドリッチ，R.，山内乾史・原清治監訳『教育の世紀』学文社，2011年。

天野正治・木戸裕・長島啓記編著『ドイツの教育のすべて』東信堂，2006年。

天野正治・結城忠・別府昭郎編著『ドイツの教育』東信堂，1998年。

アメリカ教育学会編『現代アメリカ教育ハンドブック』東信堂，2010年。

青木研作「イギリス連立政権下のアカデミー政策──学校の自律化が与える地方教育行政への影響に着目して」『日英教育研究フォーラム』19号，2015年。

フランス教育学会編『フランス教育の伝統と革新』大学教育出版，2009年。

久田敏彦監修，ドイツ教授学研究会編『PISA後の教育をどうとらえるか──ドイツをとおしてみる』八千代出版，2013年。

細尾萌子『フランスでは学力をどう評価してきたか──教養とコンピテンシーのあいだ』ミネルヴァ書房，2017年。

井樋三枝子「【アメリカ】初等中等教育に関する新法の成立」国立国会図書館調査及び立法考査局編『外国の立法』266-2，2016年。

吉良直「どの子も置き去りにしない（NCLB）法に関する研究──米国連邦教育法の制定背景と特殊性に着目して」日本教育大学院大学編『教育総合研究』第2号，2009年。

北野秋男・吉良直・大桃敏行編『アメリカ教育改革の最前線──頂点への競争』学術出版会，2012年。

小林順子編『21世紀を展望するフランス教育改革──1989年教育基本法の論理と展開』東信堂，1997年。

河野和清編著『新しい教育行政学』ミネルヴァ書房，2014年。

望田研吾「イギリス連立政権のフリー・スクール政策の展開」『中村学園大学・中村学園大学短期大学部研究紀要』44号，2012年。

文部科学省『諸外国の教育動向 2013年度版』明石書店，2014年。

文部科学省『世界の学校体系』ぎょうせい，2017年。

日本教育経営学会編『現代教育改革と教育経営』（『講座　現代の教育経営学』第1巻），学文社，2018年。

大田直子『現代イギリス「品質保証国家」の教育改革』世織書房，2010年。

佐貫浩『イギリスの教育改革と日本』学文社，2002年。

佐藤仁「アメリカにおける教員養成教育の成果をめぐる諸相——付加価値評価と教員パフォーマンス評価に着目する」『福岡大学人文論叢』第48巻第4号，2017年。

清田夏代『現代イギリスの教育行政改革』勁草書房，2005年。

汐見稔幸「現在の学力問題の議論のされ方の問題と教育研究の課題」教育科学研究会編『教育』国土社，2008年2月号。

鈴木篤・杉原薫「ボローニャ・プロセス下におけるドイツ教員養成の改革と現状——教職課程の構成と取得免許，学士・修士制度の導入状況」『兵庫教育大学　研究紀要』第39巻，2011年，241〜252ページ。

高野和子「イギリスの教師教育——2010年，労働党政権から連立政権へ」『明治大学教職課程年報』33号，2011年。

トムリンソン，S.，後洋一訳『ポスト福祉社会の教育』学文社，2005年。

上原貞雄編『教育行政学』福村出版，1991年。

上村作郎「アメリカにおける教育改革の一事例——チャーター・スクールを中心に」『レファレンス』No.626，2003年。

渡邉満・ノイマン，K.編著『日本とドイツの教師教育改革』東信堂，2010年。

ウィッティー，J.，堀尾輝久・久富善之監訳『教育改革の社会学——市場，公教育，シティズンシップ』東京大学出版会，2004年。

山崎智子「イングランド教員養成における Ofsted 査察の現代的位置づけ——‘School Direct’ の質保証に注目して」『日英教育研究フォーラム』20号，2016年。

第8章
現代の教師と教員養成

〈この章のポイント〉

　本章はこれまでの各章のまとめにあたる。欧米各国の国民教育制度の展開およびそれを導いた教育思想の展開について，私たち日本に与えた影響を解説する。具体的には，ペスタロッチ主義やヘルバルト派の教育・教授理論といった思想的な側面，「学制」をはじめとした学校および教員養成システムといった制度的な側面からまとめる。それを踏まえて最後に，今日そして今後の教師に求められる資質・力量・あり方について現代日本の改革動向も確認しておこう。

1　欧米諸国と日本

☐1　日本教育の近代化における西洋教育の影響

① 日本教育の近代化の始動

　教育は国や地域の政治，経済，文化，言語，宗教など，それぞれの社会背景と関連しあって成立する営為である。それゆえ，教育はまず国や地域に個別的・特色的なものであるといえる。と同時に，教育は国や地域を越え，相互に影響関係をもって展開する国際的・交渉的な営為でもある。よって，教育の理念や制度の発達は，イギリス，フランス，ドイツ，アメリカ，ロシアなど，各国で異なる独自の動向がみられるとともに，影響しあう共通の要素も認められる。

　日本における教育の展開も，日本に独自の側面と，他国と関係する側面がみられた。とくに19世紀はその両面が凝縮ないしは相克した時代の一つだったといえる。すなわち，日本は鎖国を解き，開国し，明治維新に向かう。1868（明治元）年に発足した明治政府は，近代国家の樹立を目指した。その新しい国づくりは，欧米を中心とする世界情勢と不可分の関係のなかで舵取りされた。それまで日本は，主に中国の影響を受けつつ，日本に独自の伝統や文化を発展させてきた。その来し方のうえに，西洋を追う行き方を重ねていくのが，近代日本の基本的な姿であった。

　欧米に比肩しようとする日本は，富国強兵の実現のため，三大改革を進めた。兵制（軍事），税制（経済），そして学制（教育）の改革である。教育は軍

▷1 「寺子屋」は近年，「手習塾」と称されることが多い。寺子屋の数は，従来は約1万5000〜2万軒と理解されていたが，近年はもっと多く，4万〜5万軒ほどと推計されている（添田，2009，139ページ）。この数は現在のコンビニエンス・ストアの数に近く，寺子屋の普及ぶりがうかがえる。江戸時代の庶民の識字能力は，江戸末期や明治初期に来日した外国人の見聞からも認められるように，世界的にみても高かったと評価される。例えば，1874（明治7）年に来日したロシア人のメーチニコフは，「日本には識字率をあらわす正確な統計などないが，それは読み書きの能力など，日本のすべての国民にとって，あって当たり前だと考えられているからなのだ」（メーチニコフ，1995，204ページ）と述べている。庶民の識字能力獲得を支えたのが，この民間に普及した寺子屋であった。すでに江戸時代に庶民のなかで一定の識字率があったことは，近代日本における国民教育の定着を準備する有利な条件であったといえる。

▷2 文部省は学制取調掛（学制起草委員）に箕作麟祥，辻新次，河津祐之，岩佐純，長谷川泰，内田正雄，瓜生寅，長冰ら12人を任命した。箕作，辻，河津はフランス，岩佐，長谷川はドイツ，内田はオランダ，瓜生はイギリスを専門とする洋学者であり，西洋モデルの制度構築を志向したことがうかがえる。

▷3 1872年の太政官布告「学事奨励に関する被仰出書」は学制序文に相当し，国民教育の理念を示すものである。教育上の四民平等，男女平等を謳い，武士

事，経済とならび，国家が関与・管理する公的領域として立ち上がってくる。国家による国民形成への着手が，教育の設計を通じてなされるのである。江戸時代に読み・書き・計算を教える寺子屋（手習塾）[1]が広く普及したことは，よく知られる。寺子屋はあくまでも民間に自然発生的に発達した教育施設であったから，教育の国家事業化は，近代日本が迎える新しい局面であったといえる。

日本で文部省[2]が創置されたのは1871（明治4）年であった。同省は全国民を対象とする教育制度の創設に着手した。そして，翌1872（明治5）年，日本における最初の国民教育制度となる学制が制定されるに至った（Japanese Department of Education, 2012, p. 4）。

この学制は，欧米諸国の教育制度の調査研究と情報摂取のうえに構想されたものであった。日本教育の近代化は，西洋教育の影響を受けつつ進展した。学制大綱に「万国学制ノ最善良ナルモノヲ採リ」（文部省，1972，122ページ）とある。学制における西洋教育の影響の特色は，ある一国を模範に受容するのではなく，欧米諸国の教育制度を選択的に採用する集成的なものであったことである。主にイギリス，フランス，ドイツ，アメリカ，オランダなどの影響がみられる。

学制がもつ近代的な国民教育制度の性格は，学区制の導入と学齢期の設定によく表れている。それは定まった地区の，定まった年齢の者が，定まった学校に通うことを制度化するものであるからである。[3]江戸時代の庶民教育は，任意の者が，任意の時に，任意の寺子屋に通うものであった。学区と学齢の設定は，住民の就学に対する私的選択権を制限し，学校の公的性格を拡大させた。[4]

この学区制の導入では，とくにフランスの制度が参照された。フランスは欧米では中央集権的性格の強い国家であり，公教育の理念と制度の発達においても先進的だった。対して，教育は私事に属すると考える伝統が根強かったのは，イギリスといえる。国家による国民教育制度の確立を急ぐ日本は，学区制を含む学校体系や教育行政の構築の面において，とくにフランス・モデルを採用したと理解される。[5]

学区制は現在でも採用されるが，学制での学区制は，「八大学区全図」（図8-1）のように，まず全国を8の大学区に分け，そして大学区を32の中学区[6]に分け，中学区をさらに210の小学区に分けるという方式のものであった。第一に，この施策は国家の観点から全国を区割りし，国民に教育を及ぼしていく意図をもつものであった。国家による教育設計の視角は，色分けされたその図によくイメージ化されている。

第二に，各区に学校を設置すると，全国で大学8校，中学校256校，小学校5万3760校となる。とくに小学校数が多い。これは人口600人に1校の割合で小学校を設け，1校に児童約100人が通うという計算による。この小学校設置

計画は，国家が国民教育の基礎段階としての初等教育普及を重視する方針を表している。学齢は現在と同じ6歳以上，修業年限は8年と定められた。ここに国民は誰もが学校に通う時代の幕があけた。

② 近代日本の教育改革への西洋教育の影響

西洋教育の影響は，学制以降の教育改革にもみられる。学制が構想する国民教育は理想的すぎ，実態にあわないところがあった。よって1879（明治12）年，新しく教育令が定められた。「自由教育令」とも通称される同令は，就

図8-1 「八大学区全図」
出所：長冰編『学制一覧』所収，筑波大学所蔵。

学期間を学齢期中，16か月以上と改め，就学規定を弾力化した。この教育令は，アメリカの影響が強い。新興国アメリカの諸州における公立学校の発達と，地方に権限を委譲してその発達を促す自由主義的な教育施策は，日本を惹きつけるモデルとなった。

しかし，1880（明治13）年，教育令は改正され，就学期間を増やし，3年を求めた。自由主義的な方針が国民の就学停滞を招いたと批判され，中央集権的な施策に振り戻したのであった。改正教育令は「干渉教育令」とも呼ばれる。

学制，教育令とつづいた教育制度構築の模索は，1886（明治19）年の諸学校令の制定で一定の確立をみた。諸学校令は帝国大学令，小学校令，中学校令，師範学校令からなる。学校種別的観点から施策の充実が具体的に図られているのが，従来の学制と教育令に認められる学校包括的観点とは異なる点である。

この新しい諸学校令の制定の中心には，森有礼がいた。1885（明治18）年，内閣制度が創設され，伊藤博文により，最初の組閣が行われた。その初代文部大臣に任命されたのが，森であった。諸学校令の制定はその翌年であり，森の教育改革意欲がうかがえる。なかでも森の定めた小学校令で教育法制上，「義務」の用語が初めて使われたことは留意される。福沢諭吉のいう「強迫教育」，すなわち，すべての国民に教育を受けることを求める義務教育がこのとき，文字どおり制度化されたのであった。義務教育年限は4年とされた。

森が実行した教育改革は，ドイツの影響を強く受けたものであった。森は文部大臣任命前，憲法調査で滞欧中の伊藤とパリで会い，会談した。その結果，日本の教育改革はドイツをモデルに行うことが判断された（メール，2017，199ページ）。

アメリカ・モデルからの転換となるが，普仏戦争に勝利したドイツ（プロイセン）は，ヨーロッパで力を伸張し，強固な国家建設を進めていた。軍事的にも経済的にも力を増す，その国家を支える国民の形成，すなわち国民教育のあり方は，対戦国のフランスを含め，各国の注目を集めていた。ドイツの特徴は立憲君主制，そして軍事，経済，教育，生活などの諸領域における国家の管理

の子も庶民の子も，男児も女児もともに学ぶ公教育を構想した。「一般の人民」すなわち「華士族農工商及婦女子」において「不学の人」がないという国民皆学を目指し，教育を受けることの意義を「身を立るの財本」となるという功利的・実学的な観点から強調した。

▷4 明治初期に「義務教育」の用語は定着しておらず，「強制教育」「強迫教育」なども使われた。例えば，『学問のすゝめ』で知られる福沢諭吉は「強迫教育」を使い，『学問之独立』（1883年）のなかで「強迫教育法の如き必ず政府の権威に由て始て行はる可きのみ。……全国の男女生まれて何歳に至れば必ず学に就く可し，学に就かざるを得ずと強ひて之に迫るは，今日の日本に於いて甚だ緊要なりと信ず」と述べている（慶應義塾，1959，379ページ）。

▷5 オランダの制度との類似もある（井上，1991，140〜145ページ）。主要モデル国としてアメリカを主張する研究もある（竹中，2013，118ページ）。

▷6 大学区は1873（明治6）年，7区に変更された。

▷7 下等小学4年と上等小学4年に分けられ，6〜13歳が学齢期と定められた。

▷8 お雇い外国人教師の

一人，アメリカ人のマレー（David Murray）の助言を受け，文部大輔の田中不二麿が教育令制定を主導した。

▷9 小学校は尋常小学校と高等小学校の2段階となり，修業年限はそれぞれ4年であった。義務教育年限は尋常小学校の4年であり，高等小学校は任意の進学とされ，中学校と接続した。

▷10 教育費の受益者負担の原則により，就学は有償であったが，実際には多くの小学校で授業料は徴収されなかった。

▷11 就学の無償化の財源は，日清戦争の勝利で得た賠償金に負うところが大きかった。戦争を含む国際情勢のなかで教育改革が進行した側面がうかがえる。

▷12 1941（昭和16）年，国民学校令が制定され，小学校は国民学校に再編された。これに際し，9年の無償の義務教育が計画されたが，実現しなかった。

にあった。日本はドイツと同様，国際的には後発資本主義国の位置にあり，類似の課題を抱えていたから，日本にとってドイツは魅力的な特徴を備えるモデルであった。伊藤の主導でドイツを参照して大日本帝国憲法を制定するように，日本はドイツをモデルに国家機構の整備を進めた。教育もその方針のうちにあった。森は教育を国家の強い関心と管理の下に置き，教育を通じた国民国家の発展を企図したのであった。

森は1889（明治22）年に死去するが，小学校令は1890（明治23）年と1900（明治33）年に改正され，教育改革はつづいた。とくに1900年の第三次小学校令は，従来は有償であった小学校就学を無償化し[9]，無償の4年の義務教育を実現した[10][11]。また，1907（明治40）年，小学校の修業年限は，現在と同じ6年に延長された。第二次世界大戦前の国民の基礎教育は，無償の6年の義務教育が制度的到達となった[12]。

③ 西洋の近代教育改革の動向と日本

西洋教育の近代日本への影響について，2点を整理しておきたい。

第一に，日本が西洋教育を受容する時，それは常に選択的であった。日本は江戸末期から西洋事情の調査や語学教育に取り組んでいた。例えば，幕府は洋学研究機関である蕃書調所を開設し，それは後の東京大学の一部となった。日本は必要な西洋情報を摂取する能力を培ってきた。また，西洋教育の何を選択するのか，それは日本の社会や伝統を踏まえて決定された。学制の制定以降，欧米の教育制度をいわばモザイク的に受容し，自国の状況に適合させた。主なモデルをフランス，アメリカ，ドイツへと移していくのも，日本が近代国家を樹立していく過程において，国情に鑑みて選ばれた結果であった。

第二に，日本の近代化は西洋化とほぼ同義ともいわれる。たしかに，教育の近代化も欧米にモデルを求めるものであった。しかし，それは必ずしも先進の欧米を，後進の日本が遅れて追いかけるような，単純な過程でなかったことに留意したい。表8－1に諸国の国民教育制度確立の動向をまとめるように，19世紀半ばから20世紀初頭にかけて，日本を含む各国が教育改革に取り組んでいる。フランスがやや先行するが，19世紀半ばから国民教育の制度確立が目指され，20世紀初頭にかけてそれを無償の制度として実現していく。日本では学制，教育令，小学校令と改変がつづいた。その改革の模索は，世界的動向のなかでみれば，各国と同時進行的に着手されたものだった。前世紀転換期は，欧米も近代国家の樹立期にあった。国民形成としての教育をどう制度化していくのかは，どの国も向き合う共通の課題であった。教育の近代化は，欧米や日本がほぼ同時に経験する，いわば世界史的な過程であった。その意味で教育の近代化は，日本を含む諸国における影響関係の視角からも考察されるべき問題といえる。

表8-1　諸国の国民教育（初等教育）制度確立の動向

フランス	イギリス	ドイツ	アメリカ	ロシア	日本
1833年，初等教育法（ギゾー法）〜1881年，公的初等教育無償法	1870年，基礎教育法〜1891年，基礎教育法	1872年，一般諸規定〜1920年，基礎学校法	1852年，義務教育法（マサチューセッツ州）〜1910年代（全土拡大）	1864年，初等国民学校規程〜1918年，統一労働学校令	1872年，学制〜1900年，小学校令（第3次）

出所：梅根悟監修『世界教育史大系』（7イギリス教育史Ⅰ，9フランス教育史Ⅰ，12ドイツ教育史Ⅱ，15ロシア・ソビエト教育史Ⅰ，17アメリカ教育史Ⅰ，28義務教育史）などにより作成。

２　日本における西洋教育の理論と方法の摂取

①　師範学校の発足

　国民教育の発展は，それを学校現場で具体的に担う教師，すなわち教室で子どもに向きあい，教授を行う実践者たる教師の養成を不可欠とした。学制に「小学校ノ外師範学校アリ，此校ニアリテハ小学ニ教ル所ノ教則及其教授ノ方法ヲ教授ス，当今ニ在リテ極メテ要急ナルモノトス，此校成就スルニ非サレハ小学ト雖モ完備ナルコト能ハス」とある（文部省，1972，15ページ）。初代文部大臣の森も，義務教育とそれを支える教員養成を重視し，教育改革を行った。教育の近代化において，国民教育と教員養成は双輪的な課題であった。

　学制にみえる「師範学校」が教師を養成する専門機関である[13]。学制起案段階では，師表学校や模範学校の名称も考えられていた。これらはフランスのécole normale，ドイツのSchullehrer-seminar，アメリカのteachers' collegeなどの訳語である。欧米の教員養成機関に関する情報を得て，日本の教員養成制度が立ち上がっていったことがわかる。

　師範学校は1872（明治5）年，まず東京に開設された。翌年，東京以外の6大学区（大阪・宮城・愛知・広島・長崎・新潟）にも置かれた。これら7つの師範学校は当初，官立であったが，1878（明治11）年までに東京師範学校以外は，府県に移管された[14]。順次，他の府県も師範学校を設けた。師範学校は小学校教師を養成し，国民教育の基礎を支える本源となった。

　府県の師範学校には男子部と女子部があり，それぞれ男性教師と女性教師を養成した。1897（明治30）年の師範教育令以降，府県の師範学校で順次，女子部は女子師範学校として独立していった[15]。

　なお，女性教員養成機関の嚆矢は，マレーの建言を受け，1874（明治7）年，東京に開設された女子師範学校（官立）であった[16]。女性は「児童ヲ教育スル最良ノ教師」として期待され，とくに小学校や幼稚園での教育者として重要な役割を担った。現在でも小学校教師や幼稚園教諭に占める女性の割合は高い。女性教育者への期待の伝統は，ジェンダーの問題も絡むが，近代教育の始

▷13　師範学校と後述の高等師範学校は，第二次世界大戦後の教育改革により廃止され，現在の大学教育学部，教育大学，学芸大学などに発展している。

▷14　東京師範学校は1886（明治19）年，高等師範学校に改編され，主に府県の師範学校や中学校などの中等学校教員を養成する機関となった。次いで1902（明治35）年，広島にも高等師範学校が置かれた。高等師範学校は教員養成の中核校の役割を果たし，「教育の総本山」とも評された。

▷15　例えば，岡山県では1902（明治35）年，岡山師範学校から女子部が独立し，岡山女子師範学校が成立した。

▷16　東京女子師範学校は1890（明治23）年，女子高等師範学校に改編され，主に府県の女子師範学校や高等女学校の中等学校教員を養成する機関となった。次いで1908（明治41）年，奈良にも女子高等師範学校が置かれた。

動時，すでに芽吹くものであったといえる。

② 江戸の個別教授から明治の一斉教授へ

　師範学校で養成される教師，すなわち近代学校で教授を担当することが期待される教師とは，どのような教師であったか。それは端的にいえば，学級で一斉教授を行いうる教師であった。

　というのは，江戸時代の寺子屋では，師匠は寺子に個別教授を行うのが通常であった。図8-2は19世紀初頭の寺子屋の様子である。師匠と11人の寺子がみえる。師匠の近くにいる2人は読書（素読）の指導を受ける者である。1人は直接指導を受け，1人は順番を待っている。机に向かって座り，筆をもつ9人は手習（習字）を行っている。よくみると，9人は「天地玄黄」「松竹」「一筆啓上仕候」「いろは」

図8-2　江戸時代の寺子屋の例
出所：脇坂義堂『撫育草』1803年，岡山大学所蔵。

など，個々が異なる文字を書いている。入門間もない子から上級の子まで，進度の違う子が，その進度に応じ，個々に異なる手本を師匠からもらい，文字を練習する。そして，清書し，師匠の指導を受け，次の手本をもらう。個々に練習し，個々に指導を受けるのが，寺子の学習の常態であった。1人の師匠と11人の寺子は，同じ部屋にいて場を共有している。しかし，そこで師匠が11人の寺子に行っているのは，11の個別教授である。個別教授は寺子屋での指導の基本方法であった。

　これが明治期以降，国民教育を行う場としての小学校になると，一斉教授に転換する。6歳以上の学齢期の子どもはすべて小学校に通うことを求めるのが，学制以降の国民教育制度である。小学校の教室は，集団としての児童が同じ時間に，同じ内容を，同じ進度で教授を受ける場となるのである。その教室で一斉教授を行うのが，新しい教師であり，師範学校で養成される教師であった。

③　一斉教授法の導入

　一斉教授法の原型は産業革命期，18世紀末のイギリスでベル・ランカスタ法（モニトリアル・システム，助教法）として成立し，19世紀に欧米で普及した。日本への伝播は，アメリカを経由してなされた。その紹介者として中心的役割を果たしたのは，アメリカ人教師のスコット（Marion McCarrell Scott）であった。師範学校はスコットを招聘し，アメリカをモデルに教員養成を開始した。

　教員養成はもともとドイツで発達し，フランスやアメリカにも普及した。アメリカでは，1839年，マサチューセッツ州に最初の州立師範学校が設けられて以来，各州に普及していた。スコット自身は師範学校出身者ではなかったようだが，カリフォルニア州教育局に勤務して教師資格試験を担当したり，サンフランシスコのグラマー・スクールの校長を務めたりして教育畑を歩いた人物であった（三好，1986，122ページ）。

スコットはアメリカの小学校で使っている教科書や教具を取り寄せ，それらを用い，師範学校生にアメリカ式の教授法を伝授した。ここで伝えられたのが，一斉教授法であった。スコットは英語で教授法の講義を行い，それを校長の諸葛信澄が要約したものが，『小学教師必携』(1873年) として発行されている。同書をみると，「五十音図ヲ教フルニハ，教師，先ヅ其教フベキ，文字ヲ指シ示シ，音声ヲ明カニシテ誦読シ，第一席ノ生徒ヨリ，順次ニ誦読セシメ，然ル後，調子ヲ整ヘ，各ノ生徒ヲシテ，一列同音ニ，数回復サシムベシ」(下等小学第8級「読物」)とある(仲ほか，1982，18ページ)。その教授法は，教師が示すところを子ども全員が見て，教師の話を子ども全員が聞く，という一斉形式を基本としている。

図8-3は師範学校に勤務し，文部省教科書編輯掛も兼務した土方幸勝が編さんした『師範学校小学教授法』(1873年) に載る説明図である。一斉教授の様子がよくわかる。教師は前に立ち，子どもは教師と対面する形式で座る。子どもの目線はすべて前に立つ教師に向けられる。教師はその集団としての子どもに指示を出し，授業を進めるのである。

図8-3　一斉教授の方法
出所：土方幸勝編，田中義廉・諸葛信澄閲『師範学校小学教授法』雄風舎，1873年，岡山大学所蔵。

図8-4　1890年頃の「習字」の授業風景
出所：モース・コレクション，ピーボディ・エセックス博物館所蔵。

一斉教授が行われる学校現場の例が図8-4である。1890年頃の「習字」の授業である。教室の前方に板書の跡がある。教師は黒板を使い，書き方の一斉教授を行い，いまは机間指導に向かったところとみえる。子どもは皆が教科書の同じページを開き，一斉に練習している。図8-2の寺子屋での個別教授の様子と比べると，方法の転換は明らかである。イギリスで開発され，アメリカを経由して導入されたこの一斉教授を実践できることが，近代学校の教師に求められる基本能力であった。新しく迎えた国民皆学の時代，誰もが学校に通う国民教育の実現を教室で支えたのが，効率性と管理性にすぐれる一斉教授法であった。師範学校はその新しい教師を養成する拠点であった。

④　ペスタロッチ主義教授法の影響

アメリカで普及していた一斉教授法は，ペスタロッチの直観教授法(開発教授法)に基づく方法であった。ペスタロッチはスイスの教育者であり，彼の思想と実践はドイツをはじめとする欧米で影響を与えた。スコットは師範学校でアメリカの教授法書を使用し，一斉教授法を講義した。カルキンズ(Norman

▷17　アメリカ人のモース (Edward Sylvester Morse) のコレクションに含まれる写真である。モースは東京大学で動物学を担当したお雇い外国人教師である。大森貝塚の発見やダーウィン進化論の紹介者としても知られる。

Allison Calkins）の *Primary Object Lessons*（1861）はその教授法の一冊であり，東京師範学校第1回卒業生の金子尚政が『小学授業必携』（1875年）として訳出している。

　カルキンズはアメリカにおけるペスタロッチ教育運動で中心的役割を果たす人物であった。カルキンズの教授法書にあるオブジェクト・レッスンズ（object lessons）は，ペスタロッチの直観教授法をもとにアメリカで発達した方法であり，日本では「庶物指教」や「実物教授」と訳された。[18]

　直観教授の原則の第一は，会話形式の授業である。書物中心の読書形式ではなく，教師は子どもに説明し，問い，子どもはそれに答えるという問答方式で進める。オーラル・ティーチングは，現在も初等教育での教授原理である。

　第二は，「直観から概念へ」という教授原則である。子どもが事物を理解するのは，概念からではなく，見たり触れたりする感覚による認識から出発する。その認識過程にそくし，まず直観的に理解し，そしてそれを言葉で表現し，概念化された明瞭な理解へと導く。図8-3で教師は「単語図」を使って教授を行っている。これは掛図の一つであり，連語図，面図，体図，色図など，各種の掛図が使用された。掛図は視覚教材であり，子どもが直観的な認識を得ることを助ける。掛図は教師が事物を子どもに提示しつつ，会話形式により教授を進めていくための教材として積極利用された。

　ペスタロッチ主義教授法は，まずスコットを媒介して日本に伝えられた。その本格導入は，伊沢修二，高嶺秀夫，神津専三郎のアメリカ留学経験を経てなされた。伊沢はマサチューセッツ州のブリッジウォーター師範学校，高嶺はニューヨーク州のオスウィーゴ師範学校，神津は同州のオルバニー師範学校に入学した。いずれもペスタロッチ主義教育運動の拠点校であった。彼らの留学の目的は，アメリカの師範学校で行われる教育研究と教員養成を直接，学びとることであった。

　1878（明治11）年の帰国後，伊沢と高嶺は，それぞれ東京師範学校の校長に就任した。神津は東京女子師範学校の訓導兼監事を務めた。なかでも高嶺は，ペスタロッチ主義の教育理論に基づき，東京師範学校の改革を進めた。この改革は府県の師範学校にも広がり，アメリカ・モデルの教員養成方法が日本に定着していった。スコットが日本に蒔いた教員養成の種は，それを引き継ぐ日本人教育者を得て，具体的な実りをみるのであった。

⑤　ヘルバルト主義教授法の普及

　日本教育の近代化は，西洋教育の選択的受容によってはじまった。とくに学校体系や教育行政はフランス，教員養成や教育内容はアメリカをモデルに始動した。これにドイツ色が加わり，その影響が強まるのが1880年代の傾向であった。森による小学校令を含む諸学校令の制定については前述した。1880年代以

▷18　カルキンズの著作は『加爾均氏庶物指教』として黒沢寿任の翻訳で1877（明治10）年に文部省から発行された。また，シェルドン（Edward Austin Sheldon）もペスタロッチ主義教育運動の推進者として知られ，その著書は永田健助・関藤成緒の翻訳で『塞児敦氏庶物指教』（1878〜79年）として文部省から発行された。シェルドンは高嶺秀夫が留学するオスウィーゴ師範学校の校長であった。

降，ドイツの影響は，教授の理論と方法においても顕著となった。

　ドイツの教授学を日本に伝えた鍵的人物は，ドイツ人のハウスクネヒト（Emil Hausknecht）であった。ハウスクネヒトもお雇い外国人教師の一人であり，東京帝国大学でドイツ語を担当した。彼はドイツの大学のゼミナールをモデルに教育学科を創設し，教育学や教授法の講義，演習や実地授業の指導を行った。ハウスクネヒトの教え子に谷本富，沢柳政太郎，大瀬甚太郎らがおり，ドイツ教授学の普及に大きな役割を果たした。

　ハウスクネヒトが紹介したドイツ教授学は，主としてヘルバルト学派のものであった。ヘルバルトはペスタロッチの「直観から概念へ」という教授理論を，「明瞭―連合―系統―方法」という学習者の認識過程として論理化した。これを教授活動に応用し，段階的教授法が考案された。

　段階的教授法は教師が授業を合理的に進行するマニュアルとして歓迎された。日本で普及したのは，ヘルバルトの弟子であるツィラーやラインが定式化した教授法であった。とくにラインの「予備―提示―比較―総括―応用」という５段階教授法が採用された。

　谷本富は『実用教育学及教授法』（1894年）でヘルバルト学派の学説を考察し，５段階教授法について「第一段準備」は「教授を始むる前に，新に教授せむとする目的を予告する」，「第二段提示」は「新事物を提示す」，「第三段織総」は「類同若くは反対の事物顕象を提示し，或は説話して，……相比較判断せしむ」，「第四段統合」は「個々の念より総合したる概念的結果を純正明晰にし，之を適当の言語にて表明し，記憶使用に便ず」，「第五段応用」は「新例を与へて之を説明せしめ」，あるいは「既習の知識を活用して自ら文章を起草せしむる」と説明している。独自の用語もみられるが，「この五段法を用ゐてこそ，所謂教授の統一は達せらる」と述べ，段階的教授法の意義を強調している。

　ヘルバルト主義教授法の導入と普及は，谷本に代表されるハウスクネヒトを介した帝国大学系の人脈に加え，高等師範学校系の人脈においても図られた。東京高等師範学校から野尻精一，波多野貞之助，黒田定治らがドイツに留学し，直接，ヘルバルト学派の理論と方法を学びとってくるのである。留学生のドイツ派遣は，森有礼の斡旋も背景にあり，教育と国家のドイツ化志向の一断面をみることができる。

　ヘルバルト主義教授法は1900年以降も，授業における一斉教授の合理的な進行を裏づける方法として，教師の支持を失わなかった。段階的教授法は５段階に限らず，「予備―提示―整理」という３段階，「準備―提出―総括―応用」という４段階など，さまざまの工夫や利便が施され，学校現場で浸透した。現在でも「導入―展開―終末」「つかむ―調べる―深める―まとめる」など，段階

的な授業進行は，教師が心がける方法である。この教授法の採用を，教育の近代化の過程に認めることができるといえる。

③ 新教育運動の影響

もっとも，国民教育の普及を支えた一斉教授法は，近代日本でいわば直線的に発展したわけでなかった。19世紀末から20世紀初頭にかけて，欧米ではヘルバルト主義の教育を批判する形で新教育運動が展開した。ヘルバルト主義の段階的教授法は，教授を合理化し，授業を洗練させたが，それは教師中心主義の教育であり，子どもの活動や自由が置き去りにされている，という批判に晒された。これを「旧教育」と目し，対して，子ども中心主義の教育，すなわち「新教育」の試みがはじまった。レディがイギリスのアボッツホームで実践した改革は，その先駆であった。「子どもから」をスローガンとする新教育の潮流は，日本にも及んだ。[19] 主に大正期，デモクラシーの思潮を追い風にして広まった。いわゆる大正新教育運動である。

及川平次による明石女子師範学校附属小学校での分段式動的教育，手塚岸衛による千葉師範学校附属小学校での自由教育，木下竹次による奈良女子高等師範学校附属小学校での合科学習などは，よく知られる実践である。例えば，及川の分団式動的教育は，学級単位の教育と個別単位の教育を調和させるため，固定的な学級を臨機に解体する。そして，児童個々の能力に適応しやすいグループ学習を教授の中心とする。木下の合科学習は，児童の自律的学習を重視する。児童が学習を計画し，教材や場所の自由な独自学習と，集団討論の相互学習の時間を組織する。

如上の例は師範学校での実践であるが，私立学校でも沢柳政太郎の成城小学校，野口援太郎の池袋児童の村小学校，赤井米吉の明星学園，羽仁もと子の自由学園などは，新教育の拠点校として運動を牽引した。

なかでも成城小学校での実践は，ドルトン・プランが導入され，興味深い。同プランはパーカーストが考案した学習法であり，アメリカのマサチューセッツ州のドルトンで試みられた。[20] 固定的な学級や時間割はなく，子どもは教師と確認（契約）した作業予定表に従い，自分のペースで学習する。子どもは「実験室（laboratory）」と呼ばれる各教科の教室に出向き，担当科目教師の指導の下で学習を進める。月毎に学習進度の評価を受け，翌月分に進む。学級を単位とする一斉教授を廃し，個別教授を基本とする実践であった。ドルトン・プランは成城小学校だけでなく，倉敷小学校（岡山県，図8-5）や三国小学校（福井県，図8-6）のような公立学校，熊本県立第一高等女学校のような中等学校[21] でも採用され，広く注目を集めた。

欧米の新教育運動と連動しながら展開した大正新教育運動であったが，[22] やが

▷19 『児童の世紀』(1900)で知られるケイ (Ellen Key) の思想は，平塚らいてうらにおいても受容され，日本の女性運動に影響を与えた。同書は平塚らの雑誌『青鞜』や下田次郎らの雑誌『女子教育』などで紹介された。

▷20 考案にはデューイの問題解決学習やモンテッソーリの自発性教育が参照された。1924（大正13）年，パーカーストは来日し，日米の教育交流も行われた。

▷21 図8-5は算術科で「里程」に関する学習に用いられた児童所持の進度表である。教師は児童と問答を行い，十分できていると判断したら進度表に〇を記す。不十分の場合は⊗を記す。教師も進度表を所持し，それは教室に掲げられ，児童は各自それを見て，他の児童と比較し，自分の位置を知ることができる。教師は各児童の進度を確認しながら個々に指導できる。

▷22 大正新教育運動のハイライトの一つは，1921（大正10）年，東京高等師範学校で開催された「八大教育主張」講演会であった。新教育を代表する樋口長市（自学教育論），河野清丸（自動教育論），手塚岸衛（自由教育論），千葉命吉（一切衝動皆満足論），稲毛金七（創造教育論），及川平治（動的教育論），小原国芳（全人教育論），片上伸（文芸教育論）の8人が教育主張を行った。2000人を超える聴衆が集まり，活況を呈した。

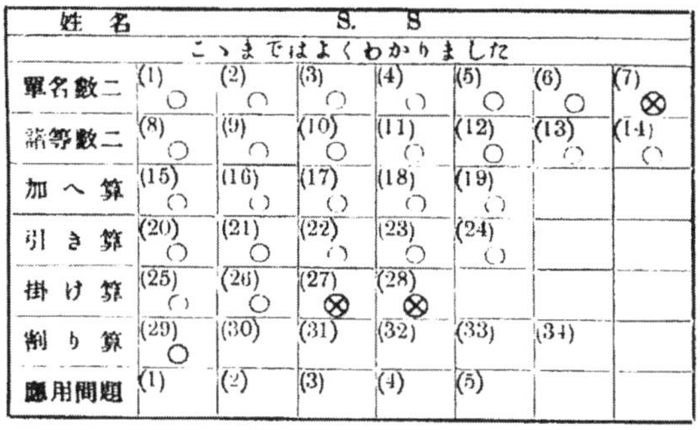

姓名	S. S						
こゝまではよくわかりました							
單名數ニ	(1) ○	(2) ○	(3) ○	(4) ○	(5) ○	(6) ○	(7) ⊗
諸等數ニ	(8) ○	(9) ○	(10) ○	(11) ○	(12) ○	(13) ○	(14) ○
加へ算	(15) ○	(16) ○	(17) ○	(18) ○	(19) ○		
引き算	(20) ○	(21) ○	(22) ○	(23) ○	(24) ○		
掛け算	(25) ○	(26) ○	(27) ⊗	(28) ⊗			
割り算	(29) ○	(30)	(31)	(32)	(33)	(34)	
應用問題	(1)	(2)	(3)	(4)	(5)		

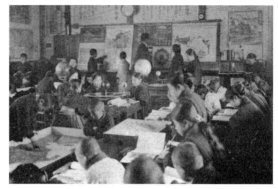

図8－5　倉敷小学校で児童が所持する進度表の例
出所：橋本（2016，595ページ）。

図8－6　「自発教育」を目指す三国小学校における地理学習室での「自主学習」の様子。児童は個人やグループで異なる課題に取り組み，教師はそれを支援する。
出所：橋本（2016，31ページ）。

て退潮を迎える。その限界の一つは，新教育は新中間層という比較的経済条件に恵まれた階層に支持されたが，国民全体を巻き込む運動になり得なかったことである。もう一つは，子どもの興味や関心，活動や体験を重視する教育は，系統的な知識の習得を，必ずしも保証するものでなかったことである。国民の教育関心は初等教育を越え，国民は義務教育後の中等教育，高等教育への進学も視野に入れていく。より高い教育段階に進むための学力の形成と，活動や体験を通じた意欲や態度の育成を，どのようにして子どものなかに，調和的に達成していくのか。新教育運動がはらむ可能性と限界性は，現在にも通じる課題である。◁23

19世紀末，教育の近代化がはじまり，一斉教授法を導入してから1世紀半が経とうとする。改めて図8－3を現在の教授風景と比べてみると，たしかに掛図は電子黒板やスクリーンに変わり，机や椅子も異なる。教具の刷新は顕著である。しかし，教師が前に立ち，座る子どもたちに向かって教授する基本形は変わらないのではないだろうか。新教育運動で試みられたグループ学習や体験学習は，現在も取り入れられており，授業は一斉教授一辺倒ではない。弾力的な教授が行われている。それでも19世紀末の導入期の教授図をみると，現在との類似も覚えざるを得ないのはなぜか。それはこれまでわれわれが，一斉教授法に磨きをかけ，工夫を加えつつも，同時にそれに依存してきた1世紀半の歴史を，振り返らせるからかもしれない。アクティブ・ラーニングが提案される現在，教育の近代化の成果と課題を捉え直す機会の必要が，申し立てられているのかもしれない。

▷23　新教育は進歩主義教育ともいわれた。子どもの経験をカリキュラムに構成し，子どもの自発的活動を重視する進歩主義（progressivism）の教育はデューイらに代表されるが，これに対して教科や体系的学習を重視し，学校の任務を読み・書き・計算の能力の定着や文化的遺産の系統的伝達にあると考える本質主義（essentialism）の教育も生起してきていることは興味深い。

2 現代社会と教師

1 これからの教師に求められる資質・能力

21世紀は，新しい知識・情報・技術が政治・経済・文化をはじめ社会のあらゆる領域での活動の基盤として飛躍的に重要性を増す，「知識基盤社会（knowledge-based society）」の時代であるといわれている（中央教育審議会答申「我が国の高等教育の将来像」2005年）。

こうした社会を生き抜くには，激しい変化や新しい未知の課題に対し，試行錯誤しながら対応し，生涯にわたって学んでいくことが求められている。そのため，知識基盤社会とは「生涯学習社会」と理解することもできるだろう。

ただし，ここで注意を要するのは，生涯学習の考え方の原点を示したラングランがその意義を「博識を獲得することではなく，自分の生活の種々異なった経験を通じてつねによりいっそう自分自身になるという意味での存在の発展」と捉えている点である（ラングラン，1971）。つまり，彼は学びを「所有の領域」ではなく，「存在の領域」として捉えている。知識基盤社会と聞けば，知識や技術を獲得すること自体が重要であると思うかもしれない。だが，時代に追いつこうと必死になるあまり，われわれがモノや時間に「支配」されては本末転倒であろう。

そのため，知識基盤社会を生きる子どもたちに，「知」の必要性だけでなく，学ぶことの意味や学びに向かう姿勢を教員として伝え，生涯にわたって学習を継続する意欲と力を育んでいく必要がある。と同時に，いやそれ以上に，教員自身が学びと向きあい，そのあり方を追求し，教員としての「自分の存在」を発展させることが求められてくる。

だからこそ，中央教育審議会答申「教職生活の全体を通じた教員の資質能力の総合的な向上方策について」（2012年）において，「学び続ける教員像」の確立が示されたのだろう。この答申では，学び続ける存在として，これからの教員に求められる資質・能力を以下のように整理している。

(i) 教職に対する責任感，探究力，教職生活全体を通じて自主的に学び続ける力（使命感や責任感，教育的愛情）

(ii) 専門職としての高度な知識・技能
　・教科や教職に関する高度な専門的知識（グローバル化，情報化，特別支援教育その他の新たな課題に対応できる知識・技能を含む）
　・新たな学びを展開できる実践的指導力（基礎的・基本的な知識・技能の習

▷24　ポール・ラングラン（Paul Lengrand, 1910 ～ 2003）フランスの教育思想家。ユネスコが1965年にパリの本部で開催した成人教育推進国際委員会で議長を務め，生涯学習の考え方の原点を示す「ワーキング・ペーパー」を提出した人物として有名である。

第8章　現代の教師と教員養成

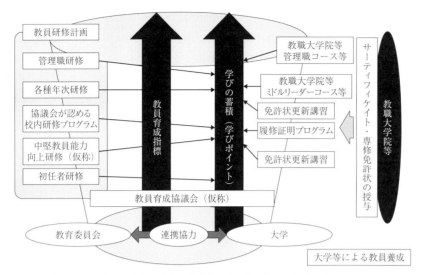

図8-7　学び続ける教員を支えるキャリアシステム（将来的イメージ）
出所：中央教育審議会答申「これからの学校教育を担う教員の資質能力の向上について」2015年，61ページ。

　得に加えて思考力・判断力・表現力等を育成するため，知識・技能を活用する学習活動や課題探究型の学習，協働的学びなどをデザインできる指導力）
・教科指導，生徒指導，学級経営等を的確に実践できる力
(iii) 総合的な人間力（豊かな人間性や社会性，コミュニケーション力，同僚とチームで対応する力，地域や社会の多様な組織等と連携・協働できる力）

　なお，これらは，それぞれ独立して存在するのではなく，省察するなかで相互に関連し合いながら形成されると指摘している。
　それでは，これらの力はどこで育てられるのだろうか。2015年に出された中央教育審議会答申「これからの学校教育を担う教員の資質能力の向上について」では，「教員は学校で育つ」という考えのもと，彼らの学びへの支援が重視され，教員養成・採用・研修の一体的な改革が提案されている。図8-7は，この答申で示された「学び続ける教員」を支えるキャリアシステムのイメージである。教員のキャリアステージに応じた学びを支えていくために，各都道府県の教育委員会ごとに設置された「教員育成協議会」（仮称）の下で，教育委員会と大学等が養成・研修を計画する際の基軸となる「教員育成指標」を連携・協働して作成する。この共有された育成ビジョンの下，各種の研修や講習，プログラム等が計画・提供され，そこでの学びあい・高めあいにより，キャリア全体を通して彼らを育成・支援していくシステムの構築が提言されている。
　なかでも，教職大学院は，原則，各都道府県に設置され，高度専門職業人と

▷25　**教職大学院**
高度専門職業人養成としての教員養成に特化した専門職大学院である。2006年に中央教育審議会が創設を提言し，2008年に19校が開設された。2017年度には合計53校となり，ほぼすべての都道府県に設置されている。教職大学院は，実習を中心として，理論と実践を往還する探究的な省察力を育成する教育課程，実務家教員と研究者教員から構成されるチームによる指導体制，現職教員学生と学部新卒学生が協働して学びあう学修形態など，さまざまな特色を有している。

189

しての教員養成モデルの中心に位置づけられている。そのため，現職教員の再教育の場としての役割に重点を置きつつ，学部新卒学生についても実践力を身につけさせ教員として輩出する役割も果たすことで，教職大学院が大学と教育委員会・学校との連携・協働のハブとなることが求められている。さらに，今後は，教職大学院を中心とした大学における履修証明制度の活用等により現職教員が学びやすい仕組みのための環境を整備するとともに，学んだ成果を専修免許状の取得やサーティフィケート（能力証明）に結びつける方策についても検討し，彼らの資質・能力の高度化を教職生活全体を通して図ることが目指されている（図8-7）。

2 「チームとしての学校」と「地域とともにある学校」への転換

上記の答申において「教員は学校で育つ」との考えが示されたが，その「学校」自体のあり方も，同じく2015年に中央教育審議会からセットで出された「チームとしての学校の在り方と今後の改善方策について」と「新しい時代の教育や地方創生の実現に向けた学校と地域の連携・協働の在り方と今後の推進方策について」の両答申によって問われている。具体的には，「チームとしての学校」と「地域とともにある学校」という新しい時代の学校像が，それぞれの答申によって示された。

まず，これからの学校の新たなマネジメントモデルとして提案されたのが，「チームとしての学校」である。これまでわが国の学校は，教員を中心にして組み立てられてきた。とくに，教員個人の努力と頑張りで支えられてきたため，「個の集合体」ともいわれてきた。こうした教員の努力と頑張りを認めつつ，これからの学校を「個の集合体」から「多職種の協働による組織体」へと変えていくことが，この「チームとしての学校の在り方と今後の改善方策について（答申）」の重要なポイントである。さらに，答申では「多職種」と表現され，「他の職」ではなく，「多くの職」という表現が用いられている点が注目される。すなわち，多くの職種が存在することを踏まえて，それぞれの専門性を活かした「多職種協働」が，これからの学校の新しいマネジメントモデルの姿なのである。

次に，「多職種協働」という概念で学校を組み立てるとなれば，学校内だけでなく，地域との関係のあり方も問い直す必要が出てくる。そこで，中央教育審議会において，「新しい時代の教育や地方創生の実現に向けた学校と地域の連携・協働の在り方と今後の推進方策について（答申）」（2015年）が取りまとめられた。この答申では，学校と地域がパートナーとして相互に連携・協働し，社会総がかりで教育の実現を図る必要性が強調されている。そして，これからの学校と地域の目指すべき連携・協働の姿として，「地域とともにある学

校への転換」「子供も大人も学び合い育ち合う教育体制の構築」「学校を核とした地域づくりの推進」を提案している。とりわけ，学校に対しては，開かれた学校から一歩踏み出し，地域の人々と目標やビジョンを共有し，地域と一体となって子どもたちを育む「地域とともにある学校」への転換を求めている。

こうした「チームとしての学校」と「地域とともにある学校」といった新しい時代の学校への転換を図るためには，「多職種協働」の下，学校と地域がパートナーとして「目指す子ども像」等のビジョンを共有していくことが肝要となる。しかし，事はそう簡単にはいかない。教員や保護者，地域住民といった学校にかかわる多様な大人たちは，成人であるがゆえに，「固定的で硬直した考え方」をさまざまに抱えているからだ。例えば，保護者や地域住民をチームの一員だと思っている教員は少ないだろう。つまり，「多くの学校はそれらの人々をあいかわらず教師の補助者（サポーター）と考えている」のが現状なのである（紅林，2007）。

一方，保護者や地域住民も学校のことは教員に任せておけばよいし，自分たちはやはりサポーターにすぎないとの思いが強いようだ。これでは当事者意識に問題があるといわれても仕方がない。しかし，だからこそ，学校にかかわる多様な大人たちが，互いの「固定的で硬直した考え方」を問い直していく必要があるといえる（熊谷，2016）。そのためには，学校にかかわる大人同士の学び，つまり「チーム学習」が重要になってくる。先述した彼らの考え方は，暗黙の了解や前提となっているため，本人にはなかなか認識されにくいだろう。ましてや学校という同じ職場にいる教職員同士では，なおさら気づきにくい。それゆえにこそ，学校にかかわる多様で異質な大人たち，すなわち「大きなチーム学校」のメンバーが，チームによる学びあいによって「多職種協働性」を高め，それぞれが抱える「固定的で硬直した考え方」を変容していくことが求められる。コミュニティ・スクール[27]における「学校運営協議会」や「地域学校協働本部[28]」などが，その場としての役割を果たすことが期待される。

さらに，そうした組織化された場での「チーム学習」を通して，ビジョンが共有化され，それをもとに取り組みを企画・立案し，「学校支援活動」，さらには「地域学校協働活動」が展開されていく。そして，取り組みを通した学びあいによって，学校にかかわる大人たちは同じ「チーム」のメンバーであるとの認識が進み，「固定的で硬直した考え方」の変容も促されるのだろう。もちろん，そこでは綺麗事ばかりでなく，彼らの間で意見の衝突や対立が起こることも少なくないだろう。しかし，対立や葛藤を通じて，互いの価値観を認めあうことも可能になる。つまり，それを「学びが深められるチャンス」と肯定的に捉えることも必要なのである。

このようにみると，「チーム学習」の場は，大人同士の学びあいによる彼ら

▷26 **大きなチーム学校**
答申で示された校長の監督の下，専門スタッフから成る「チーム学校」に対して，保護者や地域住民等もチームに含めてメンバーを拡大させた「大きなチームとしての学校」の考え方である（熊谷，2016）。これは，教職員を中心に専門スタッフから成る「チーム学校」の考え方を否定するものではない。両方の考え方を踏まえて推進することで，相乗効果を生み，総合的に学校のチーム力をアップさせることが求められている。

▷27 **コミュニティ・スクール**
学校運営協議会制度を導入している学校をさす。教育委員会から任命された保護者や地域住民などが，一定の権限と責任をもって学校運営に参画する。学校と地域住民や保護者が力をあわせて学校の運営に取り組むことが可能となる「地域とともにある学校」に転換するための仕組みの一つである。法改正により，学校運営協議会の設置が努力義務化され，推進が図られている。

▷28 **地域学校協働本部**
これまでの学校支援地域本部等の地域と学校の連携体制を基盤として，より多くのより幅広い層の地域住民，団体等が参画し，緩やかなネットワークを形成することにより，地域学校協働活動を推進する体制として，2015年の答申で提言された。学校支援地域本部など従来の地域の学校支援の取り組みとの違いは，地域による学校の「支援」から，地域と学校のパートナーシップに基づく双方向の「連携・協働」へと発展させていくことを目指している点にある。

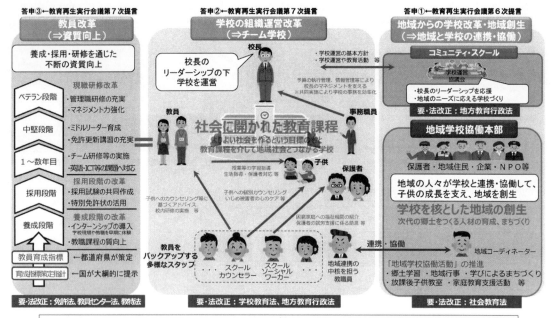

図8-8 「次世代の学校・地域」創生プランの実現に向けて
出所：http://www.mext.go.jp/b_menu/houdou/28/01/__icsFiles/afieldfile/2016/01/26/1366426_3.pdf（2017年11月11日参照）。

の変容を促す場だと再確認させられる。それに関連して、志水宏吉によると、連携とは、「自分たちがもともとやっていることを変えずに協力関係をもつ」というスタンスなのに対して、協働（コラボレーション）では、「共同作業によって新しい人間関係や教育的活動をつくっていくことを通じて、お互いが変わっていく」という側面が重要視される（志水, 2005）。志水の指摘、さらにここまでの検討を踏まえると、「新しい時代の教育や地方創生の実現に向けた学校と地域の連携・協働の在り方と今後の推進方策について（答申）」のキーワードにもなっている「協働」へと高める鍵は、やはり「チーム学習」を通した大人自身の変容が握っているといえよう。

3　「次世代の学校・地域」創生プランからみた「教師」の発達と学び

ここまで、2015年に出された「これからの学校教育を担う教員の資質能力の向上について」「チームとしての学校の在り方と今後の改善方策について」「新しい時代の教育や地方創生の実現に向けた学校と地域の連携・協働の在り方と今後の推進方策について」の3答申を中心に検討を進めてきた。これら3答申の内容の具体化を強力に推進するべく、文部科学省では「『次世代の学校・地

域』創生プラン」を2016年1月に策定している。その概略図が，図8-8である。

　図8-8左側の「教員改革（資質向上）」をみると，教員の学びが養成段階から採用段階，1年〜数年目，そして中堅段階，ベテラン段階へと延長し，「現職研修を中心とした生涯学習」へと発展してきていることがわかる。このように，教職生活を通したロングスパンで彼らの成長や支援を考えるようになったことは重要である。だが，教員が生涯を通して高度専門職業人として歩む道筋は，決して平坦なものではないし，ましてや獲得や増大を示す「成長」といった右肩上がりの直線的な道ではないだろう。むしろ，それは「発達」という多様な変化のある起伏に富んだ道であると捉えるべきである。しかも，それは教員が独りで歩んでいくには困難や苦労をともなう道である。だからこそ，図中央の「学校の組織運営改革（チーム学校）」で示されたように，教職員を中心とした専門性に基づく「チーム」で，「同僚性」を発揮しあいながら乗り越えていく必要があるのだろう。さらに，その「発達」という道のりをより豊かなものにするには，彼らが保護者や地域住民等を「新しい同僚」（紅林，2007）と理解して，ともに歩んでいくことも重要になってくる。こうした地域とのパートナーシップのあり方は，図右側の「地域からの学校改革・地域創生（地域と学校の連携・協働）」で示されている。

　図8-8のような包括的なプランから教員の発達を考えると，まずヨコの方向として，これからの「教員は学校と地域で育つ」と捉え直すことができる。さらにタテの方向として，知識基盤社会という荒波のなか，まさに佐藤学が指摘しているように，「教師は生涯学び続けることなしには職務を遂行できなくなり，生涯にわたって研修を続けて学び続ける教師という専門家像が形成されて」（傍点筆者）きたといえる（佐藤，2015）。そして，学び続ける専門家としての発達を促すための支援がより必要になってくる。

　ここで教員ではなく，「教師」という言葉が使われていることに注目してほしい。教員と教師の違いについて，佐久間亜紀は「教員かどうかは法律が決めるが，教師かどうかは学習者が決める」という示唆深い指摘をしている（佐久間，2007）。つまり，「一条校に勤めさえすれば『教員』にはなれるが，『教師』となれるかどうかは，その人を慕ってどれだけまわりに子どもや生徒が集まってくるかにかかっている」（佐久間，2007）ということである。この指摘を踏まえると，教員から教師になっていくために，生涯にわたって学び続けることの重要性がよくわかるだろう。

　ただし，その際の学びには注意を払う必要がある。現代社会においては，新しい知識や技術を次々と「Learn（ラーン：学ぶ）」するだけでなく，これまでの学びの一部を「Un-Learn（アンラーン：いったん捨てる）」したり，「Re-Learn

（リラーン：学びなおす）」することも重要になってくるからだ。とくに，教師に
なっていくには，大人の学びとしての「Un-Learn」が必須になるだろう。さ
らに，自らの学びに対峙し，その本質に迫っていくことも求められる。

　最後に，先述したラングランの言葉をもう一度借りてまとめると，「教職生
活の種々異なった経験を通じてつねによりいっそう『教師』になるという意味
での存在の発展」を，生涯にわたる学びと経験の省察（振り返り）を通して追
求していくのが，「教師」であるといえるだろう。

Exercise

①　国家は教育にどのように関与すべきか。国家の教育への関与が強ければ平
　等は確保されやすいが，自由は制限される可能性がある。教育の自由と平等
　を調和させるため，日本や欧米諸国はどのような改革を進めてきたか。各国
　の教育改革の歴史と特質を考察しよう。
②　西洋教育は日本を含むアジア諸国にどのような影響を与えたか。例えば，
　中国は20世紀初頭に日本の学制を模した教育制度を整えた。それは日本を経
　由した間接的な西洋教育の摂取であった。その後，中国は，アメリカやロシ
　アを直接モデルとしながら，自国の教育制度を整えていった。また，韓国や
　アジア諸国は，自国の教育伝統を踏まえ，どのように西洋教育を摂取して
　いったか。各国の共通点や相違点を検討しよう。
③　あなたが，教員，さらには教師となっていくためには，どのような力を伸
　ばす必要があるのかを考えてみよう。

📖次への一冊

木村元『学校の戦後史』岩波新書，2015年。
　　日本における教育の近代化の過程を踏まえ，つづく第二次世界大戦後の教育改革や
　　学校教育の変化を考察する。戦後70年，高度成長から低成長へと変動する社会のな
　　かで，学校，教師，子どもの姿を追う。
山本正身『日本教育史——教育の「今」を歴史から考える』慶應義塾大学出版会，2014
年。
　　一人の著者が古代から現代に至る日本教育の通史を叙述した。とくに近代以降の
　　「制度としての教育」「国家による国民形成」の展開を考察し，その終焉を「今」に
　　みる。そして「個々人の生の充実」のための教育の可能性に論及する。
金井壽宏『働くひとのためのキャリア・デザイン』PHP研究所，2002年。
　　自分らしく成長していくためのヒントを，キャリア研究・発達心理学の概念を通し
　　て紹介している。教師としての成長を考えるうえでも役立つ。

佐藤学『専門家として教師を育てる——教師教育改革のグランドデザイン』岩波書店，
　2015年。
　　「教える専門家」から「学びの専門家」としての教師を育成するための教師教育改
　　革のグランドデザインが示されている。
佐藤学・秋田喜代美・志水宏吉・小玉重夫・北村友人編『学びの専門家としての教師』
　（岩波講座 教育 変革への展望 第4巻），岩波書店，2016年。
　　教師の仕事の現状を見つめ，「学びの専門家」としての成長に必要な施策が検討さ
　　れている。

引用・参考文献

橋本美保『明治初期におけるアメリカ教育情報受容の研究』風間書房，1998年。
橋本美保監修『三国小学校・倉敷小学校』（文献資料集成大正新教育6），日本図書セン
　ター，2016年。
井上久雄『学制論考』（増補），風間書房，1991年。
Japanese Department of Education, ed., *An Outline History of Japanese Education:
　Prepared for the Philadelphia International Exhibition, 1876*, New York: D. Appleton,
　2012.
鹿毛基生・佐藤尚子『人間形成の歴史と本質』学文社，1998年。
慶應義塾編『福沢諭吉全集 5』，岩波書店，1959年。
熊谷愼之輔「地域連携からみた『チーム学校』」『教育と医学』64(6)，慶應義塾大学出
　版，2016年，468〜474ページ。
紅林伸幸「協働の同僚性としての《チーム》——学校臨床社会学から」『教育学研究』
　74(2)，2007年，174〜188ページ。
ラングラン，P.，波多野完治訳『生涯教育入門』第1部，全日本社会教育連合会，1971
　年。
メール，M.，千葉功・松沢裕作ほか訳『歴史と国家——19世紀日本のナショナル・アイ
　デンティティと学問』東京大学出版会，2017年。
メーチニコフ，L.，渡辺雅司訳『回想の明治維新』岩波書店，1995年。
三好信浩『日本教育の開国』福村出版，1986年。
文部省編『学制百年史』記述編，帝国地方行政学会，1972年。
仲新・稲垣忠彦・佐藤秀夫編『近代日本教科書教授法資料集成』1，東京書籍，1982年。
佐久間亜紀「日本における教師の特徴」油布佐和子編『転換期の教師』放送大学教育振
　興会，2007年，27〜47ページ。
佐藤学『専門家として教師を育てる——教師教育改革のグランドデザイン』岩波書店，
　2015年。
志水宏吉『学力を育てる』岩波新書，2005年。
添田晴雄「江戸時代の寺子屋教育」『菅原伝授手習鑑』和泉書院，2009年。
竹中暉雄『明治五年「学制」——通説の再検討』ナカニシヤ出版，2013年。
山本正身『日本教育史——教育の「今」を歴史から考える』慶應義塾大学出版会，2014
　年。

索　引

あ行

アウグスティヌス，A.　10
アカデミー　49, 53, 96, 144
アカデメイア　3
アクィナス，T.　13
アテネ　1, 4
アビ法　147, 148
アベラール（アベラルドゥス），P.　14
アボッツホーム　186
　　──の学校　123
　　──の寄宿舎学校　115
　　──の新学校　120
アボッツホーム校　109, 110
アリストテレス　4, 26
アルクイヌス　11
イエス・キリスト　9
イエズス会のコレージュ　17, 18
イエナ・プラン　118
イソクラテス　4
一斉教授（一斉授業）　29, 66, 182, 183, 187
一般教養　6
イルネリウス　14
ウィネトカ・プラン　131
ウォッシュバーン，C. W.　131
ウシンスキー，K.　101, 103, 104
ウニフェルシタス　14-16
エッセンシャリスト　131
『エミール』　39, 40, 43, 126
エラスムス，D.　22, 23, 28
エルヴェシウス，C.-A.　36
オウエン，R.　112
オスウィーゴ運動　98, 127
オックスフォード　18, 38

か行

カール大帝　11
科学革命　37
学制（日本）　178
学校印刷（所）　126
『学校と社会』　128
学校の設置義務　28
カテキズム（教義問答書）　29
ガリレイ，G.　29
カルヴァン，J.　24
カルノ法案　80
カロリング・ルネサンス　11

『危機に立つ国家』　166
キケロ，M. T.　5, 6, 22
騎士　12, 13
ギゾー法　78-81, 83, 85
ギムナジア　100, 101, 104, 133
ギムナジウム　116, 158
ギャラリー方式　66
宮廷学校　11
旧約聖書　9, 10
『教育に関する考察』　34
教育への権利（ロシア）　168
教員セミナリア　102-104, 133
教員テフニクム　137, 138
教員養成　17, 46, 47, 53-55, 65, 72, 73, 79, 97, 98, 101, 102, 104, 113, 137, 144-146, 153, 155-157, 160, 164, 172, 173, 181, 182, 189
教員養成カレッジ　72, 73, 75-77, 144, 146
教義問答書　36, 37
教刷術　29
教師養成　53
教職大学院　189
キリスト教　9-11, 13, 23, 28, 37, 104
キリスト教知識普及協会　36
ギルド　13, 15
キルパトリック，W.　129
クインティリアヌス，M. F.　6, 22
グース教育プログラム　136, 138
グラン・ゼコール　122, 152
クルプスカヤ，N. K.　135, 136
ケイ，E.　115
経験主義　34
ケイ＝シャトルワース，J. P.　72, 73
芸術教育運動　117
系統学習　131
ケンブリッジ　18, 38
公教育の思想　45
工場法　61, 71
『告白』　10
国民教育大学　135
5段階教授法　185
『国家』　4
国教会　33, 48, 52, 66
「子どもから」　118, 119, 186

コミュニティ・スクール　191
コメニウス，J. A.　29, 58
コモン・スクール　93, 96
コンドルセ，M. J. A. N. de C.　44
コンピテンシー　155
コンピテンス　159, 161
コンプレックス・メソッド　136

さ行

産業革命　53, 60, 62, 66, 71, 79, 95, 109
三区分教授法　147
ジェファソン，T.　50-52
ジェントルマン　34-36
識字率　25
司教区教会学校　12, 14-16
慈善学校　36, 37
児童中心主義　127
『児童の世紀』　115
児童労働制限法　79
師範学校　46, 47, 79, 85, 86, 97, 98, 127, 133, 153, 179, 181-183
自由ヴァルドルフ学校　116, 117
就学義務　83
自由学芸　6, 12, 15, 27
就学の義務（義務就学）　27, 79, 95
宗教改革　19, 24, 28
自由作文　125
修道院　10, 11, 25
修道院学校　12, 16
修道会　81
修道会学校　14, 15
シュタイナー，R.　116, 117
シュタンツの孤児院　56
巡回学校　49
『小教義問答書』　27, 28
消極教育　41, 42
ジョスパン法　147, 148
初等教育法（仏・1867）　81, 82
初等国民学校に関する規程（ロシア）　100
『新教育──ロッシュの学校』　121
新教育運動　109, 115, 118-120, 123, 126, 127, 186, 187
人文主義　22
人文主義者　22-24
進歩主義教育　187

索　引

進歩主義教育運動　127, 128
新約聖書　9
スコトゥス, J. D.　13
スコラ哲学（スコラ学）　13, 14, 26, 29
スパルタ　1
スプートニク・ショック　163
スミス・ヒューズ法　132
聖書　9, 11, 24-26, 36
『世界図絵』　29
絶対王政　33, 43, 55
ゼミナール　54
ゼムストヴォ　99, 100, 102, 103
総合技術教育（ポリテフニズム）　134, 135
ソクラテス　2-4
ソビエト政権　133, 134, 136, 137
ソフィスト　2, 4

た行

『大教授学』　29
大正新教育運動　186
第二の誕生　40
ダ・ヴィンチ, L.　21
単線型学校体系　96, 161
ダンテ, A.　21
『痴愚神礼讃』　23
知識基盤社会　188, 193
チャーター・スクール　166
中世の大学　14
中等教育学校　17, 18
直観　57, 59
ディースターヴェーク, F. A. W.　87-92
帝政期ローマ（ローマ帝国）　6, 9
デイム・スクール　63, 64, 74, 75
デカルト, R.　28
出来高払い制　111
デューイ, J.　127-129, 131
デュリュイ, V.　81-83, 86
デュルケーム, E.　87
寺子屋　178, 182
田園教育舎　110, 115, 117, 123
『ドイツ教師に寄せる教授指針』　87, 89
統一労働学校　134-136
独立宣言　50
都市学校　13
ドモラン, E.　110, 120-124
ドルトン・プラン　129, 130, 136, 138, 186

な行

ナショナル・カリキュラム　141, 143
ナチズム　119
ナポレオン, B.　46, 55, 77, 80
ナポレオン学制　46, 78, 86, 120
ナン, P.　113
日曜学校　62, 63
ニュートン, I.　37
『人間の教育』　59
農奴解放令　99

は行

パーカー, F. W.　127, 128
パーカースト, H.　129-131, 186
ハイスクール　95-98, 162
パイダゴゴス　2, 6
ハウスクネヒト, E.　185
バカロレア　121, 122, 147, 148, 152, 153
パブリック・スクール　110
パリの大学　15, 16
ヒトラー・ユーゲント　119
ファルー法　80-82, 84
フィヒテ, J. G.　55, 59, 92
フェリー, J.　83, 85, 120, 124
フェリエール, A.　125
フォスター法（1870年基礎教育法）　73
福音　9
複線型（学校体系）　100, 147, 153
父祖の道　5
プラトン　2-4
フランクリン, B.　49
フランス革命　43, 45, 46, 55, 56, 79, 87, 88
フリー・スクール（英）　144
プリーストリ, J.　38
フリードリヒ大王　54, 55
フレーベル, F. W. A.　58, 59, 112
フレネ, C.　124, 125
プロイセン　53, 55, 58, 81, 83, 89, 114
プロジェクト・メソッド　129, 136
プロタゴラス　2
文法学校（グラマー・スクール）　18, 38, 48, 50, 52, 75, 112
ベーコン, F.　29
ペーターゼン, P.　118
ペスタロッチ, J. H.　56-59, 87, 91, 92, 98, 112, 116, 120, 126, 127, 183-185

ペトラルカ, F.　22, 23
ヘルバルト, J. F.　58, 59, 160, 185
弁証法　4
『弁論家について』　5
『弁論家の教育』　6
ボローニャの大学　14
ボローニャ・プロセス　152

ま行

マキャベリ, N.　21
マン, H.　93-95, 127
ミケランジェロ, di L. B. S.　21
見習い教師　146
見習い教師制度　75, 76
民衆学校　114
『民主主義と教育』　128
無知の知　3
メトーデ　56-59
モイマン, E.　118
モニトリアル・システム（助教法）　64-66, 72, 182
森有礼　179, 181, 185
問題解決学習　129, 131
モンテーニュ, M. E. de　16
モンテッソーリ, M.　112, 129
問答学校　10
問答教師学校　10

ら行

ライシテ　84, 150
ラ・サール, J. B. de　47
ラ・シャロッテ, L.-R. de C. de　39
ラテン語学校　16
S. ラファエロ　21
ランカスタ, J.　64, 65
ラングラン, P.　188, 194
リーツ, H.　110, 115, 123
リベラル・アーツ　6
リュケイオン　4
ルソー, J.-J.　36, 39, 40, 42, 43, 91, 116, 120, 126
ルター, M.　23-26, 28
ルナ協会　38
ルネサンス　13, 19, 21, 22, 24, 28
ルペルティエ, L.-M. de S.-F.　44
レディ, C.　110, 115, 120, 186
労働学校　36
6-3制　97
ロック, J.　35, 36, 43
ロッシュの学校　110, 123, 124
ロヨラ, I.　17

《監修者紹介》

吉田武男（筑波大学人間系教授）

《執筆者紹介》（所属，分担，執筆順，＊は編著者）

＊尾上雅信（編著者紹介参照：はじめに，第2章第4節，第3章第2節，第4章第2節，第5章第2節，第6章第3節）

平田仁胤（岡山大学大学院教育学研究科准教授：第1章，第2章第1節～第3節，第3章第1節・第3節）

土井貴子（倉敷市立短期大学准教授：第4章第1節・第5節，第5章第1節，第6章第1節，第7章第1節）

住岡敏弘（大分大学教育学部教授：第4章第3節，第5章第4節，第6章第4節，第7章第4節）

小林万里子（岡山大学大学院教育学研究科准教授：第4章第4節，第6章第2節）

尾島　卓（岡山大学大学院教育学研究科准教授：第5章第3節，第7章第3節）

髙瀬　淳（岡山大学大学院教育学研究科教授：第5章第5節，第6章第5節，第7章第5節）

島埜内　恵（浜松学院大学現代コミュニケーション学部講師：第7章第2節）

梶井一暁（岡山大学大学院教育学研究科准教授：第8章第1節）

熊谷愼之輔（岡山大学大学院教育学研究科教授：第8章第2節）

《編著者紹介》

尾上雅信（おのうえ・まさのぶ／1957年生まれ）

　　岡山大学大学院教育学研究科教授

　　『フェルディナン・ビュイッソンの教育思想』（東信堂，2007年）

　　『教育史』（共著，学文社，2009年）

　　『フランス教育の伝統と革新』（共著，大学教育出版，2009年）

MINERVA はじめて学ぶ教職③
西洋教育史

2018年11月10日　初版第1刷発行　　　　　　　〈検印省略〉

定価はカバーに
表示しています

編著者　尾　上　雅　信

発行者　杉　田　啓　三

印刷者　藤　森　英　夫

発行所　株式会社　ミネルヴァ書房

607-8494　京都市山科区日ノ岡堤谷町1
電話代表　(075)581-5191
振替口座　01020-0-8076

©尾上雅信ほか，2018　　　　　　　　　　亜細亜印刷

ISBN978-4-623-08416-6
Printed in Japan

MINERVA はじめて学ぶ教職

監修　吉田武男

「教職課程コアカリキュラム」に準拠　　　全20巻＋別巻 1

◆　B5 判／美装カバー／各巻180～230頁／各巻予価2200円（税別）　◆

① 教育学原論
滝沢和彦 編著

② 教職論
吉田武男 編著

③ 西洋教育史
尾上雅信 編著

④ 日本教育史
平田諭治 編著

⑤ 教育心理学
濱口佳和 編著

⑥ 教育社会学
飯田浩之・岡本智周 編著

⑦ 社会教育・生涯学習
手打明敏・上田孝典 編著

⑧ 教育の法と制度
藤井穂高 編著

⑨ 学校経営
浜田博文 編著

⑩ 教育課程
根津朋実 編著

⑪ 教育の方法と技術
樋口直宏 編著

⑫ 道徳教育
田中マリア 編著

⑬ 総合学習
佐藤　真 編著

⑭ 特別活動
吉田武男 編著

⑮ 生徒指導
花屋哲郎・吉田武男 編著

⑯ 教育相談
高柳真人・前田基成・服部　環・吉田武男 編著

⑰ 教育実習
三田部勇・吉田武男 編著

⑱ 特別支援教育
小林秀之・米田宏樹・安藤隆男 編著

⑲ キャリア教育
藤田晃之 編著

⑳ 幼児教育
小玉亮子 編著

㊙ 現代の教育改革
徳永　保 編著

【姉妹編】

MINERVA はじめて学ぶ教科教育　全10巻＋別巻 1

監修 吉田武男　B5判美装カバー／各巻予価2200円（税別）～

① 初等国語科教育
塚田泰彦・甲斐雄一郎・長田友紀 編著

② 初等算数科教育　清水美憲 編著

③ 初等社会科教育　井田仁康・唐木清志 編著

④ 初等理科教育　大髙　泉 編著

⑤ 初等外国語教育　卯城祐司 編著

⑥ 初等図画工作科教育　石﨑和宏・直江俊雄 編著

⑦ 初等音楽科教育　笹野恵理子 編著

⑧ 初等家庭科教育　河村美穂 編著

⑨ 初等体育科教育　岡出美則 編著

⑩ 初等生活科教育　片平克弘・唐木清志 編著

㊙ 現代の学力論（仮）
樋口直宏・根津朋実・吉田武男 編著

ミネルヴァ書房

http://www.minervashobo.co.jp/